나는 대한민국 강사다

나는 대한민국 강사다

초판 1쇄 발행_ 2021년 5월 25일

지은이_ 윤은기 외 29인
펴낸이_ 이성수
주간_ 김미성
편집장_ 황영선
편집_ 이경은, 이홍우, 이효주
표지 디자인_ 여상우
내지 디자인_ 신솔
마케팅_ 김현관

펴낸곳_ 올림
주소_ 서울 양천구 목동서로 77 현대월드타워 1719호
등록_ 2000년 3월 30일 제300-2000-192호(구: 제20-183호)
전화_ 02-720-3131 | 팩스_ 02-6499-0898
이메일_ pom4u@naver.com
홈페이지_ cafe.naver.com/ollimbooks

ISBN 979-11-6262-046-5

불안과 혼돈의 시대, 백강포럼 30인 리더의 미래통찰

나는 대한민국 강사다

윤은기 외 29인 지음

강대성 권대욱 김기찬 김기현 김종수 김진국 김태흥 김홍신 류지연 박경식
서형석 서희태 송은영 신각수 신은경 안병재 안종배 양찬국 유영만 유혜선 윤은기
이보규 이영하 이장우 이종재 이창우 조석준 조용진 최병철 황인원

울림

좋은 강의가 좋은 세상을 만듭니다

우리는 과거에 겪어보지 못했던 세상을 살고 있습니다. 코로나19가 쉽게 수그러들지 않으며 전 세계가 팬데믹으로 고통을 당하고 있습니다. 4차산업혁명의 물결도 거세게 휘몰아치고 있습니다. 어떻게 해야 할까요?

우리나라를 대표할 만한 명강사 30분이 한자리에 모였습니다. 사회공헌과 지식공유를 목적으로 2013년 창설된 백강포럼에 참여하신 분들입니다. 학계, 경제계, 예술계, 공직 등 자신의 분야에서 일가를 이룬, 검증된 리더들입니다. 이 책은 이들이 의기투합하여 우리네 삶의 다양한 문제와 격변의 시대에 대처할 지혜를 찾고자 오랜 시간 고민하고 성찰한 결과물입니다.

저는 지난 2014년 한국협업진흥협회 회장직을 맡아 전국을 순회하며 '협업'을 전파하고 있습니다. 이 책은 협업의 산물입니다. 다양한 분야의 리더들이 깊은 통찰을 담은 원고를 써주셨고, 편집자와 디자이너가 정성껏 다듬고 꾸며 한 권의 멋진 책을 만들어냈습니다.

이 책은 일반 독자에게는 일과 삶을 개선시킬 지혜를 전해 주고, 명강
사를 꿈꾸는 이에게는 좋은 강의의 모범이 되고, 훌륭한 강사를 찾아야
하는 기업이나 단체 관계자에게는 유용한 길잡이가 될 것입니다.

이 한 권의 책이 이 세상을 좀 더 나은 곳으로 만드는 데 도움이 되기
바랍니다.

감사합니다.

저자를 대표하여

윤은기

차례

01
삶을 들여다보다

김홍신

권대욱

유혜선

김진국

황인원

김기찬

02
함께 성장하다

강대성

윤은기

이종재

안병재

양찬국

최병철

03
공감하고 소통하다

04
사람을 배우다

김기현　　서희태　　신은경　　이보규　　이영하　　김태흥

류지연

송은영

조용진

유영만

김종수

박경식

서형석

신각수

안종배

이장우

이창우

조석준

01

삶을 들여다보다

김홍신

" 문학은 영혼의 상처를 승화시켜
세상에 향기가 되게 합니다 **"**

👤 강의 분야 | 인생, 문화, 예술, 독서, 역사, 마음공부 등
✉ hongshink@hanmail.net 🏠 www.hongshin.net

충남 공주에서 태어나 논산에서 성장. 건국대 국문과를 졸업하고 문학박사
및 명예정치학박사 학위를 받았다. 장편소설 『인간시장』으로 우리나라 최초
의 밀리언셀러 소설가가 되었다. 대한민국 헌정사상 유례가 없는 8년 연속
의정평가 1위 국회의원(제15대, 16대)으로 평가받았고, 건국대 석좌교수로 후
학을 양성하였다.

1976년 『현대문학』으로 등단한 이후 『칼날 위의 전쟁』 『바람 바람 바람』 『내륙
풍』 『난장판』 『풍객』 『대곡』 『김홍신의 대발해』 등 130여 권의 책을 출간하여
한국소설문학상, 소설문학작품상, 현대불교문학상, 한국문학상 등을 수상
하였다.

문학은 상처와 향기

대학시절 건대신문문화상과 전국문화예술축전(문공부 신인상의 후신) 소설부문에 당선된 나는 주변에서 출세한 걸로 인정받고 주목받는 인물이 됐습니다. 당시 신춘문예 상금이 5만 원이었고 등록금은 2만 원 정도였는데 당선 상금은 5만 원이었으니까요. 그러나 그때부터 나는 몇 년 동안 추락하는 인생이었습니다. 신춘문예에 응모할 때마다 낙선했습니다. '이까짓 거, 자신 있어!' 이렇게 건방을 떨다가 계속 낙방을 했습니다. 그러다가 제대한 후 한센병 환자를 돕는 일을 하던 1975년 10월에 「현대문학」으로 초회, 1976년 2월에 임옥인 선생님으로부터 완료추천을 받았습니다.

소설가가 될 수만 있다면 다리 한 짝쯤 없어져도 좋다는 생각으로 노력하여 천신만고 끝에 작가가 되어보니 정말로 글 잘 쓰는 작가가 이 땅에 수두룩했습니다. 그때 '아, 다시 공부해야겠구나…' 생각하여 동국대 총장을 하셨던 평론가 홍기삼 선생님을 찾아가 혹독하게 가르침을 받았습니다.

그 무렵 건국대학교 후배들이 찾아와서 출판사를 차리자고 하여 평민사라는 출판사를 만들었습니다. 그 당시엔 '평민'이라는 이름만 내걸어도 오해를 받던 시절이었습니다. 사회주의적 이념 때문에 그랬던 것 같습니다. 그런데 그 출판사에서 책을 내신 분들 중에 많은 분들이 차례로 투옥되었습니다. 민주화운동을 하시던 분들이었습니다. 그때부터 나는 우리나라 석학들과 민주화 인사들과 교류를 쌓기 시작하였습니다.

1980년 겨울, 『도둑놈과 도둑님』이라는 콩트집을 출간한 후 계엄사에 끌려갔는데 죄명이 국가원수 모독, 체제 비방, 군 모독이었습니다. 군 모독은 계엄 당시 중형에 해당하는 죄목이었습니다. 그때 내게 도움을 주신 분들이 국정원장을 지냈던 이종찬 의원, 동아출판공사 임인규 회장 그리고 국보위에 있던 이화여대 정외과 김행자 교수였고 그분들의 도움으로 풀려났습니다. 계엄사령부에 끌려간 나를 협박하던 사람이 나중에 국회의원이 되었습니다. 콩트집 『도둑놈과 도둑님』은 판금이 되고 책을 다 빼앗겼습니다. 재작년에 그 사람이 이 세상을 떠났다는 소식을 듣고 부디 좋은 곳으로 가라고 108배를 했습니다. 내 인생에서 뼈에 사무친 미움을 다 걷어내고 싶었습니다.

『인간시장』을 쓸 때 주인공 이름을 처음엔 권총찬으로 지었습니다. '같이 권총을 차 보자…' 하는 의미로. 영락없이 계엄사 검열에 걸렸습니다. 신문사 편집국장이 그 이름으론 검열 통과가 안 되니 바꿔달라고 해서 고민하다 슬쩍 성만 바꿨지요. 그래서 주인공 이름이 장총찬이 되었습니다. 권총보다 길고 성능도 좋은 장총. 매번 그런 식으로 검열관과 신경전을 벌이며 겨우겨우 소설을 써야만 했습니다.

『인간시장』을 연재하면서 일간스포츠에 『바람 바람 바람』을 연재했는데, 공단 여직원들이 회사의 횡포에 맞서 싸우다가 사주를 받은 건달들에게 무자비하게 성폭행을 당하거나 고문당하는 내용을 썼기에 노조를 억압하던 계엄사령부의 심사를 건드린 꼴이 되고 말았습니다. 중앙일보에 소설을 연재하던 한수산 선생과 내가 동시에 걸려들었습니다. 한수산 선생은 고생을 호되게 했습니다. 소설을 쓴 작가만 응징하는 게 아니라 담당기자도 고역을 치를 수밖에 없던 서슬 퍼런 군사독재 시절이었습니다. 내 담당기자는 내가 좋아했던 소설가 박양호 교수의 여동생이었기에 더욱더 가슴이 철렁 내려앉을 수밖에 없었습니다. 하늘이 도왔는지 당시 군부 권력층과 각별한 인연이 있었던 한국일보 장강재 회장이 도와준 덕에 이미 써 보낸 원고는 없애고 소설 내용을 바꾸는 선에서 위기를 모면했습니다.

1981년 9월 『인간시장』이 출간되고 한 달여 만에 판매 부수 10만 부를 돌파했습니다. 2년 후에 대한민국 최초의 밀리언셀러로 기록되는 행운을 얻었습니다. 그 바람에 내가 '80년대의 전설'이라는 닉네임을 갖게 되었습니다. 또 '한국현대문학사의 신화'라는 소리까지 듣게 되었으니 이런 영광을 어찌 평생 잊을 수 있을까요. 『인간시장』으로 벼락스타가 되니까 없는 말주변으로 MBC 심야 라디오 프로 '0시의 플랫폼'의 디제이까지 하게 되었습니다. 그 시절에는 심야 라디오 프로 인기가 대단했습니다. 그 시대가 아픔의 시대였지만 기회가 되기도 했지요. 그 어려운 시절에 소설가를 슈퍼스타로 만들어주는 국민 열정에 어찌 감읍하지 않을 수 있겠습니까. 그래서 기도할 때마다 국민에게 받은 것들을 꼭 갚을 수 있게 해달라고 합니다.

스타덤에 오르고 미움, 질투, 시기를 온몸으로 견뎌야 했습니다. 정말 당해보지 않으면 얼마나 고통스러운지 모릅니다. 나보다 먼저 유명세를 치른 최인호 형이 나를 다독여주곤 했습니다. 이렇게 살아서 뭐하나 싶을 때도 있었습니다. 더구나 『인간시장』 때문에 협박, 공갈로 가족들까지 힘들게 했습니다. 아이들을 유괴하겠다고 협박을 당한 아내가 애들을 데리고 도망가기도 했습니다. 아내가 본래 몸이 약한 데다 심장병까지 생겨 더욱 심하게 앓았습니다. 사실 아내가 나 때문에 일찍 죽은 것 같습니다. 사별한 지 십수 년이 지났는데, 세월이 지날수록 더욱더 미안한 마음이 듭니다. 내가 유명해진 것 때문에, 잘난 척하느라 가족의 고통을 보듬지 못했다는 후회가 세월이 갈수록 더욱 깊어집니다.

그 당시 외국으로 유학을 가겠다고 하자 지금 떠나면 도피하는 것이라고 선배들이 말렸습니다. 그래서 대학원 공부를 시작했고, 시간은 걸렸지만 박사학위를 받았습니다. 그렇지 않았으면 굳이 뒤늦게 공부할 생각이 없었지요. 어떻게 해서든지 극복해 보려고, 이 땅을 떠나지 않으려고 공부에 몰두했습니다.

문학을 향기라고 한 이유는 자기 영혼의 상처를 승화시켜
세상에 향기가 되게 하기 때문입니다.

　　1987년 대학 강사 시절, 무려 2,500명이 내 강의를 수강신청을 해서 우리 대학 역사상 기이한 기록을 남기기도 했습니다. 학생들이 내 강의에 몰려들 었던 이유가 크게 보면 두 가지입니다. 내가 어렵게 공부를 하느라 힘들었기 에 점수를 후하게 주었습니다. 그러나 정말 중요한 것은 소설가로서의 명분 과 자존심을 지키기 위해 전심전력으로 학생들을 가르쳤습니다. 국회의원 할 때도 '내가 소설가인데, 만약에 소설가가 정치를 잘 못해 욕을 먹거나 옳 지 않은 돈을 받거나 나쁜 짓을 해서 걸려들면 문학세계가 얼마나 매서운 곳 인데, 나는 영원히 돌아올 수가 없다.'는 생각이었습니다. 그러니까 문학이 나를 올곧게 서도록 채찍질을 해주었던 것입니다.

　　2005년도에 3년간 두문불출하고 시작한 것이 소설『김홍신의 대발해』입니 다. 잃어버린 우리 역사를 되찾기 위해서였습니다. 내가 국회의원 할 때 법륜 스님께서 "국회의원, 장관 몇 번 하는 것보다 잃어버린 역사를 다시 가져오는 작가로 인생을 정리할 필요가 있다."고 말씀하셨습니다. 그래서 우리 역사 공 부를 시작했고 중국, 러시아, 일본을 다니며 자료를 구하고 진귀한 북한의 역 사자료까지 몹시 어렵게 구했습니다. 3년간 2백 자 원고지로 1만 2천 장을 만 년필로 써서 대하역사소설『김홍신의 대발해』10권을 출간했습니다. 안 그랬 으면 죽을 때 후회하게 됐을지 모릅니다.

이 작품으로 통일문화대상과 현대불교문학상을 받았습니다. 현대불교문학상 심사위원장인 이근배 선생님께서 심사결과 발표를 하면서 노벨상을 받을 만한 작품이라고 평가해 주셨습니다. 또 홍기삼 선생님은 "김홍신 이름이 역사에 기록될 만한 작품이다. 드디어 김홍신답게 해냈구나." 하셨습니다.

3년 동안 칩거하며 육신은 병들고 영혼은 트라우마에 시달렸습니다. 인연도 단절한 세월이었습니다. 2007년 출간한 뒤에 비로소 사회활동을 시작했습니다. 건국대학에서는 나를 석좌교수로 초빙해 한동안 제자들에게 뜨거운 열정을 전하기도 했습니다.

TV 토크쇼에서 진행자가 '김홍신에게 문학은 무엇이냐?'고 해서 '향기'라고 대답했습니다. 36년째 살고 있는 우리 집 마당의 풀을 베면 풀 향기가 이삼일간 온 집안에 풍깁니다. 소나무를 자르면 송진이 나오면서 솔 향이 은은하게 퍼집니다.

문학을 향기라고 한 이유는 자기 영혼의 상처를 승화시켜 세상에 향기가 되게 하기 때문입니다. 문학인으로 대한민국에서 살아가는 게 결코 쉽지 않습니다. 원고료가 박하고, 그렇게 박한 원고료조차 주기 어려운 문학잡지가 태반이어서 작가는 글을 써서 먹고 살기가 어렵습니다. 그런데도 문학을 하는 것은 영혼의 상처를 다독거려 세상에 향기를 뿌려주려는 순수하고 따뜻한 자존심 때문입니다.

2019년 고향 후배가 아무 조건 없는 무주상보시無住相布施 정신으로 기부하여 논산에 김홍신문학관을 마련해 주었습니다. 그런저런 사랑을 듬뿍 받았으니 어찌 남은 인생을 세상이 보탬이 되게 살아서 조금이나마 보답하지 않을 수 있겠습니까. 저는 아직도 만년필로 글을 씁니다. 그래서 죽을 때 머리

맡에 원고지를 두고 만년필을 손에 쥔 채 인생을 마감하고 싶습니다.

플라톤의 『향연』에 '사람은 태어나면 반드시 죽는다, 그런데 불멸하는 방법이 두 가지가 있다. 첫째는 아이를 낳아서 나를 복제하는 것, 두 번째는 문학, 철학, 종교, 사랑… 이런 것들로 널리 내 사상과 정신을 전파하는 것. 이게 불멸의 방법이며 죽지 않는 방법'이라고 했습니다.

아프리카 스와힐리 족은 사람이 죽어도 누군가 그 사람을 기억해 주면 그는 아직 살아 있는 거라는 의미로 '사사sasa'라고 합니다. 세월이 흘러 아무도 그 사람을 기억하지 못하면 비로소 진짜 죽었다 해서 '자마니zamani'라고 합니다. 작가가 글을 쓰면 그의 이름이 어딘가에 활자로 남습니다. 그의 책

이 어느 도서관에, 누군가의 책꽂이에, 혹은 누군가의 가슴에 남아 있을 것입니다. 세월이 지나 어느 누군가 그 작가의 한마디라도 기억하고 그의 작품을 읽는 것만으로도 작가는 잊히지 않으며 이 땅의 향기, 세상의 향기, 우주의 향기가 되는 것입니다.

권대욱

> ❝ 삶이 기술이라면, 배우고
> 가르칠 수도 있겠다 싶습니다 ❞

👤 **강의 분야** | 리더십 (나의 삶 나의 꿈, 살다보니 알게 된 것들,
삶의 기술 아르스비테, 고전으로부터 배우는 리더십,
스마트 시대의 창조적 리더십)

✉ totwkwon@hunet.co.kr ▶ 권대욱tv 📘 totwkwon

직장 생활 48년, 사장 35년 차의 평생 현역 CEO, 노래하는 CEO.
아코르 앰배서더 코리아 사장 등을 역임하였고, 하버드대학교 경영대학원
최고경영자과정을 수료하였으며, 현재는 평생교육 회사 휴넷의 회장 및 시
니어합창단인 청춘합창단의 단장으로 활동하고 있다.

쓰고 말하며 노래하는 삶을 평생의 신조로, 강원도 문막에서 산막스쿨을 운
영하며 유튜브 권대욱tv 채널을 개설하여 맹활약하고 있다. 6권의 저서뿐만
아니라 중앙일보에 '권대욱의 산막일기'를 연재하고 있으며, 직접 작사한 취
입곡 '나의 삶 나의 꿈'이란 노래가 있다.

매사 열정적이고 도전적이며 긍정적으로 삶과 일에 경계 없음을 믿으며 매
일 새로운 꿈을 꾸며 성실히 살고 있다. 나이 70에도 자신의 꿈에 도전할 수
있음을 보여주고, 더불어 많은 이들이 크고 작은 꿈들에 용기 내어 도전하
고, 함께 행복하기를 바라는 마음이다.

저서로는 『출근하는 당신도 행복할 권리가 있다』『기업문화가 답이다』『청산
은 내게 나 되어 살라 하고』『남자의 자격 청춘합창단 도전기』『개방시대의
국제건설계약』이 있다.

삶이 기술이라면

코로나다, 국경 폐쇄다, 세상이 어수선합니다. 이런 때일수록 더 열심히 살아야 하겠지요.

삶이 기술이라면 배우고 가르칠 수도 있겠다 싶습니다.

삶이 매일매일 희열로 충만하고 희망으로 가득하다면 무슨 재미가 있겠습니까? 완전하기는 하겠지만 예쁠 것 같진 않네요. 희망하고 절망하고 성취하고 실패하고 쓰러지고 일어나고…. 예측이 있지만 반전도 있는 삶이 아름답습니다.

어쩌면 삶도 기술일지 모르겠습니다.

절망 속에서 희망을 보고, 가엽고 쓸쓸한 나를 위로하는 것은 관념이 아니지요. 그것은 실천이고 습관일지 모르겠습니다.

힘들고 괴로운 나를 빨리 알아차리고, 생각만 해도 가슴 뛰고 눈 반짝이는 곳으로 데려갈 수 있는 능력. 여기저기 허술하고 헐거운 일과 삶의 공극들을 새로운 일과 생각들로 가득 채워 나를 몰입시키는 것. 그리하여 내 삶이 충일하고 경계에 자유롭다 느끼게 만드는 힘.

세속적 욕망에 흔들릴 때마다 내게 선한 의지가 있는지, 의(義)와 직(直)은 살아 있는지를 생각해 보고, 호연지기와 역사의식으로 나를 잡아주는 일. 이들이 관념이 아니고 의지요 습관이라면, 삶은 기술일 수도 있겠다 싶습니다. 또한 삶이 기술이라면 가르치고 배울 수도 있겠다 싶습니다.

진리는 동서와 고금을 가리지 않습니다. 서로 통하고 이어지며 영속하지요. 미국의 심리학자 리처드 칼슨의 '사소한 것에 연연하지 않는 10가지 지혜'를 동양 고전의 경구와 대비해 봅니다.

옥은 쪼지 않으면 그릇이 되지 못하고, 사람은 배우지 않으면 도를 모릅니다. 이런 까닭으로 옛날에 왕이 된 자는 나라를 세우고 백성들에게 임금 노릇을 함에 가르치는 것과 배우는 것을 우선으로 삼았습니다.

비록 좋은 안주가 있더라도 먹지 않으면 그 맛을 알지 못하고, 비록 지극한 도가 있더라도 배우지 않으면 그 좋음을 모르지요. 이런 까닭으로 배운 연후에 부족함을 알고, 가르친 연후에야 막힘을 알게 되는 것입니다. 부족함을 안 연후에 스스로 반성할 수 있고, 막힘을 안 연후에 스스로 힘쓸 수 있으니, 그러므로 말하기를 "가르치고 배우면서 서로 성장한다"고 합니다.

1. 지금의 고민이 1년 후에도 유효한가?

인생의 원칙은 두 가지입니다.

첫째, 사소한 것에 연연하지 말라.

둘째, 모든 문제는 다 사소하다.

이것만 알면 삶의 평온함은 당신 것입니다.

맹자 이루(離婁) 편의 군자유종신지우(君子有終身之憂), 무일조지환(無一朝之患)과 통합니다. 무릇 군자는 개인의 입신양명이나 자잘한 하루아침 걱정거리에 연연할 것이 아니라 이웃과 사회의 평안, 나라와 인류의 평화와 같은 큰 화두를 안고 평생 염려하면서 살아야 한다는 뜻이지요. 노블레스 오블리주는 종신지우의 실천적 과제라 할 수 있습니다.

2. 중요한 일부터 먼저 하라

소중하고 중요한 일들을 미루다 보면 정작 중요한 일은 하나도 이루지 못한 채 인생은 사라져버린다.

物有本末, 事有終始, 知所先後, 則近道矣
(물유본말, 사유종시, 지소선후, 즉근도의)

사물에는 근본과 말단이 있고, 일에는 시작과 끝이 있습니다. 먼저 해야하는 일과 나중에 해야 하는 일을 깨닫게 되면, 그것은 곧 도에 가깝습니다.

3. 불완전한 상태에 만족하라

어떤 일에 최선을 다하는 것을 그만두라는 말이 아닙니다. 단지 지나치게 집착하고 그것에만 초점을 맞추는 것은 문제가 있다는 뜻입니다. 반드시 어떤 식으로 되어야 한다는 강박관념에 빠지려 할 때마다 자신에게 제동을 걸어야 합니다.

삶이 매일 희열로 충만하고 희망으로 가득하다면

무슨 재미가 있겠습니까?

『도덕경』에 이런 말이 있습니다.

其政悶悶(기정민민) 정치가 맹맹하면

其民淳淳(기민순순) 백성이 순박해지고

其政察察(기정찰찰) 정치가 똑똑하면

其民缺缺(기민결결) 백성이 못되게 된다

禍兮福之所倚(화혜복지소의) 화라고 생각되는 데서 복이 나오고

福兮禍之所伏(복혜화지소복) 복이라고 생각되는 데 화가 숨어 있다

孰知其極(숙지기극) 누가 그 끝을 알 수 있겠는가

其無正(기무정) 절대적으로 옳은 것은 없다

正復爲奇(정복위기) 올바름이 변하여 이상스러운 것이 되고

善復爲妖(선복위요) 선한 것이 변하여 사악한 것이 된다

人之迷(인지미) 사람이 미혹되어도

其日固久(기일고구) 실로 한참이다

是以聖人方而不割(시이성인방이불할) 그러므로 성인은 모가 있으나 다치
게 하지는 않고

廉而不劌(렴이불귀) 예리하나 잘라내지는 않고

直而不肆(직이불사) 곧으나 너무 뻗지는 않고

光而不燿(광이불요) 빛나나 눈부시게 하지는 않는다

4. 매일 한 번 이상 남을 칭찬하라

마음은 있으나 실천하는 사람은 드뭅니다. 자신이 상대를 얼마나 좋게 생각하는지를 들려주면 그런 말을 하는 사람 또한 마음에 기쁨이 넘치게 됩니다. 칭찬하는 데 걸리는 시간은 불과 몇 초밖에 안 되지만 듣는 사람이나 말하는 사람 모두에게 그날 중 최고로 멋진 시간이 됩니다.

무재칠시(無財七施).

재산이 없더라도 마음으로 할 수 있는 일곱 가지 보시가 있지요.

첫째는 화안시(和顏施), 얼굴에 화색을 띠고, 부드럽고 정다운 얼굴로 남을 대하는 것이요.

둘째는 언시(言施), 말로써 얼마든지 베풀 수 있으니 사랑의 말, 칭찬의 말, 위로의 말, 격려의 말, 양보의 말, 부드러운 말입니다.

셋째는 심시(心施), 마음의 문을 열고 따뜻한 마음을 주는 것이요.

넷째는 안시(眼施), 호의를 담은 눈으로 사람을 보는 것처럼 눈으로 베푸는 것이요.

다섯째는 신시(身施), 몸으로 때우는 것으로, 남의 짐을 들어준다든지 일을 돕는 것이요.

여섯째는 상좌시(床座施), 때와 장소에 맞게 자리를 내어서 양보하는 것이요.

일곱째는 찰시(察施), 굳이 묻지 않고 상대의 속을 헤아려 알아서 도와주는 것이지요.

5. 당신에 대한 비판에 동의해 보라

모두 당신의 유연성에 놀랄 것입니다. 자신에 대한 비판에 적대적으로 대응하는 것은 오히려 상대에게 자신이 내린 결론이 정확하다는 확신을 갖게 만들 뿐입니다.

"군자는 자기에게 구하고, 소인은 사람에게 구한다(君子求諸己 小人求諸人)."

군자는 뜻대로 안 되는 일을 모두 자기 탓으로 돌리고 스스로 반성과 노력을 거듭합니다. 타인의 비판을 겸허히 수용합니다.

반면, 소인은 자기 실력과 노력보다는 남의 힘과 도움에 의해 자기의 목적을 달성하려고 노력합니다. 간교한 술책과 아첨과 원망과 조바심으로 밤낮을 보내게 되고 듣기 좋은 말에만 귀 기울이고 비판을 경원합니다.

6. 갖고 싶은 것 대신 가지고 있는 것을 바라본다

자신이 가진 것이 얼마나 많은지 종이에 적어봅니다. 건강하고 밝은 아이들, 화목하고 든든한 부모형제, 배우자, 인정 많은 이웃들, 친구들…. 현재 자신이 갖고 있는 것에 눈을 돌리면 행복은 늘 자신 곁에 있습니다.

공곡유란(空谷幽蘭)

문득 빈 골짜기를 지나다 홀로 향기롭게 핀 난초를 보며 노래를 지어 불렀다는 공자님 얘기에서 유래된 말로, '남이 알아주지 않아도 군자는 개의치 않고 자족할 줄 안다'라는 뜻입니다.

7. 성공의 의미를 새롭게 정의하라

의미 있는 성취란 무엇일까? 큰돈을 버는 것? 승진하는 것? 인정을 받는 것? 오로지 외형과 물질적인 성취에만 집착하지 말고 인생에서 정말 중요한 것들이 무엇인지 고민하도록 합니다.

8. 자랑하고 싶은 유혹을 떨쳐내라

겸손과 내적 평화는 나란히 존재하는 것입니다. 타인에게 자신의 유능함을 증명하려는 욕망이 적은 사람일수록 얼굴에 평온함이 가득합니다. 자신의 능력을 증명하려고 애쓸수록 사람들은 등 뒤에서 흉을 보고 속으로 경멸합니다.

9. 날아온 공을 반드시 잡을 필요는 없다

미안하다고 거절을 한다고 해서 친구를 소중히 생각하지 않는다거나 무례하고 냉정한 사람이 되지는 않습니다. 우리가 다른 사람 때문에 희생되었다고 느끼지 않도록 언제 어떤 공을 잡아야 할지 알아야 하고 선택해야 합니다.

10. 자신을 제1순위 채권자로 생각하라

금전 계획을 세울 때 다른 청구서의 지불보다 먼저 자기 자신을 위해 지불합니다. 다른 사람들의 돈을 다 갚을 때까지 저축을 미루게 되면 결국 자신을 위한 것은 아무것도 남지 않습니다. 자신을 돌볼 줄 모르는 사람은 결코 남을 도울 수 없습니다.

천상천하 유아독존(天上天下唯我獨尊)

하늘과 땅 위에서 내가 홀로 가장 존귀하다는 말입니다. 내가 있고 나서 남이 있는 것이고, 이 세상 모든 이타(利他)는 이기(利己)와 다르지 않다는 이야기지요.

수처작주 입처개진(隨處作主 立處皆眞)

머무는 곳마다 참되고 처해진 곳마다 주인이 되라는 가르침이니, 당연히 주인 되는 곳이 우선 아니겠습니까?

유혜선

> " 불안과 혼돈의 시대,
> 인문학에 답이 있습니다 "

- 강의 분야 | 서비스마케팅, 그림,인문학, 여성리더십, 와인인문학
- yhs8992@naver.com   blog.naver.com/yhs8992
- 인문학살롱

인문학살롱 후마니타스 아카데미 원장이며 '인문학살롱' 유튜브 크리에이터이다. 삶의 진정성, 품격, 사랑과 같이 행복의 근간이 될 수 있는 것에 호기심을 가지고 연구하며 책을 쓰고 강의한다.

W그룹에서 교육팀장으로 20년 동안 근무했고, 연세대학교에서 HRD석사, 숙명여자대학교에서 경영학 박사 학위를 취득했다.

기업과 대학 강단, 지자체 등에서 30년 이상 강의해 온, 이론과 실전 경험을 두루 갖춘 프리랜서 전문 강사이다.

대학 시절에는 헤겔의 정치 사상에 심취했고, 기업에서는 서비스 마케팅과 인문학을 강의하면서 교육의 목표는 니체의 초인정신, 위버멘쉬가 되어야 한다는 생각을 가지게 되었다.

저서로는 『당당한 서비스』『The Wave』『블루 스타킹』『아나운서처럼 세상과 연애하라』『그녀의 명품 스피치』『스토리 마케팅』『그림, 만나다』『나를 채우는 그림 인문학』등이 있다.

뉴노멀 시대,
인문의 숲에서 경영을 배우다

뉴노멀 시대의 아포리아에 빠진 지구촌

불안과 혼돈의 시대입니다. 잠시 스쳐지나가는 감기라고 생각했는데 코로나바이러스가 전 인류의 생명을 위협하며 우리 삶과 비즈니스 환경을 혼돈으로 뒤흔들고 있습니다. '우리는 앞으로 어떻게 살아야 할까요?' '우리 사회는 어떻게 지속할 수 있을까요?'

이렇게 사회질서와 기준이 흔들리는 시대를 우리는 뉴노멀 시대라고 부릅니다. 뉴노멀New Normal이란 2008년 미국에서 시작된 서브프라임 모기지론에 의한 금융위기 이후에 등장한 새로운 경제질서를 일컫는 말로, 세계 최대 채권운용 회사 핌코PIMCO의 최고경영자 모하메드 앨 에리언의 저서 『새로운 부의 탄생』에서 처음 언급되었습니다. 사회적 현상은 저성장, 저물가, 저금리, 높은 실업률입니다. 뉴노멀 시대의 특징은 상식적인 틀로는 이해되지 않고 해결되지 않는 불확실한 상황과 현상이 지속적으로 나타난다는 것입니다.

뉴노멀 시대 아포리아aporia에 빠진 지구촌과 대한민국.

아포리아는 그리스 시대에 길이 막힌 것처럼 더 이상 나아갈 수 없는 상태나 해결하기 어려운 문제를 말합니다. '출구가 없는(no exit)', 해결책이 없는 절체절명의 위기. 그저 망연자실한 채 무지와 무능을 절감하죠. 시대가 혼란스러울 때마다 '정의'와 '리더십'을 생각하게 됩니다. 이 위기를 어떻게 극복해 나가야 할까요? 그리고 리더는 어떠한 역할을 해야 할까요?

고대 그리스는 기원전 4~5세기 동안 페르시아 전쟁과 펠로폰네소스 전쟁을 치르면서 혼돈의 아포리아 시대를 겪었습니다. 크세노폰의 『키루스의 교육』은 세계 최초로 페르시아 제국을 건국했던 키루스 대왕의 뛰어난 리더십을 설명합니다. 키루스 대왕의 통치력의 배경은 백성들의 자발적인 복종을 유도하는 것이었습니다. 무엇보다 키루스는 나쁜 일이 생기면 함께 슬퍼하고, 고통받으면 서로 돕고 아픔을 동행했습니다.

코로나19는 사회적으로 코로나 블루라는 집단적 사회불안 현상을 만들어내고 있습니다. 이러한 불확실성 속에서 나타나는 집단적 우울증을 극복하기 위해서는 자신의 문제의 속성과 본질을 잘 이해하고, 창의적이고 전략적인 계획과 행동으로 실천하는 '일련의 과정'이 필요합니다. 이러한 진정성 있는 노력으로 사회 및 조직의 문화와 새로운 규범에 잘 적응할 수 있을 때 뉴노멀 시대를 맞이하는 사회의 본질적 가치가 새롭게 실현되고 정립될 수 있을 것입니다.

인문학에 뿌리를 둔 비즈니스 리더십

　기업의 가장 근본적인 목표는 성장과 이익입니다. 현대 경영의 구루 피터 드러커는 기업이 어떠한 위험에 처해도 헤쳐나갈 수 있는 단 하나의 가치는 '이익'이라고 말합니다. 하지만 이러한 사회적 혼란 속에서, 모든 사회적 비즈니스 시스템이 흔들리고 있는 이 뉴노멀 시대의 아포리아 상황에서 어떻게 '성장과 이익'의 가치를 찾을 수 있을까요?

　역사는 외부 충격을 받아 재창조됩니다. 하지만 인간에게는 변하지 않는 가치가 있죠. 인문학은 그 가치의 본질을 알려주고 실천하게 합니다. 인문학은 하나의 지식 체계가 아닙니다. 앎과 실천의 간격을 줄이는 것이죠. 최근 상상력, 창의성과 공감능력 등을 길러주는 인문학의 가치가 기업환경에서 재조명을 받으면서 인문학에 대한 관심이 점점 높아지고 있습니다. 인문학이 학문으로서의 영역을 벗어나 비즈니스 영역에서 인문학 르네상스를 맞이한 것입니다.

　비즈니스 인문학의 태동은 15세기 지중해의 해상무역을 장악하며 100년 동안 5대 가문의 슈퍼리치로 부와 권력을 누린 메디치 가문에 의해서 시작되었습니다. 비즈니스를 위한 상인 계급의 필요에 의해 재탄생되었던 것이죠. 메디치 가문은 자녀들을 품격 있는 금융인, 훌륭한 사업가로 성장하기 위해 철저하게 인문학 교육을 시켰습니다. 다른 사람들에게 사업에서 성공했다고 교만하거나 우쭐대지 말고 겸손하며, 실패의 순간에도 좌절하거나 기죽지 않고 더불어 살아가는 기본 성품을 가르쳤습니다.

　현대에 이르러 스티브 잡스의 애플은 급변하는 디지털 비즈니스 환경

인문학에 대한 관심이 점점 높아지고 있습니다.
인문학이 학문으로서의 영역을 벗어나
비즈니스 영역에서 르네상스를 맞이한 것입니다.

속에서 인문학적 상상력을 동원한 경영을 통해 많은 부를 축적했습니다. 애플뿐만이 아닙니다. IT산업을 리드하는 구글이나 페이스북, 그리고 디지털 기반의 세계적인 유통기업 아마존에서도 인문학에 주목합니다. 기업의 인재로 인문학 전공자를 절반 이상 채용할 정도로 인문학을 경영의 기준으로 삼고 있죠. 그래서인지 현대의 인문학을 '자본의 인문학'이라고 합니다.

불확실성의 시대, 기존의 획일적인 자본주의적 경쟁 시스템으로는 생존할 수도, 미래를 예측할 수도 없습니다. 인문학적 사고와 예술적 상상력이 있어야 합니다. 인문학적 사고와 예술적 상상력은 인간 내면의 성품을 바탕으로 하고요. 좋은 성품은 관계를 바로 세우고 위기를 극복하기 위해 단합하며 결과를 성공으로 이끕니다. 성품은 그저 도덕적이고 좋은 것이 아니에요. 이 시대에 유용한 가치를 창조해 내는 것이죠.

뿌리 깊은 나무는 바람에 흔들리지 않는다

코로나19의 상황을 겪으면서 각자도생各自圖生이라는 말이 떠오릅니다. 오직 자신만이 자신의 삶을 살 수 있습니다. 아무리 거센 비바람이 불어도 뿌리 깊은 나무는 흔들리지 않죠. 어떠한 상황에서도 우리의 삶은 지

인간의 본질적인 삶의 가치를 바탕으로 하는
비즈니스인문학은 기업을 단단하게 하고
성장하게 할 것입니다.

속될 것이며 우리의 삶이 지속되는 한 변화와 발전은 계속되어야 합니다. 4차산업혁명에 의한 디지털혁명이 우리 인간의 삶을 풍요롭게 할까요? 경제적으로 편리하고 풍요롭지만 과연 도덕적으로 건강할까요? 코로나 블루와 함께 허무주의가 일상이 된 오늘날 무엇이 우리를 행복하게 할까요?

과거 고성장 시대의 역량과 성과만을 중시하던 시대는 이미 지났습니다. 불안과 혼돈의 저성장 시대에는 흔들리지 않고 안정적으로 지속성장하는 것이 목표입니다. 그리고 그 바탕에는 인문학에 바탕을 둔 바른 성품이 있어야 합니다. 인문학은 인간의 존재와 인간다운 삶에 대하여 반성하고 연구하는 학문이며, 인간다운 삶을 살아갈 수 있는 능력을 길러주고, 깊이 있고 폭넓은 지적 탐색과 정서적 공감을 통하여 세계와 인간에 대한 건전한 이해를 갖게 하는 것입니다. 이를 바탕으로 도덕적·사회적·미적 가치관을 정립하여 스스로 행동을 결정해 나가는 주체적 인간이 되어야 합니다.

끝없는 경영환경의 변화와 기업도 모르고 고객도 미처 모르는 소비환경은 인간 내면의 뿌리 깊은 성찰에 의해서만 가능합니다. 뿌리 깊은 나무는 어떠한 환경에서도 흔들리지 않습니다. 인간의 본질적인 삶의 가치

를 바탕으로 하는 비즈니스인문학은 더욱더 기업을 단단하게 하고 성장
하게 할 것입니다.

김진국

❝ 로버트 드 니로와 안성기의
공통점은 뭘까요? ❞

👤 강의 분야 | 심리학, 의학, 미술사, 자기계발
✉ kjk52595@gmail.com f caleb.kim.35

고려대 인문예술 최고위 과정 주임교수. 융합심리학연구소장. ㈜심유 부사장.

고3때 조선일보에 연재가 시작된 '이규태 코너'의 애독자였다. 동서고금을 아우르며 종횡무진 필봉을 휘두르는 그의 글에 매료되었던 것이다. 아직도 그는 내 글쓰기의 전범이다. 대학원을 다니던 중에 심리학과 한의학을 결합시킨 새로운 융복합 학문을 만들고 연구해 보겠다는 야심찬, 그러나 무모한 계획을 꿈꾸며 유학을 떠났다가 좌절했다. 말이 쉬워 융복합이지 선구 업적도 없는 황무지 상태에서 천재도 하기 힘든 일을 범재가 하면 어떻게 되는지를 알게 된 쓰라린 경험이었다.

하지만 80년대 말 극심한 암흑기, 20대 후반의 어린 나이에 시작된 나의 지적 탐험의 대장정은 지금도 지칠 줄 모르고 계속되고 있다. 대학, 언론, 정부부처, 공기업, 사기업 등 다양한 경력과 동서고금의 역사와 문화를 기반으로 한 융복합적 콘텐츠를 개발하고 있다. 일반심리학, 진화심리학, 융심리학, 뇌과학, 신경의학, 신학, 미술사 등 전방위적 시각을 견지하면서 조선, 동아, 한경 등 신문, 잡지에 기고하거나 TV 패널로, 강연자로 활동 중이다. 고려대학교 심리학과 및 동 대학원을 비롯한 국내외 여러 대학과 대학원에서 공부했다. 심리학사, 의학사, 의학석사, 대체의학박사(수료).

저서로 『재벌총수는 왜 폐암에 잘 걸릴까』 『심리학으로 풀어보는 삼국지』 등이 있다.

융합심리학연구소 소장
김진국

동안 선호의 심리학과
주름살의 미학

토미 리 존스. 로버트 드 니로. 신구. 안성기.

아마 여러분 중에 이 네 사람의 영화배우를 모르는 분은 없을 것 같습니다. 이분들 모두 제가 아주 좋아하는 배우들입니다. 그런데 이분들의 공통점은 뭘까요? 꽃미남 스타일은 아니지만, 지금도 할리우드와 충무로를 '주름잡는' 명연기의 소유자들이라는 것은 너무나 당연한 얘기니까 일단 재끼겠습니다.

또 다른 공통점은 뭐가 있을까요? 네, 맞습니다. 이분들의 공통점은 '주름'입니다. 이분들은 할리우드와 충무로를 '주름'잡고 있을 뿐만 아니라, 자신의 얼굴에도 '주름'이 많이 잡혀 있습니다. 가장 어린 안성기 씨가 1952년생으로 60대, 토미 리 존스와 로버트 드 니로는 70대, 신구 선생은 80대입니다.

당연히 주름살이 생길 나이죠. 하지만 이분들은 요즘 아주 일반화된 보톡스 시술이나 주름살 제거 수술을 받지 않았습니다. 아, 그렇다고 제가 고리타분하게 대놓고 성형수술을 반대하는 시대착오적인 사람은 절대 아닙니다. 반대로 저는 성형수술 찬성파입니다. 의학적으로 안전하고 경제적 여건이 보장된다면 성형수술은 얼마든지 해도 좋다고 생각하는 열린 사람입니다.

단, 저의 이 말은 성형수술이 수술을 받은 당사자의 자존감을 높여준다는 전제하에서만 유효합니다. 수술의 부작용은 차치하고 얘기해 볼까요? 그때그때 유행하는 트렌드에 맞춰서 성형수술을 받은 분들, 나중에 어떨까요? '서당 개 3년이면 풍월을 읊는다'라고 하잖아요? 제 동서가 성형외과 전문의라서 제가 성형에 대해서 주워들은 게 좀 있습니다. 대략 지나가는 분 얼굴 보면 견적이 얼마 나올지 좀 압니다. 하하.

그런데 문제는 말입니다. 너무 그 당시의 유행에만 맞춰서 성형수술을 받는 바람에 누가 누군지 잘 구분이 안 된다는 것입니다. 텔레비전에 나오는 젊은 연예인들 얼굴 한번 보세요! 너무 비슷비슷해서 구분이 안 됩니다. 같은 공장에서 출시된 장난감 같습니다. '흔하고' '값싼' 인형 같은 얼굴들입니다. 감정이 없는 것처럼 보입니다. 이건 좀 곤란하지 않습니까?

여러분, 아름다움의 기준이 대체 뭘까요? 진화심리학자들은 이렇게 말합니다. 사람들은 태어날 때부터 아름다움에 대한 기준이 머릿속에 프로그래밍이 되어 있다고요. 사람들은 얼굴도 신체도 좌우가 '대칭적'으로 딱 균형이 잡힌 것을 좋아합니다. 또 젊은 사람을 더 좋아합니다. 이건 어린애들부터 노인들까지 모두 공통적인 본능입니다.

주름살은 '늙음' 혹은 '질병'을 연상시킵니다. 주름살은 사람들의 '아름다움'에 대한 전반적인 기대와는 정반대 쪽에 속합니다. 그래서 동서양을 막론하고 사람들은 동안童顔을 선호합니다. 주름살이 없는 얼굴을 좋아합니다. 매끈하고 탄력 있는 피부를 좋아합니다. 젊은 얼굴을 더 좋아합니다.

제가 사람들이 젊게 보이는 것을 더 좋아하게 머릿속에 프로그래밍이 되어 있다고 했잖아요. 이 말을 뒤집으면 이렇게 됩니다. "젊게 보이고 싶어 하는 것은 타고난 본능이다!" 그래서 성형외과가 늘 문전성시인 겁니다. 여러분! '뽀샵질'이라는 말 아시죠? 돈이나 시간이 없는 사람들은 사진에다 뽀샵질이라도 해서 더 예뻐 보이고 더 젊어 보이고 싶은 본능을 충족시키고 싶어 어쩔 줄 모르는 겁니다. 신입사원을 뽑는 면접위원으로 한번 들어가 보면 면접자가 피면접자의 이력서에 있는 사진만 보고는 얼굴을 구별할 수 없는 경우가 허다합니다. 이미 오래전부터 그렇습니다.

누구라고 딱 꼬집어 실명을 이야기하지는 않겠지만, 우리나라 유명한 배우 중에 성형중독으로 얼굴이 망가진 이들이 좀 있습니다. 배우라고 해서, 아니 배우이기 때문에 젊고 아름다워 보이고 싶은 마음이 일반인보다 더하다는 건 인정합니다. 하지만 연기를, 그것도 표정 연기를 업業으로 하는 프로페셔널 배우들이 보톡스 시술이나 주름살 제거 수술을 받는 것은 좀 문제가 있다고 저는 생각합니다. 아마추어도 아니고 프로가 그렇게 하려면 배우를 직업으로 하지 말아야지요.

제가 좋아하는 미국 에모리대학교 심리학과의 프란스 드 발 교수에 따르면, 우리의 얼굴은 우리가 생각하는 것보다 움직임이 훨씬 더 많다고 합니다. 왜 그럴까요? 사람들이 상대방의 움직임을 따라 하면 그 상대방도 무의식적으로 자신의 표정을 모방하는 사람에게 호감을 갖게 된다는 겁니다.

그런데 얼굴에 보톡스 시술을 받으면 어떻게 됩니까? 여러분 보톡스 시술이 뭔지 아시죠? 주름살이 있는 부위에 독소를 주입해서 근육을 마비시키는 것입니다. 당연히 보톡스 수술을 받은 사람은 표정을 만들어내는 근육이 마비되어서 다른 사람의 표정을 모방하기가 쉽지 않습니다.

보톡스 시술을 받고 나면 얼핏 보기에는 좋을지 모릅니다. 하지만 공감 능력이 떨어지는 게 문제가 됩니다. 이건 보톡스 시술을 받은 사람만 문제가 되는 게 아닙니다. 당사자도 공감 능력이 떨어지지만, 상대방도 그 사람의 표정을 읽지 못하게 됩니다. 상호 간에 공감 능력, 연결 능력이 확 떨어진다는 것입니다. 이 문제는 단지 이들이 남들과 연결되는 과정에서만 나타나는 게 아니라, 남들이 이들과 연결되는 과정에서도 나타납니다.

프란스 드 발 교수는 이렇게 말합니다. "보톡스 시술을 받은 얼굴은 얼어붙은 것처럼 보여 일상적인 상호작용에 쓰이는 미세 표정의 흐름이 사라집니다. 이런 사람들의 얼굴 표정은 반응이 없습니다. 그래서 다른 사람들은 수술을 받은 사람에게 단절감을 느끼고, 심지어 거부당한 느낌을 받을 수 있습니다."

그렇습니다. 사람들은 날 때부터 다른 사람들의 눈동자, 시선, 얼굴 표정의 미묘한 변화를 놀랍도록 높은 수준에서 감지할 수 있습니다. 사람의 인간관계는 바로 여기서부터 시작되는 거예요.

사람은 날 때부터 다른 사람의 눈동자, 시선, 얼굴 표정의
미묘한 변화를 놀랍도록 높은 수준에서 감지할 수 있습니다.

당연히 갓 태어난 아기도 엄마와 눈을 맞추려고 노력합니다. 엄마의 미묘한
표정 변화를 읽기 위해 엄청나게 노력합니다. 사회적 관계는 얼굴 표정에서
시작해서 표정으로 끝난다고 해도 과언이 아닙니다.

　말보다는 표정이 더 중요하다는 것을 우리는 직감적으로 압니다. 상대방
에게 "괜찮냐?"고 물었다고 칩시다. 그 사람이 "괜찮다!" 이렇게 말을 하더
라도 그의 표정이 "아니다!" 하는 표정이면 우리는 어떻게 생각합니까? 그렇
죠. '아하! 이 사람이 말은 저렇게 하지만 실제로는 괜찮지 않은 모양이구나!'
이렇게 판단하잖아요. 사람들이 입으로 하는 말과 얼굴의 표정이 서로 일치
하지 않을 때 우리는 본능적으로 말이 아니라 표정을 진실을 판단하는 기준
으로 삼는 것입니다.

　우리 호모사피엔스는 태생적으로 '스토리텔링 애니멀'입니다. 사람들은
영화나 소설 속의 주인공들에게 자연스레 감정이입을 하도록 프로그래밍이
되어 있습니다. 여러분! 우리는 영화나 소설을 보거나 읽은 뒤 기쁨을 느끼
거나 감동의 눈물을 흘리는 것이 훨씬 쉽습니다. 감정이입을 하는 게 자연스
러운 본능입니다. 우리가 소설이나 영화, TV 드라마를 보고 난 뒤에 주인공
에게 감정이입을 하고 그 캐릭터에 빠지는 게 자연스러운 본능입니다. 감정
이입을 하는 것보다 하지 못하는 게 훨씬 어렵다는 말입니다.

　다시 본론으로 돌아가 볼까요? 이렇게 사람들의 얼굴 표정은 사회적 관

계의 알파요 오메가라고 할 수 있습니다. 제가 사람들은 영화나 소설 등 픽션을 실제 일어난 일처럼 느낄 수 있는, 스토리텔링에 목을 매는 동물이라고 말씀드렸잖아요. 그렇다면 표정으로 대변되는 연기를 업으로 하는 스토리텔링 산업에 종사하는 배우들은 어떻게 해야 할까요?

두말하면 잔소리 아닙니까? 연기자들의 얼굴은 그들의 표정 연기를 시작하고 완성하는 근본이잖아요. 사고가 나서 얼굴에 심각한 외상이 생겼다면 모르겠습니다. 사회적으로 용인하기 힘들 정도의 추한 모습이라면 이해합니다. 그런 극단적인 경우가 아니라면, 배우들은 그들의 표정 연기를 심각

하게 저해할 게 틀림없는 보톡스 시술이나 안면 성형수술을 받는 것은 절대적으로 자제해야 한다고 저는 생각합니다. 그런 수술을 받은 적이 없는데도 불구하고 어떠한 상황에서도 한결같이 단 하나의 표정으로 모든 감정을 처리하는 것으로 유명한 배우가 있습니다. 우리나라의 명문대 출신 한 여배우가 그렇습니다. 미국의 B급 액션 배우 같은 경우도 마찬가지입니다. 그들은 어쩔 수 없다고 칩시다. 일반인은 성형중독에 걸리면 안타까움과 비난을 함께 받습니다. 그러나 연기자의 무분별한 성형수술은 그들의 직업적 근성과 프로 정신을 의심케 하는 몰지각한 행동이라고 생각합니다. 과도한 보톡스 시술이나 안면 성형수술의 부작용 때문에 도무지 표정 연기가 되지 않는 경우를 봅니다. 관객의 극중 몰입을 심각하게 방해하는 이런 배우들을 보면 저는 분노를 넘어 안타깝기까지 합니다.

이런 측면에서 저는 위에서 언급한 네 사람의 연기자를 참 좋아하고 존경합니다. 그들은 미세한 표정 연기를 포함해서 탁월한 연기력을 자랑합니다. 안성기, 신구 두 분은 사생활도 참 건실합니다. 스캔들과는 거리가 먼 연기자들입니다. 인간적인 품격이 있는 분들입니다. 이분들이라고 얼굴의 주름살을 줄이거나 없애고 싶은 마음이 없었을까요? 아닐 겁니다. 그럼에도 연기자로서의 프로 정신이 보톡스 시술이나 성형수술을 받고 싶은 욕망을 제어했을 것입니다. 그리고 그 결과는 우리가 보는 그대로입니다. 로버트 드 니로와 토미 리 존스를 세계적인 명배우로, 신구와 안성기를 한국을 대표하는 명배우로 자리 잡게 한 것은 이렇게 본능까지 컨트롤하면서 연기에 몰입하는 그들의 프로 정신이었습니다. 이것이 제가 말하는 이른바 동안 선호의 심리학이자, 주름살의 미학입니다. 감사합니다.

황인원

" 스마트 세상에서는 사물의
마음을 읽을 줄 알아야 합니다 "

👤 강의 분야 | 창의력, 소통·공감, 리더십, 인문학
✉ moonk0306@naver.com   🏠 www.moonkyung.co.kr

시인이자, 코치이며, 시詩경영 전문가, 신문사 기자로 활동한 전직 언론인
이다. 2008년부터 「이코노믹리뷰」「DBR」 등에 시인의 창의적 사고가 비즈
니스 현장에서 실용적 아이디어로 전환되는 방법 등을 제시한 문학경영,
시경영 창시자다. 세계 최초로 시인들의 창작방법에서 사고思考 플랫폼 툴
을 추출했다.

신문사 근무 중인 1998년 성균관대학교 국문과에서 박사학위를 받고 대학
강의를 병행하다, 2009년 신문사 퇴직과 동시에 경기대 국문과 교수를 지냈
다. 2010년 문학경영연구원을 창업해 기업, 금융기관, 학교 등 전국 200여
군데를 클라이언트로 '제4차산업혁명과 시적 상상력' '시에서 배우는 아이디
어 생성법' '시에서 배우는 소통·공감 5계명' '제4차산업혁명 시대의 발상의
전환과 융합비법' '인문학' 등 다양한 주제로 강의해 왔다. 2014년 NLP 스트
레스 코칭 1급 자격을 취득하고, 스트레스 코칭과 임파워링 코칭 등을 시와
접목, 시 코칭 방법을 창출해 코치 활동도 하고 있다.

『시에서 아이디어를 얻다』『감성의 끝에 서라』(중국, 대만, 홍콩, 마카오 등
에 수출) 등 여러 권의 시경영서와 전공서를 출간했다. 현재 문학경영연구원
대표이자 도서출판 넌참예뻐 대표, (사)지역문화소통연구원 이사장으로 활
동하고 있다.

시인의 눈으로 세상 읽기

  안녕하세요? 저는 문학경영연구원을 운영하고 있는 황인원이라고 합니다. 문학경영연구원은 주로 문학, 특히 시의 창조적·창의적 요소를 기업 경영에 접목하고 융합해 새로운 가치를 창출하는 개인 연구기관입니다. 주로 아이디어 생성, 소통·공감 능력 확대, 문제 발견과 해결력 키우기, 감성 리더십 등을 연구하며 이를 기업에서 활용할 수 있도록 강의합니다. 저는 이를 '문학경영'이라고 이름했습니다. 이는 시, 소설, 시나리오, 수필 등 다양한 문학 장르의 요소와 경영을 융합해 새로운 가치를 창출하기 위함이었습니다. 지금까지는 제가 전공한 시를 위주로 경영과 접목하고 융합하는 연구를 해왔기 때문에 이를 줄여서 '시詩경영'이라고 하기도 합니다. 문학경영연구원에서는 이뿐 아니라 인문학 강의 및 NLP 스트레스 코칭을 비롯해 임직원 임파워링 코칭과 강의 등도 하고 있습니다.

오늘은 제가 여러분께 '시인의 눈'을 선물하려고 합니다. '시인의 눈'이란 개인의 삶을 경영하면서, 혹은 기업을 경영하면서, 시를 활용해 창조적인 경영 아이디어를 생산하는 방법을 말합니다. 어떤 분들은 '시가 어떻게 경영에 활용이 돼? 그게 말이 돼?' 하면서 의심하기도 합니다. 당연한 반응입니다. 한 번도 이런 이야기를 들어본 적이 없기 때문입니다. 하지만 시인들은 모두 남다른 창조적 글을 써야 하기에 수많은 창조의 방법을 가지고 있습니다. 특히 시에는 평범한 일상에서 문제를 발견하고, 그 문제를 다른 사람이 공감하게 하며, 이를 활용해 소통하고 문제를 해결하는 등의 수많은 경영적 요소가 담겨 있습니다. 저는 10여 년 전부터 '시경영', '문학경영'을 세상에서 처음으로 주창하면서 이를 활용해 시를 기업 경영에 활용하는 방법을 연구해 왔습니다.

자, 이제 그 신통방통한 시 활용법을 전해 드리겠습니다. 시 활용은 크게 두 가지로 나뉩니다. 하나는 발견이고, 다른 하나는 상상입니다.

발견에는 닫혀 있던 감성을 열고, 보이지 않는 것을 보며, 사물을 남다른 관점에서 새롭게 보는 관찰법 등이 있습니다. 상상에는 이것과 저것을 엮어 융합하고, 재해석하고, 역발상하는 발상의 전환 방법 등이 있습니다. 오늘은 시간상 발견에 대해서만 말씀드리겠습니다. 한번 볼까요?

겨울 들판이/텅 비었다.//들판이 쉬는 중이다./풀들도 쉰다./나무들도 쉬는 중이다.//햇볕도 느릿느릿 내려와 쉬는 중이다.

아주 재미있는 동시입니다. 이상교 시인의 「겨울들판」이라는 작품인데요.

우리가 잘 생각하지 못하는 표현이 나옵니다. '들판이 쉬는 중'이랍니다. 풀도 쉬고, 나무도 쉬고, 햇볕까지 쉬는 중이라는 겁니다.

이런 표현은 어떻게 나왔을까요? 추수를 마친 겨울의 논과 밭은 텅 비어 있겠지요. 우리는 그것을 당연하다고 여깁니다. 하지만 시인은 감성을 열고 들판을 들여다봅니다. 그랬더니 논밭이 열심히 일하고 나서 지금 쉬는 중이라는 사실을 '발견'합니다. 들판에 함께 있던 자연도 모두 들판을 따라서 쉬고 있다는 사실도 알게 되지요. 사실 아무것도 아닌 것 같지만, 들판이 쉬고, 자연이 쉬고 있다는 사실을 발견하기는 쉽지 않습니다.

시를 읽을 때 '시인이 어떻게 이런 새로움을 발견했을까'를 생각하면서 읽으면 감성도 좋아지고 활용성도 높아지겠지요. 그러면 시인은 어떻게 이런 남다른 발견을 한 것일까요?

바로 '관점 달리하기'입니다. 그동안 '관점을 달리하라'는 말은 많이 들었을 것입니다. 하지만 기존의 관점 달리하기는 내가 바라보는 방향을 바꾸는 것입니다. 만약 컵이 있다고 하지요. 컵을 관점 달리해서 보는 방법은 위에서 보고, 아래에서 보고, 왼쪽에서 보고, 오른쪽에서 보는 것이었습니다. '시선 달리하기'라고도 하는 이 방법은 주체의 변화가 없습니다. 모두 내가 주체가 되어 보는 방향만 달리하는 것입니다. 그런데 시는 아예 '주체'를 바꿔버립니다. 내가 아니라 컵이 나를 바라보는 것으로 말입니다. 그러면 이전과는 완전히 다른 이미지가 생성됩니다. 이게 '주체를 바꾸는 관점 달리하기'입니다. 이런 '관점 달리하기'는 시에만 있는 특징입니다.

봄비는/왕벚나무 가지에 자꾸 입을 갖다 댄다/왕벚나무 가지 속에 숨은/꽃망

울을 빨아내려고

　안도현 시인의 「봄비」라는 시입니다. 아주 짧지요? 기존 관점에서 벗어나서 매우 색다른 이미지를 생성한 좋은 시입니다. 먼저 비와 나무와의 관계를 살펴보지요. 자, 비가 오면 나무는 어떻게 하나요? 열심히 뿌리에서 빗물을 빨아들입니다. 그래서 가지에도 보내고, 잎에도 보내고, 꽃망울에도 보냅니다. 그래야 새로운 가지도 나오고, 연두빛 잎새도 새로 돋아나고, 꽃망울이 자라 꽃을 피우게 됩니다. 그러면 누가 일을 하는 것인가요? 네, 나무입니다. 비가 오면 나무는 살기 위해 열심히 일합니다. 비는 그저 내리기만 할 뿐 하는 일이 없습니다. 이게 우리의 기존 관점이었습니다.

　그런데 안도현 시인의 「봄비」는 나무의 관점이 아닌 비의 관점으로 봤습니다. 그랬더니 나무는 가만히 있는데 비가 일부러, 의도적으로 왕벚나무 가지에 입을 갖다 대더라는 겁니다. 발견이지요. 비가 일부러 나무에 떨어져 입을 갖다 댄 이유가 뭘까요? 네, 꽃망울 빨아내려고 그런 겁니다. 꽃망울을 빨아내면 꽃이 피겠지요. 즉, 꽃이 피게 하려고 일부러 비가 나무에 입을 가져다 댄 겁니다.

　그러면 누가 일을 한 걸까요? 네. 비가 일을 한 겁니다. 나무는 가만있다가 비가 와서

시인이 어떻게 이런 새로움을 발견했을까 생각하며 시를 읽으면
감성도 좋아지고 활용성도 높아지겠지요.

꽃망울 빨아내는 대로 따라가면 꽃이 피는 겁니다. 이렇게 관점의 주체를 바
꾸니, 완전히 새로운 이미지가 생성됐습니다. 시에서 새로운 이미지를 만드
는 방법은 이처럼 관점의 주체를 바꾸는 경우가 많습니다.

시인이 이런 관점 달리하기를 하는 이유는 시적 대상의 '마음'을 알기 위
해서입니다. 기존 관점은 나무의 관점으로 돼 있으니까, 비의 마음을 알 수
는 없었습니다. 그래서 시인은 나무가 아닌 비의 관점으로 비 오는 상황을
봤고, 비의 마음을 알게 된 것이지요. 그러고 나서 시인은 비의 마음을 담은
시를 씁니다. 이전과는 완전히 달라진 이미지가 생성됐습니다.

시인이 관점을 달리하는 까닭이 뭐라고요? 네, 시적 대상의 '마음'을 알기
위해서입니다. 그러면 소비자의 마음을 알고 싶다면 어떻게 하면 될까요?
내 관점, 회사의 관점을 버리고, 소비자의 관점이 되면 되겠지요. 어떻게 하
면 소비자 관점이 될까요?

시에 '일체화'라는 창작 방법이 있습니다. 일체화는 자아와 세계가 하나가
되는 것인데요. 자아는 시인이고, 세계는 시적 대상입니다. 그러니까 자아
인 안도현 시인이 시적 대상인 봄비에 대해 시를 쓰려면 안도현 시인이 봄비
가 돼야 하는 겁니다. 봄비와 일체화하는 거지요. 그러면 꽃망울을 빨아내
려는 비의 마음을 알게 됩니다.

벽에 나를 붙인다/떨어지지 않게 조심조심/우툴두툴한 배경이/불안하다/남들과 같이/평평한 곳이면 좋겠는데/하필/이런 곳에 붙다니/그나마 떨어지면/바삭바삭/깨져버릴까 봐/숨도 못 쉬고/붙어 있다

신미균 시인의 「민무늬 타일」이라는 시입니다. 이 시를 보면 '민무늬 타일'이라는 사물의 마음이 잘 나타나 있습니다. 그 마음은 '불안하다'입니다. 왜 불안할까요? 시를 보면, 타일이 붙어 있는 배경이 우툴두툴해서 떨어지기가 쉽기 때문입니다. 떨어지면 어떻게 될까요? 깨지겠지요. 깨진다는 것은 곧 죽는다는 겁니다. 그래서 불안해서 숨도 쉬지 못하고 찰싹 붙어 있는 겁니다.

생명도 없고 생각도 없는 사물인 민무늬 타일의 마음을 어떻게 알았을까요? 그렇습니다. '일체화'입니다. 시인이 타일의 지금 상황으로 들어가서 타일의 마음을 읽은 것입니다.

이쯤 되면 어떤 분은 역지사지를 생각할 것입니다. 그러나 일체화는 역지사지와 다릅니다. 역자사지는 나는 여기에 있는 상태에서 대상의 입장을 고려해 보고 마음을 '추측'하는 것인데 반해, 일체화는 내가 대상과 완전히 하나가 되어 대상의 관점으로 그 마음을 '직접 느끼고' 드러내는 것이니 둘 사이에는 엄청난 차이가 있습니다.

시인들이 창작하면서 일체화 방법을 사용하는 근본 이유는 시적 대상의 마음에 담긴 아픔이나 갈망을 찾아서 드러내기 위함입니다. 그래야 현실과 이어지는 이미지를 창출할 수 있으니까요. 이것이 우리가 현실적인 창조 아이디어를 생성할 수 있는 이유가 됩니다.

타일의 아픔이 무엇이었나요? 불안이었습니다. 그 이유는 '떨어지면 깨져 마음을 읽는다는 것은 '발견'입니다. 문제를 발견한 것이지요.
그러면 이제 어떻게 해야 할까요?

버려 죽게 되니까'였습니다. 이제 불안 요소를 해결해 보는 겁니다. 타일의 불안 요소인 떨어지는 것을 해결하든가, 떨어져도 죽지 않는, 그러니까 깨져버리지 않게 하면 해결되겠지요. 그러면 어떤 게 나올까요? 떨어져도 깨지지 않는 타일을 만들 수도 있겠네요.

소화기로 해볼까요? 지금부터 사무실이나 집에 있는 소화기를 봅니다. 소화기의 마음은 어떨까요? 그동안 소화기 본 적도 거의 없지요? 그러니 소화기가 돼서 마음을 읽어보세요. 어떤 마음인가요? 가져다만 놓고 쳐다봐주질 않았으니 좀 외롭지 않았을까요? 그러면 마음은 '외롭다'입니다.

이런 마음을 읽는다는 것은 '발견'입니다. 문제를 발견한 것이지요. 그러면 어떻게 해야 할까요? 문제를 해결해야겠지요. 어떻게 해야 하지요? 마음이 아프지 않게 하면 되겠네요. 외롭지 않게 하면 되겠지요? 그게 뭘까요? 외로운 이유를 생각하면 되겠지요? 쳐다봐주질 않았으니 외로웠던 거잖아요. 그러면 여러분이 늘 쳐다보는 건 무엇인가요? 사람들이 늘 옆에 두고 있는 물건을 생각해 보는 겁니다. 책상 위에 놓은 작은 연주 조각상이나 골프 같은 운동을 하는 작은 조각품도 있겠네요. 또 시계도 있고, 거울도 있겠네요. 이런 생각에 이르렀으면 그 물건과 소화기를 하나로 만드는 겁니다. 그러면 바이올린 연주하는 작은 조각상 소화기, 골프 조각상 소화기, 시계 소화기, 거울 소화기 등이 나오지 않을까요? 실제 소화기를 생산하는 J회사는 이런 소화기를 만들어 유럽으로 수출하면서 상당한 성과를 올리고 있습니다.

이처럼 일체화 방법으로 사물의 마음을 읽는다는 것은 획기적인 상품을 생산할 수 있는 길이 됩니다. 특히 제4차산업혁명시대는 모든 사물이 인공지능화됩니다. 마음을 갖게 된다는 의미이기도 합니다. 그 마음으로 사물인터넷이 연결되고, 빅데이터가 쌓이게 됩니다. 이런 스마트 세상에 슬기롭게 대처하려면 사물의 마음을 읽을 줄 알아야 합니다. 스마트 팩토리도 이런 마음을 아는 데서부터 시작되어야 합니다. 그러니 이제부터 사물과 혹은 자연과 일체화해서 사물이나 자연의 마음을 찾는 연습을 언제 어디서든 놀이 삼아 해보세요. 재미있으면서 새로움을 창출하는 방법까지 익히게 될 것입니다. 감사합니다.

02

함께 성장하다

김기찬

❝ 자연계에 중력이 있다면,
인간계에는 공감이 있습니다 ❞

👤 강의 분야 │ 사람중심기업가정신, 플랫폼, 공감마케팅
✉ kichankm@gmail.com ⌂ www.kichankm.com

가톨릭대학교 경영학부 교수.
조지워싱턴대 Distinguished Professor(Global Faculty), 세계중소기업학회
(ICSB), 한국중소기업학회, 아시아중소기업학회(ACSB) 회장, 유엔글로벌
콤팩트 한국협회 이사를 역임하였다. 기업 간 관계 모형으로 서울대학교에
서 경영학 박사학위를 받았으며, 동경대학교 객원연구원, MIT 방문연구원,
조지워싱턴대 초빙교수, 대통령 국민경제자문회의 혁신경제분과 의장을 역
임하였다. 현대모비스 사외이사, 현대자동차 자문교수, 삼성전자 자문교
수, 윤경ESG포럼 공동대표, 한국경영학회 최우수논문상(2005), 근조포장
(2012), 한국경영학회 60주년 최우수 논문상(2016) 등을 수상하였으며 「매경
이코노미」에서 조사한 '한국의 경영대가'에 선정되었다.
「Technovation」 등 유수의 경영학술잡지에 논문을 게재하고 「Journal of
Small Business Management」의 Associate Editor를 비롯, 다수 학회지의
편집위원장을 역임하였다. 저역서로 『사람중심 기업가정신』 『이토록 신나는
혁신이라니』 『플랫폼의 눈으로 세상을 보라』 『마케팅 철학의 법칙』 『도요타
방식』 『상생경영』 『기업 진화의 속도』 등이 있다.
주된 관심 분야는 사람중심 기업가정신, 플랫폼경영론, 상생과 기업생태계,
전자 및 자동차 부품산업, K-Management, 기업가형 마케팅, 공감마케팅,
한·인도네시아 협력 등이다.

가톨릭대학교 경영학부
교수 김기찬

인간은 공감할 때 진화한다

역사를 움직이는 힘, 공감

역사를 움직이는 가장 강력한 에너지는 공감입니다. 위기의 시대일수록 적자생존이 아닌, 공감하는 인간들의 협력에 의해 역사는 발전했습니다. 인류는 공감이라는 능력 덕분에 세계를 호령하는 종이 됐습니다. '공감한다. 고로 존재한다.' 제러미 러프킨은 이러한 인간을 호모 엠파티쿠스Homo Empathicus(공감하는 인간)라 불렀지요.

세상을 움직이는 가장 강력한 2개의 공짜 에너지가 있습니다. 자연계에 중력이 있다면, 인간계에는 공감이 있습니다. 자연계의 모든 물체는 서로 끌어당긴다는 중력이 있다면, 인간계에는 사람 간에 서로 당기는 힘, 공감이 있습니다. 중력은 1687년 뉴턴에 의해 발견되었고, 그의 만유인력의 법칙은 공짜에너지인 중력을 과학에 활용하는 출발점이 되었습니다. 그러면 공감의 최초

발견자는 누구일까요? 중세 이후 자유시민사회의 사회 혼란 속에서 신질서에 대해 고민한 도덕철학자이자 경제학자인 애덤 스미스입니다. 공감이라는 말은 1759년 그의 저서 『도덕감정론』에서 발견됩니다. 그는 시민사회의 질서를 만드는 일반원리로서 이성이 아니라 선악을 구분하는 능력인 공감이라는 도덕적 감정에 주목한 것입니다.

당시 사회적 상황은 중세에서 근세로 전환되면서 욕망, 감성, 이성으로부터 해방된 자유시민들에게 어떻게 새로운 사회질서를 구축할 것인가가 시대적 과제였습니다. 애덤 스미스는 사회질서의 가장 강력한 제1의 질서로 공감을 제안했습니다. 공감은 검증이 필요 없는 인간의 본성입니다. 인간은 제3자의 공감을 이끌어가는 방향으로 행동합니다. 이것이 사회의 도덕이 됩니다. 인간은 기본적으로 사회적 존재이므로 제3자의 관찰이 도덕적인 행동을 하게 하는 힘이 됩니다. 타인에게 공감을 얻으려는 사람의 노력은 자기 통제, 신중, 적절한 박애, 자혜慈惠 등 사회의 덕목과 도덕을 낳습니다. 타인의 공감을 얻지 못하는 행동을 자제하는 원천이 될 수 있습니다. 그는 이것을 자유시민사회 질서의 가장 중요한 원리로 보았습니다.

그래서 사회질서에는 법과 통치에 우선하여 공감의 논리가 작용합니다. 이것이 애덤 스미스의 『도덕감정론』의 주요한 내용입니다. 도덕은 내면의 공정한 관찰자입니다. 내면의 공정한 관찰자로서 공감은 마음속의 자기 통치자이며, 이것이 자유시민사회의 질서를 만드는 것입니다.

다만, 공감의 배신이 있는 상황이 발생한다면 제2의 질서 원리로서 법과 제도가 필요합니다. 즉, 인간 본성이 만든 법으로서 마음속의 관찰자 '공감'이 있고, 공감의 배신 상황이 생기는 경우 권력이 만든 '법과 제도'가 제2의 질서유지 원리가 되어야 합니다. 그러나 공감은 비용이 투입되지 않는 공짜 에너지인 데 반해, 법과 제도는 많은 사회적 비용과 갈등을 수반하게 됩니다. 그래서 인류는 공감할 때 진화했고, 갈등할 때 퇴화했습니다. 호모사피엔스가 지구상에서 생존할 수 있었던 힘도 공감 능력 때문입니다. 10만 년 전 지구상에는 최소 6종의 인류가 있었다고 합니다. 이 중 호모사피엔스만 살아남았습니다. 호모사피엔스 생존의 비밀은 그들 중 가장 뛰어난 공감 능력을 가졌기 때문입니다. 인간의 공감 능력이 협력을 이끌어내었기 때문입니다.

공감과 포용의 링컨 리더십

공감은 리더십의 가장 큰 에너지 원천으로 역할하고 있습니다. 공감은 경쟁자를 포용하는 힘이 됩니다. 미국에서 가장 존경받는 대통령으로 기억되고 있는 링컨은 공감의 리더십으로 노예해방과 남북전쟁을 끝내고 미국을 통합한 위대한 지도자가 되었습니다. 2015년 암살 150주기를 맞아 미국 정치학회가 발표한 역대 대통령 평가조사에서 링컨은 100점 만점에 95점을 받아 1위를 차지한 바 있습니다.

국민과 함께 하겠다는 것이 공감empathy이고, 이질적인 것과 차이를 수용하겠다는 것이 포용tolerance입니다. 공감과 포용은 '한번 함께 해봅시다'라는 협력행동을 만들었습니다. 라이벌도 조언자로 만들었습니다. 공감과 포용은 국민의 마음과 경쟁자의 마음의 문을 여는 열쇠가 되었습니다. 그래서 국민과 공감하고 경쟁자를 포용할 수 있었습니다. 이것이 남북전쟁과 노예해방을 이끌어낼 힘이 되었습니다. 링컨은 공감으로 마음을 얻었으며, 포용으로 혁신을 만들어내었습니다.

위기의 시대일수록 적자생존이 아닌
공감하는 인간들의 협력에 의해 역사는 발전했습니다.

1855년 링컨은 특허소송 변호인단 소속의 변호사였습니다. 이때 전국적 명성을 가진 에드윈 스탠튼 변호사로부터 링컨은 '키 큰 원숭이'라는 별명을 얻었습니다. 링컨은 1860년 5월 18일 공화당 전당대회 대통령 후보 지명 과정에서 슈워드, 체이스, 베이츠 등과 치열한 경쟁을 벌였습니다. 1861년 미국 대통령에 당선된 후, 그는 첫 내각으로 그와 가장 격심하게 경쟁했던 라이벌 슈워드를 국무장관에 임명하고, 자신을 '원숭이'라고 조롱했던 스탠튼 변호사를 국방장관에 임명했습니다. 그는 최고의 라이벌이 최고로 유능하다고 믿고 있었습니다.

공감을 통해서 경쟁자를 국무장관과 국방장관으로 만들고 국민의 마음을 얻을 수 있었습니다.

링컨은 경쟁자를 등용하고 라이벌까지 끌어안은 포용적 리더십을 발휘한 결과 남북전쟁을 승리로 이끌고, 연방제를 지켰습니다. 자신을 조롱했던 에드윈 스탠튼 국방장관이 남북전쟁의 주역이 되었습니다.

워싱턴 DC 10번가에는 링컨이 피격된 포드극장 앞에 그가 숨을 거둔 피터슨 하우스가 지금은 국가유적지로 지정되어 있습니다. 1865년 링컨이 연극 관람 도중 총에 맞은 후 옮겨져 죽음을 맞이한 곳입니다. 피터슨 하우스 바로 옆에 젊은이들에게 꿈과 비전을 주기 위해 설립되어 링컨을 기리는 4층 건물의 리더십 센터가 있습니다. 이곳은 2012년 링컨 탄생 203주년인 해에 설립되었습니다. 그가 암살됐던 장소가 링컨의 리더십 교육의 현장으로 거듭나고 있습니다.

이 건물에는 링컨에 관한 6800여 권의 책으로 만들어진 북 타워가 있습니다. 건물 내에 '링컨의 리더십을 요약하면?'이라는 코너가 있습니다. 이곳에는 공감과 포용, 정직성, 창조성과 혁신, 용기, 공정성과 평등 등을 링컨 리더십으로 요약하고 있습니다. 링컨 리더십센터의 공감에 대한 정의도 매우 인상적입니다. 공감이란 '국민들의 감정을 이해하는 것'으로 정의하고 있습니다. 공감은 국민들의 생각, 느낌, 그리고 행동에 대해 깊은 관심을 가지고 이해하고자 하는 생각입니다. 이에 비해 포용은 이질적인 것에 대한 수용 태도입니다. 차이를 인정하는 것입니다. 포용이란 자신과 다르거나 갈등적인 신념과 관행을 가진 국민들을 받아들이는 생각을 말합니다. 즉, 함께하는 것이 공감이고, 다름을 인정하고 이질적인 것과 차이를 수용하는 것이 포용입니다.

공감의 발전과 진화

공감이란 다른 사람에 대한 관심입니다. 타인의 기쁨과 슬픔을 함께 느끼는 감정입니다. 공감이라는 용어는 아리스토텔레스의 설득을 위한 수사학의 파토스에서 진화한 것입니다. 공감empathy의 어원은 'en(안)' + 'pathos(감정)'의 복합어로서, 다른 사람의 감정을 자신에게 이입시키는 것입니다. 미술 이론에 사용되던 용어인 감정이입을 말합니다.

공감이란 다른 사람의 입장에서 보는 것입니다. 자신의 감정을 대상에 이입시키거나 대상의 감정을 자신에게 이입시켜서 서로 공감하여 하나가 되는 과정입니다. 함께 슬퍼하고 함께 기뻐하게 됩니다. 그래서 공감은 서로 통하게 하고, 다른 사람의 마음이 우리에게 다가오게 하는 것입니다. '불통즉통不通則

인간은 경쟁이 아니라 협력으로 똑똑해집니다.
개인의 천재보다 팀 지니어스가 필요합니다.

痛, 통즉불통通則不痛'입니다. 즉, 통하지 않으면 통증이 있고, 통하면 통증이 없습니다. 공감이 없는 조직은 아픕니다.

생물학적으로 우리 몸에서 공감세포의 존재를 증명한 사람은 이탈리아의 신경심리학자인 파르마대학의 리촐라티Giacomo Rizzolatti 교수 등입니다. 그들은 1990년대에 공감을 느끼게 하는 신경의 와이파이 세포인 거울 뉴런을 발견했습니다. 거울 뉴런은 공감하게 하고 협력하게 하는 세포입니다. 거울 뉴런 때문에 갓 태어난 아기가 엄마의 행동을 모방하고 공감할 수 있습니다. 행동할 수 있게 되고 협력할 수 있게 되는 것입니다. 아이가 아프면 엄마도 아픕니다. 거울 뉴런에서 만들어지는 '본능적인 공감적 고통inborn empathic distress'을 느끼는 것입니다. 아이를 이해하는 게 아니라 아이와 공감하기 때문입니다.

공감 세포의 발견은 인간이 어떻게 지구상에서 생존할 수 있었는가를 설명하는 결정적 실마리가 되었습니다. 호모사피엔스의 공감세포 때문에 그들은 가장 뛰어난 공감 능력을 가졌습니다. 거울 뉴런이라는 공감의 세포 때문에 우리는 협력할 수 있었고, 그것이 인류의 생존을 가능하게 만들었습니다. 그래서 공감 능력을 보여주는 거울 뉴런의 발견은 DNA 발견 이후 최고의 대발견이라는 평가를 받고 있습니다.

이러한 거대한 거울 뉴런의 발견에 주목한 사람은 세계적 문명비평가인 제러미 리프킨이었습니다. 그는 『공감의 시대』라는 저서를 통해 인간이 세계를 지배하는 종이 된 것은 자연계의 구성원들 중에서 인간이 가장 뛰어난 공감 능력을 가졌기 때문이라고 말합니다. 공감했기 때문에 존재할 수 있게 된 것입니다.

공감의 힘, 팀보다 더 위대한 선수는 없다

인간은 경쟁이 아니라 협력으로 똑똑해집니다. 개인의 천재성보다 팀 지니어스가 필요합니다. "팀보다 더 위대한 선수는 없다." 영국 프리미어리그의 맨체스터 유나이티드를 27년간 이끌며 세계 최고의 명문 클럽으로 만든 알렉스 퍼거슨 감독의 말입니다. 좋은 성과를 내려면 개인의 능력도 중요하지만 무엇보다도 사람과 사람 간 협력이 만들어내는 팀워크가 중요합니다.

구글에는 '전체는 부분의 합보다 크다'라고 했던 아리스토텔레스에게서 영감을 받아 시작된 '아리스토텔레스 프로젝트'가 있습니다. 성과를 내는 팀과 그렇지 않은 팀의 차이는 어디에서 오는가를 알아보기 위해 2012년 프로젝트를 시작해 전문가 집단이 4년 동안 회사 내 모든 팀을 조사했습니다. 그 결과, 타인을 배려하는 포용과 서로 경청하고 공감하는 것이 팀 성과의 비밀이었습니다.

협력은 공감할 때 만들어지는 것입니다. 공감은 다른 사람에게 힘을 주고 영감을 줍니다. '영감을 주다'라는 뜻의 inspire(숨을 불어넣다)는 in(안) + spir(숨 쉬다─영혼, 정신의 상징)의 복합어입니다. humanity(인간)의 어원은 humus(흙)에서 유래되었습니다. 휴무스(흙)에 영혼을 넣어주는 것이 inspire(영감을 주다)입니다. 숨이 멎었던 사람을 '휴' 할 수 있도록 격려하고, 고무하고, 숨을 불어넣어주는 것입니다. 구성원들은 서로 공감하고 영감을 줄 때 '휴' 하고 안심할 수 있고 조직을 위해 서로 협력하고 기꺼이 자신의 아이디어를 만들어내게 됩니다.

리더여, 공감하라

리더의 영향력이란 군림하는 것이 아니라 공감하고 포용하는 데서 생기는 것입니다. 공감은 어려움을 함께 극복하는 힘이 됩니다. 인간계의 가장 큰 공짜 에너지, 공감을 여러분들은 어떻게 활용하고 있나요?

그러나 우리들에게 공감과 포용은 쉽지 않은 덕목입니다. 인간은 기본적으로 이질적인 존재를 혐오하고 배제하도록 세팅되어 있기 때문입니다. 그러나 이질적인 것이 섞일수록 시너지가 커지고 조직의 역량도 강화됩니다. 슘페터에 의하면 혁신은 새로운 결합New Combination입니다. 이질적인 것과 포용하고 공감할 때 새로운 것이 탄생합니다. 세상 진화에 8%의 법칙이 있습니다. 세상에는 이질적인 8%가 존재합니다. 왼손잡이 비율이나 색맹의 비율이 약 8%입니다. 이 8%의 이질자가 위기 순간에 조직 생존에 결정적인 기여를 합니다. 숲

속 전쟁의 승리에서는 색맹자의 역할이 있었고, 야구 게임의 승부에서는 커트 실링, 왕정치, 이승엽 등과 같은 왼손잡이의 공헌이 있었습니다. 이질적인 8%를 소외시키지 않고 함께 공감대를 넓히고 포용하는 조직일수록 더 오래 생존했고, 게임의 승률도 높았습니다. 로마 천년 장수의 비결은 로마를 위해 피를 흘리고 땀을 흘린 이방인들이 로마 시민이 되도록 한 개방성, 포용성입니다. 포용성이 로마인의 교육 역량, 경제력, 기술력을 더 강하게 만들었습니다.

여러분은 노동 혹은 운동, 직업 혹은 소명, 어느 쪽 일을 하고 있습니까?

조직의 꿈에 공감이 없으면 여러분의 노력은 노동과 직업이 되지만, 공감하면 운동과 소명이 됩니다. 노동과 직업은 돈을 위해 하고, 운동과 소명은 꿈을 이루기 위해 땀을 흘립니다. 노동은 돈을 위해 마지못해 합니다. 그래서 따지고 말이 많습니다. 그러나 운동을 할 때는 기쁘고 즐겁습니다. 공감과 영감의 에너지는 세로토닌이라는 행복 호르몬을 만들어주기 때문입니다. 노동을 위해서는 근육의 에너지가 필요하지만, 운동을 위해서는 거울 뉴런 세포가 만들어내는 공감의 에너지가 있어야 합니다.

코로나 위기 이후 신인본주의 새로운 문명기가 오고 있습니다. 인류는 서로 포용하고, 공감의 공동체를 만들어야 합니다. 공감하고 영감을 주는 지도자가 되시기 바랍니다. 호모 엠파티쿠스!

윤은기

> " 협업은 대한민국의
> 새로운 희망입니다 "

👤 강의 분야 | 협업
✉ yoonek18@chol.com f 1235595827

한국협업진흥협회 회장. 전 중앙공무원교육원 원장, 서울과학종합대학원 대학교 총장.

시테크 이론의 창시자로 늘 한 발 앞선 화두를 제시하며 학계, 재계, 관계, 언론계, 문화예술계, 시민단체 등 사회 각 분야에서 왕성한 활동을 해왔다. 기업 교육, 학교 교육, 공직자 교육 등 교육의 모든 분야를 두루 거친 보기 드문 경력의 '전천후 교육가'이다. 요즘은 '미스터 콜라보(Mr. Collabo)'로 불리며 대한민국의 협업문화 확산을 위한 '협업전도사 1호'로 맹활약하고 있다.

고려대 심리학과를 졸업하고, 연세대 경영학석사(MBA), 인하대 경영학 박사 학위를 취득했으며, 공군장교로 복무했다. 유나이티드컨설팅그룹 대표컨설턴트를 거쳐 KBS·MBC·MBN 등 라디오와 TV에서 10년 넘게 방송인으로 활동하며 대중의 많은 사랑을 받았다.

현재 대한민국 백강포럼 회장, 서울과학종합대학원대학교 석좌교수, 문화예술위원회 예술나무포럼 회장, 기후변화센터 이사 등을 맡고 있으며, 공무원교육원장협의회 회장, 국립극장 후원회 회장 등을 역임했다. 2009년 대한민국 정부로부터 홍조근정훈장을 받았다.

저서로『협업으로 창조하라』『매력이 경쟁력이다』『시테크』『스마트경영』『신경영마인드 365』『예술가처럼 벌어서 천사처럼 써라』『귀인』외 20여 권이 있다.

협업으로 창조하라

저는 격변의 한국 사회에서 다양한 길을 걸어왔습니다. 직장생활도 해봤고, 사업도 해봤고, 대학 교수와 총장도 해봤고, 대한민국 공무원교육의 책임자 역할도 했습니다. 아마 저처럼 다양한 경험을 한 사람도 많지 않을 거라고 생각합니다.

인터뷰를 하다 보면 전공이 뭐냐는 질문을 많이 받는데, 원래 제 전공은 '심경학'입니다. 심경학이라는 전공은 처음 들어보시죠? 저는 고려대에서 심리학을 전공하고 연세대에서 MBA(경영학 석사)를 했습니다. 심리학과 경영학을 줄여서 저는 '심경학心經學'이라고 말합니다. '심경心境'이란 마음의 상태라는 뜻이니까, 제대로 전공을 살린 거죠. (웃음)

또 공군 장교로 4년간 복무하면서 육·해·공군 장병들과 함께 일하기도 했고, 방송인으로 10년 이상 KBS·MBC·MBN 등 여러 방송사에서 활동했습니다. 민간에서는 경영 컨설턴트와 대학 총장을 지냈고, 중앙공무원교육원 원장으로 공직생활까지 했어요. 그리고 국립극장 후원회장 등 문화예술 계통 관련 활동도 해오고 있습니다. 이런 일들을 30년 넘게 하며 살아왔습니다. 결론적으로, 저는 매우 융·복합적인 경로를 살아온 사람입니다.

협업과의 운명적 만남

2013년 4월에 중앙공무원교육원 원장의 임기를 마치고 나서 '남은 인생 동안 무엇을 할 것인가?'에 대해 치열하게 고민했습니다. 대한민국의 미래를 새롭게 바꿀 만한 의제가 무엇일까를 생각해 봤어요.

그렇게 끊임없이 고민하고 탐구하다가 운명적으로 만난 것이 바로 '협업 collaboration'입니다. '협업 발전에 이바지하라고 하늘이 내 인생을 지금까지 이렇게 다양한 경험을 하도록 설계해 왔던 것이구나' 하는 생각도 했습니다.

이렇게 중요한 인생 목표를 찾고 나면 여러분은 가장 먼저 누구에게 보고합니까? 저는 아내에게 보고합니다. (웃음) 아내에게 "여보! 나 드디어 찾았어!" 하면서 "당신이 알다시피 나는 지금까지 학계, 재계, 관계, 언론계, 문화예술계, 시민단체 등 다 경험을 해봤고 나름대로 네트워크도 가지고 있는데, 이제 와 생각해 보니 하늘에서 협업이라는 대업을 맡기기 위해 훈련을 시켜온 것 같아. 앞으로 나는 협업에 모든 걸 걸겠어!" 했죠.

근데 제 아내는 협업이 뭔지 그때까지는 잘 몰랐어요. "그렇게 중요한 거예요? 제3의 물결보다 더 중요한 거예요?"라고 묻더라고요. (웃음) 그래서 제가 융복합 창조의 물결이 제4의 물결인데, 협업이 최선의 대응책이라고 대답했습니다.

요새는 집에서도 "여보! 우리도 협업합시다! 하느님이 남녀를 다르게 만드신 건 서로 협업하라고 그런 거라고!" 이렇게 이야기합니다. 자나 깨나 협업만 생각하다 보니 건배사도 "콜라보! 브라보!"가 됐어요. 콜라보! 브라보! 어때요? 좋지 않습니까? (웃음)

제가 이렇듯 맹렬한 협업 전도사가 된 이유는 대한민국의 운명을 바꿀 모든 가치가 이 '협업'이라는 개념에 담겨 있다는 것을 확신하기 때문입니다. 우리나라는 30여 년 전에 앨빈 토플러가 말한 제3의 물결, 즉 정보화 사회의 흐름에 발 빠르게 대응하여 IT 강국으로 우뚝 섰습니다. 이제 우리는 새롭게 다가오는 제4의 물결인 융복합의 물결과 마주하고 있습니다. 저는 최선의 대응책이 '협업', 즉 'collaboration'이라고 자신 있게 말씀드립니다.

제가 어떻게 이런 확신을 갖게 되었는지, 또 이 협업이라는 것이 오늘날 우리가 살고 있는 이 시대에 어떤 가치가 있는지 집중적으로 이야기해 보겠습니다.

우리는 협업의 DNA를 가진 민족

제가 이렇게 협업을 해야 한다고 강조하면 어떤 사람들은 "우리나라 사람들이 협업을 한다고? 그게 쉽겠냐?"며 부정적인 반응을 보입니다. "안 되는 이유가 뭐냐?"고 물으면 "사촌이 땅을 사도 배가 아픈 사람들인데, 협업은 무슨 협업이냐"고 하거나 "자기 혼자 잘살려고 기를 쓰는 사람들이 할 수 있겠냐"며 태생적으로 한국인은 협업을 못한다고 회의적으로 말합니다. 이런 고정관념에서 빨리 벗어나야 합니다.

대한민국의 운명을 바꿀 모든 가치가
'협업'이라는 개념에 담겨 있습니다.

　일본이 식민통치 기간에 가장 두려워했던 것이 무엇인지 아십니까? 바로 조선인들이 단결하는 것이었습니다. 지난 역사를 돌아보면 세계적으로 식민지배를 했던 나라의 식민통치술 제1조 1항은 바로 단결할 수 없도록 쪼개고 쪼개는 겁니다. 그래서 '조선 사람들은 원래 단결이 안 된다', '당파 싸움으로 일관했다', '원래 민족적 DNA가 그렇다'며 계속해서 세뇌 교육을 했던 겁니다. 이러한 식민지배 교육의 후유증으로 아직까지도 한국 사람들은 단결력이 없다고 생각하는 사람들도 있는 것 같습니다.

　그런데 잘 생각해 보세요! 정반대입니다. 우리나라 사람들은 개성이 강하면서도 상황에 따라 하나가 되는 문화적 뿌리를 갖고 있어요. 두레, 품앗이, 의병과 같은 전통문화만 봐도 그렇지요. 거기에는 우리 조상들의 협업적 마인드와 협업적 지혜가 담겨 있습니다. 우리 민족은 진짜 강한 협업 DNA를 가지고 있습니다.

　예를 들어보죠! 오래된 우리 민족의 협업 DNA가 계승되어 폭발적으로 나온 것이 바로 '금 모으기 운동', '2002 월드컵'입니다. 국가 경제가 어렵다고 자신의 금팔찌, 금반지, 금메달까지 내놓는 국민들 보셨나요? 이 밖에도 우리는 대대로 국가적 위기 상황에서 국민 하나하나가 자신의 노동력과 재산을 기꺼이 내놓아 대승적 협업을 이루어온 사실을 수없이 확인할 수 있습니다.

2002 월드컵 4강 성과도 다들 기억하시죠? 4강 진출의 결과가 선수와 감독만 잘해서 나온 걸까요? 선수, 감독, 붉은악마, 그다음에 국민, 언론, 시민단체, 정부, 지자체… 온 나라가 합심을 해서 세계가 놀란 일을 해낸 거죠. 바로 위대한 협업의 성과인 것입니다. 태안 기름 유출 사건은 또 어떻습니까? 사고가 났을 때 전국에서 봉사자들이 모였습니다. 해안가 자갈보다 자원봉사자 수가 더 많다는 이야기까지 나왔습니다. 이게 어떻게 가능했을까요? 하나가 되어 뭉치는 한국인의 협업 DNA, 협업문화가 있었기 때문입니다.

우리나라는 낡은 문화를 혁신적으로 바꾸는 데서도 아주 탁월한 힘을 발휘합니다. 제가 방송 활동을 10년 넘게 했는데, KBS 제1라디오 일일 시사프로그램 '생방송 오늘' MC로 활동하던 당시 화장실 개선 문화운동을 하겠다는 분을 초청해서 여러 번 인터뷰했습니다. 그런데 이건 단순히 화장실을 개선하는 정도가 아니라 대한민국의 문화와 문명을 바꿀 수 있다고 말하는 겁니다. 왜냐, 공중화장실이 바뀌면 위생이 바뀌고, 위생이 바뀌면 문화가 바뀐다는 거예요. 게다가 우리나라를 찾아오는 관광객 숫자도 달라진다고 해요. 국가 이

미지도 달라진다는 신념을 가지고 있더라고요. 그 후 화장실 개선 문화 운동이 활발히 전개되었지요. 그런데 방송사로 항의 전화나 엽서가 정말 많이 왔습니다. "달동네 가면 먹고살기도 힘든 사람들이 많은데, 화장실에 몇백만 원, 몇천만 원씩 돈을 쓰는 그 발상 자체가 미친 거 아니냐?"는 겁니다. 공영방송에서 왜 이런 사람들을 초청해서 인터뷰를 하느냐며 난리가 났죠.

그런데 지금은 어떻습니까? 우리나라 고속도로 휴게소의 공중화장실을 보세요. 세계에서 위생 분야 최고라는 일본 지자체에서 견학을 와서 배우고 갈 정도입니다. 유럽에서도 공무원들이 견학하러 옵니다. 이렇듯 화장실 문화가 바뀌니까 정말 문화가 바뀌고 관광산업이 성장하여 국가의 이미지까지 바뀌는 겁니다.

몇 년 전에 거제도에 있는 '바람의 언덕'에 놀러 간 적이 있어요. 그곳에 시드니의 오페라하우스처럼 생긴 그림 같은 아름다운 건물이 하나 있더라고요. 그래서 제가 가이드에게 "저건 무슨 건물인가요?" 하고 물어봤죠. 그랬더니 화장실이래요. (웃음) 우선 사진부터 찍고 나서 확인차 직접 들어가 봤어요.

이야~! 안은 더 멋졌습니다. 돌아와서 제가 그날 찍은 사진과 함께 페이스북에 이런 글을 썼습니다.

'대한민국 공중화장실, 위생을 넘어서 아트art로 가고 있다!'

우리나라 사람들은 목표와 방향이 제대로 정해지면 무서울 정도의 속도로 혁신을 이룩해 냅니다. 국가 이미지 개선과 문화 수준 향상을 위해 공중화장실을 고칠 때도 놀라우리만치 빨리 작업을 완료했어요. 새로운 가치를

우리나라 사람들은 목표와 방향이 제대로 정해지면
무서울 정도의 속도로 혁신을 이룩해 냅니다.

발굴해서 거기에 꽂히면 순식간에 바꿀 수 있는 것이 바로 우리나라 사람들의 협업 역량입니다.

　그런 맥락에서 저는 대한민국이 협업 강국, 협업 선진국으로 금방 도약할 수 있다고 확신합니다. 이것은 제 꿈이기도 하지요. 협업으로 '새로운 한강의 기적'을 일으킬 수 있습니다. 협업은 대한민국의 새로운 희망입니다. (박수)

협업이란 무엇인가

　여러분, 협동과 협업의 차이가 뭘까요? 협동cooperation은 같은 목적을 달성하기 위해서 비슷한 기능을 가진 사람들이 서로 도와 일을 하는 겁니다. 예를 들어 농업협동조합은 농업인들이 공동구매 공동생산 공동출하를 하면 각자 농사짓는 것보다 더 높은 수익을 올릴 수 있습니다. 협업collaboration은 같은 목표를 달성하기 위하여 서로 다른 전문성을 가진 사람들이 협력하는 겁니다. 예를 들면 대학병원의 협진 같은 거지요. 연세가 있는 환자가 왔을 때 병의 원인을 찾고 진단하고 치료하려면 우선 진단장비로 점검하고 내과 외과 신경정신과 등 여러 전공의들이 협의하면서 일을 합니다. 그래야 정확한 진단과 치료가 가능합니다. 만약 내과의사 다섯 명이 모인다면 내과적 시각에서만 접근할 수밖에 없을 겁니다. 협업을 하려면 나와 다른 전문성을 인정하고 존중하고 협력할 수 있어야 합니다. 협동은 단순한 시너지를 내지만, 협업은 거대한 시너지를 낼 수 있습니다. 협업을 하려면 실시간 정보공유가 가장 중요한데, 요즘은 정보통신기술의 발달로 인해 협업의 기반이 확실히 갖춰진 것이지요.

여러분, 분업과 협업의 차이는 무얼까요? 분업은 산업혁명을 통해 발달한 시스템인데요. 삼각형 조직을 만들고 최고경영자—중간관리자—실무자로 이어지는 수직적 위계를 통해 명령 지시 감독 통제하는 겁니다. 업무는 실무자들이 하는데, 업무 특성별로 나누어진 작업장(팀)에서 한 가지 업무만을 수행하는 거지요. 분업은 주먹구구식으로 일할 때에 비해 놀랄 만한 성과를

낼 수 있었기에 '과학적 관리' 또는 '관리혁명'이라는 긍정적 평을 들었습니다. 그러나 정보통신의 발달로 인해 모든 구성원들이 조직 전체의 움직임과 다른 부서의 업무를 실시간으로 공유할 수 있게 되었습니다. 컴퓨터나 스마트폰만 켜면 판매원들이 재고현황을 보면서 팔 수 있고, 생산부서에서는 판매현황을 보면서 생산할 수 있습니다. 부서 간 칸막이가 연결된 겁니다. 모든 조직구성원들이 조직 전체의 목표와 현황을 알고 처음부터 서로 다른 부서의 경계를 넘어 도우면서 일하는 게 협업입니다. 똑같은 경영자원을 가지고도 분업 대신 협업으로 일하면 몇 배의 성과를 창출할 수 있습니다. 이제는 협동에서 협업으로 그리고 분업에서 협업으로 생각과 시스템을 완전히 바꿔야 합니다. 협업이 신경영입니다.

협업은 내부협업과 외부협업으로 나눌 수 있습니다. 조직내 여러 부서 사이에 서로 돕는 내부협업뿐만 아니라 정부 지자체 시민단체 교육기관 언론 등 다양한 외부협업은 신규 자원 투입 없이도 높은 성과와 새로운 기회를 가져다 줍니다. 이제는 협업이 조직의 운명을 좌우하는 시대가 되었습니다. 모든 조직은 협업관리자CCO(Chef Collaboration Officer)를 두고 전사적인 협업경영을 추진해야 합니다. 협업이 혁신이고 협업이 상생입니다.

강대성

> " 사회 문제에서 가치를 창출하는
> 사회적 기업이 필요합니다 "

강의 분야 | 사회적 경제, 비영리기관의 혁신, 변화관리,
청년의 비전과 가치관

✉ bommine@gmail.com   f bommine   ⓞ dskang58

현 사단법인 굿피플인터내셔널 상임이사, 사회적협동조합 SE바람 이사장, 한국노인복지학회 부회장, 고용노동부 사회적 기업 육성 전문위원, 전 광주광역시 혁신추진단 위원. 전 SK그룹 행복나래 대표이사로, 은퇴 이후 더욱 왕성한 활동을 벌이고 있다. 매일경제에서 저자를 사회적 기업 전도사라고 이름 붙일 정도로 사회적 기업에 대한 애정이 각별하고 많은 사회적 기업가들의 멘토를 자부하고 있다.

전남대 경영대를 졸업하고 경남대 북한대학원 지도자과정, 연세대 사회복지 석사, 숭실대 사회복지 박사과정을 수료했다. 그동안 지자체, 대학, 해병대 사령부, 정부 산하 기관, 전경련, 사회복지시설 등에서 사회적 경제·변화관리·협업 등을 주제로 폭넓은 강의를 해왔다.

한국생산성학회 생산성CEO대상, 자랑스러운 전남대인상, 경북도지사 및 대전직할시장 표창을 비롯하여 2016년 사회적 기업 육성 공로를 인정받아 국무총리 표창을 수상하였고, 2018년에는 제1회 전준한 사회적 경제 대상을 수상한 바 있다.

저서로 『나는 착한 기업에서 희망을 본다』가 있다.

착한 기업이 오래간다

저는 1982년 SK에 입사하여 오로지 한 우물만 판다는 정신으로 석유 전문가의 길을 걸어왔습니다. 그런데 2010년 말 제 인생에 커다란 변화가 생겼습니다. 당시 SK그룹의 소모성 자재를 총괄하는 MRO코리아 대표로 가라는 명을 받았습니다. 당시 MRO코리아는 SK네트웍스와 미국의 그레인저 Grainger가 각각 51%와 49%의 지분을 갖고 있었고, 매출은 약 1,000억 수준으로 매우 저조한 실적을 보이고 있었습니다. 제가 맡고 있던 SK네트웍스의 석유 사업 매출은 21조 원에 달하고 있었으니 규모 면에서는 비교가 되지 않을 미미한 수준이었습니다.

부임 후 어느 중소기업 회장님을 만났는데 "강 대표님, 새로 부임하신 회사의 매출은 어느 정도 되시나요?" 하고 물으시기에 "네, 회장님. 매출이 1,000억 원 수준밖에 안 됩니다." 했더니 "강 대표가 아직도 대기업에 젖어 있구만. 매출 1,000억이 얼마나 대단한 것인지를 모르고 있으니…" 하고 웃으셨습니다. 이렇게 시작된 일이 제 인생을 송두리째 바꿀 계기가 될 줄은 몰랐답니다. 우연이 만들어준 필연이라고 할까요?

대표이사 취임하자마자 국세청 세무조사를 받았습니다. 모 언론사에서는 대기업의 MRO 사업이 재벌의 일감몰아주기의 전형이며 총수의 비자금 창구라는 등등 카더라 통신을 가지고 시리즈를 만들어 연일 맹공을 퍼부었습니다. 급기야 최태원 회장께서 "강대표, MRO코리아를 사회적 기업으로 전환하는 방안을 검토해 보세요." 하는 것이었습니다.

사회적 기업 전환을 검토한다는 소식이 전해지자 시민단체 등에서 대기업 유통공룡이 등장하면 생태계에 악영향을 미칠 것이 우려된다면서 반대 여론이 등장하였습니다. 이 위기를 극복하고자 사회적 경제 생태계에 속해 있는 이해 당사자들을 설득하고 구성원들에게도 사회적 경제 교육을 실시하는 등 많은 시련을 겪고서 지금 대한민국 최대의 사회적 기업 '행복나래'가 탄생하게 되었답니다.

미국의 대주주 지분을 인수하고 지분 구조 및 정관을 사회적 기업 인증에 맞도록 변경하는 등 다각도의 노력을 통하여 2012년 고용노동부로부터 사회적 기업 인증을 받았습니다. 행복나래는 '사회적 기업의 성장을 돕는 사회적 기업'입니다. 주주에게는 무배당을 원칙으로 하고 있습니다. 산고가 깊으면 옥동자가 태어난다고 하더군요. 이런 노력을 인정받아 2014년 7월 대통령 표창을 받게 됩니다.

저는 행복나래 대표이사직을 성공적(?)으로 마무리한 후 다양한 경험을 바탕으로 고용노동부 사회적 기업 육성 전문위원으로 활동 중이고, 대통령

직속 일자리위원회 출범과 더불어 1년간 위원으로 활동하기도 하였습니다.

그동안 사회에서 받은 것을 사회를 위하여 돌려주어야 한다는 생각에 은퇴자의 재능기부 플랫폼(사회적협동조합 SE바람)을 만들어서 운영 중입니다. 또한 비영리조직인 사단법인 굿피플인터내셔널의 상임이사로 재직하면서 또 다른 사회적 가치를 만들기 위해 동분서주하고 지낸답니다.

이제 사회적 경제에 대한 이야기를 나누어볼까요?

대한민국은 세계적으로 낮은 출산율, 고령화 가속화, 탈북민, 높은 자살율, 청소년 실업 그리고 환경오염 등 수많은 문제를 안고 있습니다. 이런 많은 문제를 누가 해결할 수 있을까요? 정부? 시민단체? 기업? 어느 조직도 독자적으로 해결하기가 어려울 것입니다. 사회 문제는 해결 속도가 발생 속도를 따라가질 못합니다.

기업의 변천 과정을 살펴보겠습니다. 80년대 초에는 수익 극대화를 외쳤고, 당시 하버드 대학의 마이클 포터 교수는 경쟁전략을 강조하면서 승자독식으로 생존이 가능하다고 주장하였습니다. 제가 1982년 SK에 입사할 당시 SK그룹 최종현 회장께서 신입사원들 앞에서 "기업의 존재 목적은 이윤 극대화"라고 강조하셨습니다. 그런데 기업을 둘러싼 환경은 수시로 바뀝니다. 2004년 최태원 회장은 강조하십니다. "기업의 존재 목적은 기업을 둘러싼 이해관계자(주주, 고객, 구성원, 시민사회, 국가 등)의 행복 극대화이다"라고.

기업을 둘러싼 환경은 기업이 수익만 극대화하도록 놓아두지를 않습니다. 기업이 수익만을 추구하다 보니 시민단체를 중심으로 반기업 정서가 형성되기 시작하였고, 이에 대응하여 기업들은 2000년대 초반부터 CSR(기업의 사회적책임)을 실행하기 시작하고 기업마다 사회공헌을 강조하면서 다양한 사

기업은 사회적 책임 수행에서 더 나아가
공유가치 창출을 이야기하고 있습니다.

회적책임 활동을 수행하여 왔습니다. 기업들은 이제 CSR에서 한 단계 더 나아가서 창조적 진화물인 CSV(공유가치 창출)를 이야기하고 있습니다. 기업이 사회 문제 해결에 적극적으로 나서겠다는 방향 선회인 셈입니다. 아마도 경영자 입장에서 보면 책임감이라는 단어보다는 공유가치라는 단어가 무게감을 줄일 수 있고, 또한 사회가치 창출이 기업의 가치사슬 안에서 가능하다는 장점이 있다고 볼 수 있습니다. 포터 교수도 경쟁전략에서 CSV로 선회하여 지금은 CSV 전도사로 활동 중이신 것 같습니다.

최근에는 ESG(Environment, Social, Governance)가 화두입니다. ESG는 2004년 유엔글로벌콤팩트(UNGC)가 발표한 공개 보고서에서 처음 사용한 용어로, 기업의 건강한 사회적 가치를 평가하는 장기적, 비재무적 지표입니다. 이제는 기업이 CSV를 넘어서 친환경, 사회적 책임 그리고 지배구조 개선 등 투명성을 갖추어야 투자자로부터 환영받고 소비자로부터 사랑받는 기업이 되어 지속가능한 성장이 가능합니다. 코로나19로 급격한 변화가 이루어지는 가운데 벌써 ESG 중심으로 경영하는 기업의 매출이 급상승하고 있다는 소식이 들려오고 있습니다.

이제 사회적 경제에 대하여 본격적으로 이야기해 보렵니다. 사회 문제에 대하여 몇 가지만 구체적으로 이야기를 나누어봅시다.

저출산과 고령화 문제는 대한민국의 미래를 보여주는 선행지표이기도 합니다. 2020년기준 출산율은 0.84로, 2017년 이후 해마다 역대 최저치를 경신 중입니다. OECD 꼴찌입니다. 이러한 추세가 이어진다면 2040년 대한민국 인구는 4,700만명으로 예측됩니다. 또한 고령화 속도가 매우 빨라서 고령화 사회 진입에 따른 사회적 비용도 가파르게 증가할 것입니다.

환경 문제는 매우 심각하지만 현재 코로나19로 인하여 수면 아래로 내려가 버린 느낌입니다. 우리가 매일매일 사용하다 버린 마스크는 땅속에서 500년이 지나야 썩는다고 합니다. 지금 우리가 무심코 버린 플라스틱은 바다 생태계를 망가뜨려서 2050년이 되면 해산물을 먹지 못하게 될 수도 있습니다. 후손들에게 살맛 나는 지구를 물려주어야 하지 않을까요?

세계적 환경 사진작가 크리스 조던은 최근 한국에서 개최한 사진전에서 플라스틱 쓰레기로 뱃속을 채운 알바트로스의 시체를 전시해 눈길을 끌었답니다. 그는 "우리가 직면한 문제는 해결 방법에 대한 아이디어를 내지 못하는 것이 아니라 문제를 직시하지 못하는 것"이라고 지적하더군요.

한국의 대표적인 사회적 경제는 크게 4가지로 볼 수 있습니다. 고용노동

	CSR	CSV
이념	사회적으로 선한 행동	경제적 가치와 사회적 가치의 조화
핵심 개념	선량한 시민으로서의 기업, 지속 가능성, 사회공헌	기업과 지역공동체의 상생 가치 창출
사회공헌에 대한 인식	이익 창출과는 무관한 시혜적 활동 (비용으로 인식)	이익 극대화를 위한 투자로 인식
사회공헌 활동 선정 과정	환경 규제 등 외부 압력에 의해 수동적으로 설정	기업 상황에 맞게 주체적으로 설정

부의 사회적 기업(2019년 12월 기준 2,435개), 기획재정부의 협동조합(2019년 11월 기준 15,598개), 행정안전부의 마을기업(2019년 기준 1,592개), 보건복지부의 자활기업(2019년 1월 기준 1,211개)입니다. 추구하는 가치는 동일하지만 전체 사회적 경제를 종합 컨트롤하는 기능이 정부조직 내에 없어서 자원 낭비를 초래할 가능성이 있는 것이 현실입니다.

사회적 경제 조직이 비영리조직과 유사한 미션을 수행하고 있지만 양 조직 간의 차이는 극명하게 드러납니다. 비영리조직은 모금과 배분이라는 두 가지 축으로 운영되면서 대상자들에게 무상으로 재화를 제공합니다. 하지만 무상으로 주는 것에 대한 문제 제기도 있습니다. 미국의 사회적 기업가 마틴 피셔는 무상으로 주는 것의 단점을 이야기합니다.

- 공정하지 못하다.
- 지속가능하지 않은 접근 방법이다.
- 해당 지역 시장경제를 왜곡시킬 수 있다.
- 공짜는 사람들의 의존성을 키우게 된다.

오늘은 사회적 기업을 중심으로 말씀드려 보겠습니다.

사회적 기업은 "사회 문제 해결을 기업의 목적으로 하면서 스스로 자립하기 위해 영리 활동을 하는 기업이다. 다시 말해, 물건을 팔아 남은 이윤으로 착한 일을 하는 기업이 아니라 착한 일을 함으로써 이윤을 창출하는 기업"이라고 할 수 있다.(최태원 회장 말씀 중에서)

한국의 사회적 기업은 전 세계에서도 독특하게 정부 주도 하에 인증제도라는 특성을 가지고 있답니다. 2007년 7월 1일 시행된 사회적 기업 육성법

사회적 기업가는 고객 지향 마인드,
구체적인 비전과 확고한 사명
그리고 자원 동원 능력을 갖춰야 합니다.

에 근거하여 많은 기업이 등장, 지난 10년간은 양적 성장을 하였습니다. 이젠 질적 성장을 위한 도약을 준비 중이라고 할 수 있습니다.

최근에는 사회적 기업이 만들어낸 사회적 가치를 계수화하는 노력이 진행되고 있고, 사회적 기업가들은 자신이 만들어낸 계량화된 사회적 가치에 대하여 많은 자부심을 갖게 되더군요.

한국의 대표적인 사회적 기업 몇 군데를 소개해 보겠습니다.

대한민국 국민들에게 잘 알려진 아름다운가게도 사회적 기업이라는 사실을 아시나요? 아름다운가게는 사용하지 않는 물건을 기부받아 이를 재활용하여 어려운 이웃을 돌보는 사업을 영위하고 있답니다. 취약계층 고용과 쓰레기 감소 등 사회적 가치를 창출하고 있습니다.

걸음이 기부되는 마법으로 기부문화의 고정관념을 바꾼 기업 'Big Walk'. 일상 생활 속 언제 어디서나 걸을 때 빅워크 어플을 켜두기만 하면 걸음을 재화가치로 만들게 됩니다. 기업이나 기관에 사용자 걸음을 매칭시켜 기부하는 재미도 있는 모델입니다. 이렇게 하여 소외된 이웃과 장애인 등에게 현금이나 물품 형태로 전달됩니다.

자폐성 장애 청년들의 초능력을 발견하여 일자리를 만들어주는 '커피지아'. 발달 장애인에 대한 편견이 많고 그들이 할 수 있는 일이 극히 제한적이라고 생각할 수도 있지만 그들은 콩(원두)을 감별하는 초능력을 가지고 태어났습니다. 그래서 우리는 그들을 '초능력 콩 감별사'라고 부른답니다.

경남 하동군 지리산 자락에 위치한 '에코맘 산골이유식'. 세 자녀의 아버지이기도 한 오천호 대표는 이야기합니다. "먹거리가 아기들의 몸과 마음을 이루는 바탕이 된다고 믿습니다. 모든 아기들이 건강한 끼니를 이을 수 있도록, 대한민국 이유식 공동육아를 책임지고 싶은 꿈이 있습니다." 농촌 지역 어르신들의 일자리를 만들어 드리고 친환경 농법을 도입하여 아이들의 건강을 책임지고 있습니다. 또한 인구 도시집중화로 인한 지방도시 소멸 상황을 방지하기 위하여 살기 좋은 농촌을 만들어가고 있습니다. 사회적 기업은

어렵다는 생각을 일순간에 불식시키시는 분입니다.

2007년에 설립된 R&D 바이오 전문기업 '제너럴바이오'. 화장품 글로벌 우수제조시설 인증 ISO22000을 획득하고 고기능성 화장품, 기능성 식품, 친환경 생활용품을 연구, 제조, 판매하면서 비콥(B-Corp) 인증을 받은 글로벌 사회적 기업입니다. 현재 인간 중심의 가치를 최우선에 두고 기업과 개개인이 상생하는 선순환 모델을 만들어가고 있으며, 조만간 상장 1호 사회적 기업을 꿈꾸고 있습니다.

사회적 기업가는 일반 영리 기업가와는 차별됩니다. 사회적 기업가에게 필요한 조건은 무엇일까요? 고객 지향 마인드를 가져야 하고, 구체적인 비전과 확고한 사명감이 필요합니다. 또한 영리 기업에 비하여 절대적으로 자원 부족 상태이므로 자원 동원 능력을 갖추어야 합니다. 사회적 기업 선도자들이 정의한 사회적 기업가의 핵심 역량은 창의성, 윤리성, 인내력, 솔직함, 파트너십, 끈기, 네트워크 구축 등으로 요약할 수 있습니다.

마지막으로 사회적 기업이 질적 성장을 하려면 무엇이 필요할까요?

첫째, 사회적 기업 스스로 역량을 키워야 합니다. 사촌이 하는 식당이라도 싸고 맛있어야 갑니다. 둘째, 사회적 기업이 가지고 있는 독특한 스토리텔링을 잘 하여야 합니다. 셋째, 사회적 기업 간 네트워크 구축을 통하여 공유경제를 실천해 나가야 합니다. 넷째, 각자가 보유하고 있는 핵심 역량을 바탕으로 협업 모델을 만들어가야 합니다.

사회 문제를 단순한 문제로만 인식하지 않고 비즈니스로 해결하려고 노력하는 사회적 기업가들에게 힘찬 응원의 박수를 부탁드립니다.

이종재

> " 가치의 우선순위가 돈보다 사람,
> 개인보다 공동체로 바뀌고 있습니다 "

👤 강의 분야 | CSR CSV 지속가능경영. 공공기관의 사회가치 구현
✉ joun4u@gmail.com   🏠 psr.kr

PSR대표. CSR ESG 컨설턴트. 전 한국일보 편집국장, 논설위원.
1959년 충남 서산 전기도 안 들어오는 시골에서 태어나 대부분의 사회생활을 기자로 지냈다. 서울경제, 한국일보, 동아일보, 머니투데이, 그리고 다시 한국일보를 거치는 30년 남짓 경제 분야에 일관했다.

한국일보 편집국장 때 '양극화 이대로는 안 된다'는 제목의 시리즈 기획을 계기로 동반성장이나 소외 계층과의 동행이 더 이상 미룰 수 없는 현안임을 인식, 2011년 언론인 생활을 접고 기업의 사회적 책임(CSR) 활동을 확산하기 위해 한국SR전략연구소(KOSRI)를 창업했다. 제2의 인생을 사회적 가치 문제에 집중하기 위해 지속가능성 제고를 전공으로 학위도 받았다.

현재 운영 중인 (사)PSR은 공공기관의 사회가치 구현활동을 지원하기 위한 연구소다. 특히 지방으로 본사를 옮긴 공공기관에게 지역밀착형 사회공헌 활동의 방향과 방법에 관한 컨설팅과 강의를 하고 있다.

사회가치와 관련한 『책임의 시대』『그동안의 CSR은 왜 실패했을까』를 공동 번역했고, 지속가능성 제고 방안을 연구 정리한 『건강한 기업의 장수 이야기』와 지방 이전 공공기관에게 아이디어를 제시한 『공공기관, 지방을 살린다』 등을 저술해 이제는 경력 10년 차 지속가능, CSR ESG 컨설턴트로 소개되길 원한다. 사회적 책임활동을 전문으로 다루는 언론인 미디어SR에 '이종재의 가치여행'이란 문패로 칼럼을 연재 중이다.

지속가능 경영을 위한 가치의 조화

행복에 대해 잠시 생각해 볼까요? 여러분은 지금 행복하십니까? 행복의 조건은 뭘까요? 다양한 이야기가 가능할 거라고 봅니다. 보건사회연구원은 2020년 초 행복의 조건이 좋은 배우자, 건강, 돈과 명성, 적성에 맞는 일, 여가, 자녀, 자기개발, 봉사 등의 순이라는 설문보고서를 냈습니다.

역으로 불행할 때는 언제일까요? 마찬가지로 다양한 이야기가 나올 수 있을 겁니다. 많은 분들은 행복과 불행에 절대적인 조건이나 기준은 없다고도 얘기합니다. 인생관이나 가치관에 따라 다를 수 있다는 것이지요.

하지만 상대적 박탈감이 행복과 불행의 중요한 변수인 것만은 분명한 것 같습니다. 시속 100킬로로 달리는 열차에서 200킬로로 지나가는 KTX를 보면 잠시나마 뒤로 가는 것과 같은 느낌이라고 할까요? 100킬로 열차도 꽉 막힌 도로보다는 훨씬 빠른데도 말입니다. 평생을 열심히 살아 그런 대로 중간 이상은 간다고 여겼는데, 돌아보니 중간도 아니라는 사실을 확인하는 순간의 소외감이나 박탈감은 이루 말할 수 없을 겁니다.

1대99의 긴 꼬리 사회

실제 미국에서 지난 30년 소득분포의 변화를 조사한 자료는 양극화 현상이 얼마나 심해지고 있는지를 극명하게 보여줍니다. 평균소득자의 위치가 전체 20% 정도에서 10%보다도 한참 아래로 떨어져 있습니다. 2:8의 사회가 1:99의 사회가 됐다는 말을 실감하는 거지요. 그래프로 보면 꼬리가 길어지는 모양이어서 '긴 꼬리 사회'란 말로 양극화를 상징하기도 합니다. 『부러진 사다리』를 쓴 키스 페인은 부자 상위 85명의 자산이 35억 인구보다 많고 상위 1%가 전체 자산의 20% 이상을 갖고 있다고 전합니다.

우리나라 역시 이보다 덜하지 않습니다. 지난 2018년 상위 0.1%가 중위소득자의 61배를 번 것으로 나타났습니다. 중위소득자란 인구 100명 중 순위 50번째를 말하는 것으로, 0.1%의 1인당 소득은 14억 7122만 원인 데 비해 중위소득자의 소득은 2411만 원입니다.

통계적으로 양극화는 위기에서 더 벌어집니다. 코로나 이후에는 어떨까요? 2020년 9월까지 최소 8800만 명에서 최대 1억 1400만 명이 극빈층으로 전락했다는 월드뱅크 보고입니다. 이는 세계 인구의 최대 9.4% 정도로, 1990년 조사 이후 단기간에 가장 많이 증가한 겁니다. 발표된 수치는 없습니다만, 우리나라라고 예외일 수 없겠지요?

통계적으로 양극화는 위기에서 더 벌어집니다.
부자는 위기에서 더욱 기회를 만들고
어려운 처지는 더욱 곤궁해진다는 얘기이지요.

양극화를 고발한 영화「기생충」

이대로는 더 이상 안 되겠다는 목소리들이 곳곳에서 나오는 것은 어찌 보면 당연합니다. 바로 1:99를 얘기하면서 들고 나선 양극화 고발의 목소리가 자본주의의 상징 미국, 그것도 월가에서 시작된 것이 지난 2011년입니다. 상위 1%에 저항하는 99%를 대변한다는 구호를 내걸고 거리로 나선 '월가를 점령하라'이지요. 2011년은 바로 제가 기자생활을 접고 SR연구소 간판을 내건 해인데요, 전 세계로 번진 이 운동이 저의 변신을 재촉한 것도 사실입니다.

영화「기생충」을 보지 않으신 분 없겠지요? 지난해 전 세계 영화계를 강타한 한국 영화「기생충」은 양극화에 대한 고발입니다. 영화의 성공 배경에 대해 다양한 분석들을 냅니다만, 여러분은 어떤 말이 가장 기억에 남습니까? 저는 '계획'이란 말과 '스멜' 두 개의 키워드로 이 영화를 이해했습니다. 유행어가 된 "너는 다 계획이 있구나"라는 그 계획이지요. 계획을 세워도 아무 소용이 없는 하층민 송강호, 그리고 이들만의 특유한 냄새가 영화 전편에 걸쳐 얘기됩니다. 2020년 1월 미국 플로리다에 갔었는데, 마이애미 자그마한 영화관에서까지 상영되더라구요. 양극화를 고발하는 한국 영화가 전 세계인에게 공감을 불러일으켜 상이란 상은 다 휩쓸고, 전 세계 구석구석에서 상영됐던 겁니다.

이같은 고발의 상징적인 반성은 2019년 8월 미국 대기업 CEO 181명의 성명입니다. 애플 팀 쿡, 아마존의 제프 베조스, GM 메리 바라 등 여러분 많이 들어본 익숙한 이름이지요? 성공적 자본주의의 상징인 이들 굴지 기업 CEO들이 이익만 추구하지 않고 고객에게 가치를 전하겠다는 선언을 한 겁니다.

기업의 목적으로 고객가치, 공정한 보상과 납품, 지역사회 지원, 환경보호, 경영의 투명성 등을 제시했는데, 뉴욕타임스는 '주주자본 시대의 종언'이란 제목으로 이들의 선언을 정리했습니다. 우리나라에서도 정관에 '사회적 가치 창출을 통해 사회와 더불어 성장한다'는 조항을 담은 그룹이 있지요. 바로 SK인데, 2017년 계열사들이 모두 경제적 이익만을 추구하지 않는다는 내용으로 정관을 바꿨습니다.

기업의 사회적 책임이란?

전 세계적으로 가치의 우선순위가 이윤추구에서 함께 사는 공동체로 바뀌고 있다는 사실은 곳곳에서 분명합니다. 승자독식의 50년 신자유주의에 대한 심각한 반성으로 해석해도 무방할 것 같습니다.

요즘 우리 사회에도 사회적 가치란 말이 일반화되고 있습니다. 돈이든 권력이든 명예든 가진 층에서 소외된 이웃을 돌아보는 사회적 책임의식이 필요하다는 것이고, 경제적 가치와 사회적 가치의 조화를 얘기하고 있습니다. 기업에서는 CSR, CSV라는 말이 일반화되고 있고 SRI, ESG를 이해하지 못하면 증권가에서 일한다고 할 수 없을 정도입니다. 또한 한전, 가스공사 같은 공기업들에게는 사회적 가치가 가장 중요한 경영평가의 잣대로 작용하고 있습니다.

CSR의 뜻은 뭘까요? 이제 상당히 일반화됐습니다만, 사회에 영향을 미치는 기업의 의무와 책임을 강조하는 말로, '기업의 사회적 책임Corporate Social Responsibility'의 약어입니다. CSR활동이 기업의 평판을 높이고, 고급 인력을 끌어들이며, 판매를 늘리는 등 기업 경쟁력 강화에도 직접적인 도움이 된다는 학자들의 이론이 2000년대 들어 활발히 발표됐습니다.

여러분은 혹시 성공적인 CSR로 떠오르는 대표적 사례가 무엇입니까? 카네기, 밴더빌트 등의 기부나 아멕스카드의 자유의 여신상 보수비 모금운동 등이 흔히 거론되는 대표적 활동들입니다. 우리나라에서도 유한킴벌리의 '우리강산 푸르게 푸르게'나 아모레퍼시픽의 핑크리본 캠페인 등도 성공적 활동으로 거론됩니다. 주요 그룹들은 거금을 들여 공익법인을 만들고 장학사업도 벌이는 등 나름대로 활발하게 활동하고 있습니다.

돈보다 사람, 개인보다 공동체

마이클 포터가 기업가치와 사회가치를 동시에 모색하자는 내용의 공유가치 창출, CSV를 논문으로 발표한 것은 2011년입니다. 한 단계 높은 CSR을 제시한 것입니다.

유엔은 2016년부터 2030년까지 국제사회의 최대 공동 목표로 빈곤 교육 질병 등 17대 분야 169개 실천과제를 '지속가능발전목표(SDGs)'로 내걸었습니다. 국제표준화기구인 ISO는 윤리경영, 지역기여 등 7대 분야를 ISO 26000이란 이름으로 기업평가 인증 기준을 구체화하고 나섰습니다. 경영활동으로의 CSR, 경영전략으로의 CSV, 그리고 사회적 가치 실현에 목표를 둔 지속가능경영 등의 용어가 다양하게 사용되는 배경입니다.

전 세계적으로 가치의 우선순위가 이윤추구에서
함께 사는 공동체로 바뀌고 있습니다.

최근 들어서는 ESG(환경 사회 지배구조)라는 말이 기업의 화두로 대두
되고 있는데, 이는 SRI(사회책임투자)와 연결됩니다. SRI는 사회적 책임
을 다하는 기업에 투자하면 수익이 높다는 통계를 바탕으로 투자기관들의
투자기법으로 자리하고 있습니다. SRI의 투자 판단이 바로 기업지배구조
가 투명하고 윤리경영을 실천하며(Governance), 환경보호 시스템을 갖추고
(Environmental), 소비자의 건강과 안전은 물론 근로자의 인권을 존중하고
기부 및 지역사회 발전에 공헌하는(Social) ESG 실천 기업입니다. 요즘 공기
업을 중심으로 국내에서 널리 사용되고 있는 사회적 가치는 유엔의 SDGs나
ESG를 포괄하는 개념으로 보면 되겠습니다.

공공기관에 훅 들어온 사회적 가치

공기업에 계신 분들에게 사회적 가치는 이미 직접적으로 영향을 미치고
있습니다. 공공기관 경영평가에 사회적 가치 부문을 중점적으로 보고 있기
때문인데, 공기업에 계신 분들은 경영평가가 얼마나 중요한지 아주 잘 아
실겁니다. 평가 결과에 따라 임직원들의 보너스가 결정되고, 부진 기관으
로 판정되면 기관장을 퇴진시키기까지 하는 가혹한 채찍이자 결정적인 당
근입니다.

공기업에게 사회적 가치의 의미는 계속 커지고 있습니다. 평가배점이 매

년 높아지고, 정부의 정책도 점점 디테일해지고 있습니다.

우선 경영평가 지침을 볼까요? 2019년 지침에서 사회적 가치 부문의 배점은 전년보다 2점 더 높아졌습니다. 2020년 지침은 경영뿐만 아니라 사업부문까지 사회적 가치의 비중을 높였습니다. 한전이나 관광공사는 전혀 다른 일을 하고 있는 공기업들인데, 이들 기관의 고유한 사업부문에서 사업 전 과정에 사회적 가치를 얼마나 염두에 두었는지를 중점적으로 평가하겠다는 겁니다.

소위 PDCA(Plan-Do-Check-Action)로 진행하는 사업부문 평가에서 PDCA 각 단계마다 사회적 가치와의 연계성을 반영토록 했습니다. 즉, 지난해에는 주요 사업의 단계별 4문제와 각 단계를 포괄하는 사회적 가치 1문제 등 모두 5개 문제로 각각 3점 내외가 배정됐으나 계획-실행-점검-환류의 PDCA 전 과정에 사회가치를 연계시키겠다는 겁니다. 사회가치구현 부문의 배점이 눈에 보이는 점수 이상으로 크게 높아진 상징입니다.

평가기준도 경영 전반에 걸친 내재화 정도와 실제 국민들이 체감할 수 있는 성공 사례가 무엇이냐에 두고 있습니다. 2019년의 경우 사회적 가치의 의미를 경영에 반영하려는 의지를 봤다면, 2020년 평가에서는 구체적인 성과, 즉 국민 체감형 우수사례BP(Best Practice)를 내놓으라는 겁니다. 관련 정책도 잇달아 발표되고 있습니다.

지역사회가 원하는 사업을 하라

공기업에게 남은 선택은 이제 효율적인 대응입니다. 이를 위해서는 현재 활동 내용을 분석해서 선택과 집중을 하는 전략을 우선 제시합니다. 한 해

수십억, 기관에 따라서는 사회가치 구현을 위해 수백억 원을 쓰는 것이 지금의 공기업입니다. 제가 분석한 바로는 이 가운데 절반 남짓은 재고해야 할 사업이고 돈입니다. 10억 원을 10개의 활동에 투입하고 있다면 이 가운데 5억 원, 5가지 사업은 지속할 것인지 챙겨 봐야 한다는 겁니다. 심하게 표현하면, 주는 사람은 온 힘을 다하는데 받는 사람이 누구인지조차 모르는 정도입니다.

주민들의 반응을 살펴서 설득력을 따져야 하는 이유입니다. 효율성 높은 사업에 보다 힘을 집중하려면 설문조사 등을 통해 수혜자들의 평가를 받아 봐야 합니다. 대부분 공기업들이 지방으로 이전한 상황에서 지역 주민들이 원하는 사업, 사회 전반이 기대하는 방향의 활동은 임팩트 있는 사회가치 구현활동의 기본입니다. 내부 종업원들조차 모르거나 꼭 필요한지에 대해 의문을 갖는 사업에서 좋은 평가를 받을 수는 없습니다. 물론 사정이야 있겠지요. 정치권이나 지역 유지들이 만만한 공기업을 윽박지른 사업도 없지 않을 겁니다. 하지만 이제 선택과 집중을 통해 전략적으로 움직일 필요가 있습니다.

언론에 비치는 활동에 대해 점검하는 것도 중요한 작업 중 하나입니다. 요즘은 빅데이터 등을 통해 원하는 키워드만 제시되면 어떻게 홍보되고 있는지 일목요연하게 정리됩니다. 힘을 쏟은

일이 국민들에게, 사회에 정확히 알려지는 것은 활동의 실행력을 더욱 높입니다. 더구나 정부도 성과의 적극적인 홍보를 주문하고 있습니다.

활동 하나하나가 정부의 정책 방향을 반영하고 있는지도 주요한 체크포인트입니다. 자문위원으로 활동하고 있는 모 공기업은 자신들의 39가지 사업이 정부가 제시하는 사회가치 항목의 어느 부분에 해당하는지, 보완할 점은 무엇인지를 끊임없이 점검합니다. A라는 방향에 집중해 자원을 쏟아붓고 있는데 정부가 B를 강조하면 좋은 평가를 받을 수 없는 것은 당연합니다. 정책 적합도를 높여야 하는 이유입니다.

건강한 사회로 가는 길

조직이 건강하게 지속되려면 무엇이 필요할까요? 개인이나 기업, 국가, 어느 조직이든 지속가능성을 높이기 위해서는 3가지 건강이 밑받침돼야 한다고 저는 믿습니다. 경제적 건강성과 윤리적 건강성, 사회적 건강성입니다.

경제적 건강성은 가정이든 기업이든 최우선 요소입니다. 적자를 내는 기업은 파산입니다. 하지만 요즘들어 더욱 부각되는 이슈는 윤리입니다. 잘 아시다시피 오너, 임직원의 잘못으로 하루아침에 문을 닫거나 이미지가 땅에 떨어지는 사례가 한둘이 아닙니다. 인권경영, 윤리경영의 중요성이 날이 갈수록 커지고 있는 겁니다.

사회적 건강성은 다양하게 정의될 수 있겠습니다만 사회와 함께 얼마나 가까이에서 호흡하고 있느냐로 판단된다고 봅니다. 평판과 신뢰도가 기본이 겠지요. 사회에 보다 기여하겠다는 인식과 활동이며, 특히 기업의 경우 사회가 필요로 하는 일에서 경제적 성과를 내는 활동이라고 할 수 있을 겁니다.

저성장시대에 접어들수록 윤리적, 사회적 건강의 중요성이 더욱 커집니다. 경제적으로 건강하기 위한 전제조건이기도 합니다. 경제적 가치와 사회적 가치의 조화가 지속가능한 건강한 기업, 건강한 가정의 기본이라고 하겠습니다.

이종재

안병재

> " 꿈을 후원해 주는
> 멘토를 만나야 합니다 "

- 👤 강의 분야 | 멘토링, PPT 프레젠테이션
- ✉ an2001@hanmail.net   **f** byungjae.an

많은 사람들이 그를 '대한민국 명강사의 아버지'라 부르는 이유가 있다. H차 판매왕에 등단하면서 강의를 시작했으며, 퇴사 후 파사모포럼(파워포인트를 사랑하는 사람들의 모임)의 시삽으로 파워포인트와 동영상을 활용하는 '멀티강의 1인자'로 더 유명하다. (사)한국강사협회 초대 회장을 거치면서 대한민국 명강사 문화를 확산시킨 주인공이 되었다. 특히 지식정보화 시대의 특징이 '빈익빈 부익부' 현상에 있다고 보고 대기업의 PPT 정보와 지식을 중소기업과 취준생을 위한 재능나눔 강의를 실시함으로써, 오늘날 PPT 대중화에 앞장서 온 강사이다. 대한민국 명강사들이 존경받는 시대를 위하여 명강사 육성에 앞장서 왔으며, 현재는 이화여대 글로벌미래평생교육원에서 '최고명강사과정' 주임교수와 한국멘토교육협회 회장으로 활동하고 있다.

당신의 꿈,
누가 캐스팅하겠는가?

오늘날 많은 분들이 꿈을 꾸고 있습니다. 하지만 누구나 다 꿈을 이룰 수 있는 것은 아닙니다. 꿈을 이루기까지 극복해야 할 난관이 많기 때문입니다. 꿈이 높을수록 극복해야 할 난관도 높습니다. 꿈이 많을수록 헤쳐나가야 할 난관도 많습니다.

4차산업시대입니다. 그리고 코로나 시즌입니다. 여기저기에서 많은 변화가 요구되고 있습니다. 여기저기에서 "어렵다!", "힘들다!"는 소리가 들리기도 합니다.

하지만 '위기가 곧 기회!'라고 생각하고 도전하는 사람도 있습니다. '위기를 기회로' 만드는 일은 쉬운 일은 아닙니다. 그럼에도 불구하고 더 나아가 '위기를 위대한 기회로!' 만드는 사람들도 있습니다.

BTS, 손흥민, 백종원, 유재석, 임영웅…. 여기에서 중요한 사실은 과거에는 우리와 같은 보통 사람이었다는 사실입니다. 하지만 지금은 아닙니다. 우리는 그들을 이렇게 부르고 있습니다.

"우리 시대의 영웅~"이라고.

그렇습니다. 우리 시대의 영웅입니다. 코로나로 힘들고 지친 분들에게 힘과 용기를 주는 사람들. 남다른 노력으로 '위기를 위대한 기회!'로 만든 사람들. 우리도 그들처럼 노력한다면, 누구나 '위기를 위대한 기회'로 만들 수 있다는 사실에 주목했으면 좋겠습니다.

'난세에 영웅이 난다!'는 말이 있습니다. 이 시대는 변화가 많이 요구되는 난세라고 할 수 있습니다. 그렇다면 누구나 영웅이 될 수 있는 시대가 열리고 있다는 사실도 주목했으면 좋겠습니다.

최근에 많은 분들이 '위기를 위대한 기회'로 만들기 위해 도전하고 있습니다. 남다른 열정과 재능을 가지고 도전하는 분도 있습니다. 하지만 도전한다고 모두가 성공하는 것은 아닌 것 같습니다. 우수함을 넘어, 탁월함을 요구하고 있습니다. 더 정확히 말씀드리면, 탁월해도 점점 성공하기 어려운 시대가 도래했다는 사실입니다.

그렇다면 우리는 무엇을 어떻게 하면 좋을까요? 많은 분들의 공통된 고민이자 과제입니다.

좋은 스펙을 가지면 성공할 수 있는 길이 열릴 것이라고 기대하고 있습니다. 이미 4차산업시대로 진입했는데, 아직도 생각은 3차산업시대에 머물고 있는 느낌입니다. 진학도, 취업도, 승진도, 결혼도, 창업도 어려워진 이유가 시대 변화를 따라가지 못하고 있기 때문입니다. 현장은 창의적인 인재를 요구하고 있는데, 강의실은 아직도 지식, 정보화 인재를 강조하고 있는 것이 현실입니다.

지금은 제4차산업시대입니다. 차별화된 지식과 정보를 가진 스펙도 중요
하지만, 그보다 새로운 변화에 대응하여 새롭게 도전할 수 있는 창의력이 더
중요한 시대입니다. 주위에 좋은 스펙을 가진 인재들은 많습니다. 좋은 스
펙을 가지고 적당한 기회를 기다리는 분도 많습니다. 기다리다 지쳐서 가졌
던 꿈을 포기하는 분도 있습니다. 이런 분들에게 조심스럽지만 꼭 추천해 드
리고 싶은 것이 있다면, 꿈을 응원해 주는 멘토mentor를 꼭 찾으시라고 말씀
드리고 싶습니다.

문제는 훌륭한 멘토를 만나야 한다는 것입니다. 많은 분들이 훌륭한 멘토
를 만나고 싶어 하지만, 생각처럼 쉽지 않다는 것도 알고 있습니다.

그래서 많은 멘토들을 만났습니다. 그리고 여쭈어보았습니다. "어떻게
하면, 좋은 멘토를 만날 수 있을까요?"

놀랍게도 많은 멘토들은 좋은 멘티mentee가 되도록 스스로 노력하는 것이
중요하다고 말했습니다.

그 비결을 구체적으로 정리한다면 다음과 같습니다.

첫째는 배움의 태도를 가질 것!

많은 멘토들이 캐스팅하는 최우선 기준은 배움의 자세, 즉 태도가 가장
중요하다고 말했습니다. 화려한 스펙을 우선하고 싶지만, 배움의 태도가 준
비되어 있지 않으면 스펙이 멘토에게 상처를 주는 가시가 될 수 있다는 점입

기다리다 지쳐서 꿈을 포기하는 분들에게 꿈을 응원해주는
멘토를 꼭 찾으시라고 말씀드리고 싶습니다.

니다. 화려한 스펙이 일 추진에 도움이 된다는 것은 멘토들도 잘 알고 있습
니다. 문제는 부정적인 태도를 가질 때에는 멘토링mentoring 자체를 거부하거
나 불평불만을 가질 수 있다는 점을 염려하고 있는 것 같습니다.

제가 파사모포럼(파워포인트를 사랑하는 사람들의 모임)을 창설하고 여러
전문가들과 함께 프레젠테이션 과정을 '참부자 정신'으로 많은 회원들에게
재능나눔 강의를 지원한 때가 있었습니다. 파사모포럼에서 말하는 '참부자
정신'은 '많은 PPT를 나누고, 더 좋은 PPT를 나누고자 노력하는 나눔정신'
을 말하는데, 일부 전문가들은 개인적인 비즈니스가 아닌, 재능나눔 강의
에 불만을 가졌던 일이 있었습니다. 그 후 많은 전문가들이 떠나는 위기가
있었지만 다행히도 남은 분들의 더 많은 노력으로 위기를 함께 극복하고,
더 멋진 전문가로 성장하여 대기업과 주요 기업에서 많은 캐스팅을 받았습
니다.

둘째는 멘토의 꿈에 동참할 수 있는 멘티가 될 것!

배움의 태도를 갖추었는데도 캐스팅을 받지 못하는 경우도 있습니다. 멘
토가 바쁘거나 멘토링에 무관심한 경우입니다. 이 경우에는 어떻게 접근하
면 좋을까요?

우선 멘토가 이루고자 하는 꿈을 먼저 생각해 보시기 바랍니다. 그리고

자신이 응원받고 싶은 꿈도 한번 생각해 보시기 바랍니다. 그리고 서로 꿈이 협업할 수 있는지도 점검해 보시기 바랍니다. 서로 협업할 수 없는 꿈이라면, 캐스팅 받기가 어려울 것입니다. 멘토도 이루고 싶은 꿈이 있습니다. 그 꿈을 이루는 일에 멘티가 협업으로 동참할 수 있다면, 캐스팅할 수밖에 없을 것입니다.

제가 멘토로 모시고 싶은 대학 교수님이 계셨습니다. 뛰어난 제자들이 많아 부족한 제가 멘티로 선택되기는 어려운 상황이었습니다. 저 스스로는 배움의 태도를 가졌다고 자부했지만, 교수님의 주위에는 배움의 태도가 더 훌륭한 제자들이 많았던 것 같습니다. 하지만 많은 제자들을 제치고 부족한 제가 교수님을 멘티로 당당히 캐스팅되었습니다. 그 비결이 무엇일까요?

바로 교수님께서 이루고 싶은 꿈을 위해 PPT 제작을 성심으로 도와드리고 싶다고 말씀드렸더니, 흔쾌히 승낙해 주셨습니다. 그렇습니다. 배움의 태도를 가졌지만, 그럼에도 불구하고 캐스팅을 받지 못한다면, 멘토가 이루고 싶은 꿈을 먼저 생각해 보시고, 그 꿈을 이루는 일에 협업으로 동참할 수 있는 길을 찾아보시길 응원합니다.

아하, 꿈은 알았지만 협업할 수 있는 재능이 없다구요? 그렇다면 그 재능부터 계발해 보시길 응원합니다.

셋째는 멘토의 은혜를 끝까지 지킬 것!

배움의 태도를 가졌습니다. 그리고 멘토의 꿈에 필요한 전문성도 가졌습니다. 그럼에도 불구하고 캐스팅을 받지 못하는 경우도 있습니다. 이 경우에는 어떻게 접근하면 좋을까요?

많은 멘토들이 멘토링을 지원하면서도 두려워하는 것이 하나 있습니다. 누구에게도 나누지 못한 인생의 깊은 철학과 지혜를 멘티에게 아낌없이 전수해 주고 싶지만, 멘토링이 끝나면 도와준 은혜를 망각하는 일이 일어나지 않을까를 염려하고 있다는 점입니다. 많은 멘토들이 멘티를 캐스팅함에 앞서 인품까지 꼼꼼하게 살펴보는 이유도 바로 이 문제 때문이라는 생각이 듭니다.

어려운 상황에서 멘티가 성공할 수 있도록, 특히 '위기를 위대한 기회!'로 만들 수 있도록 아낌없이 멘토링을 지원했더니, 성공한 후에는 멘토의 은혜도 저버리고 혼자의 노력으로 성공한 것처럼 여기저기에서 자랑하는 것을

목격하고서는 두 번 다시 멘토링 지원을 하고 싶지 않다는 분들도 있습니다.

코로나 이후, 많은 분들이 전화로 상담을 합니다. 본인의 화려한 이력과 성공 스토리를 자랑스럽게 소개한 후, 차세대 지도자를 응원하는 멘토링에 동참하게 해달라고 부탁도 잊지 않습니다. 그때마다 저는 지금까지 강조한 캐스팅의 3가지 조건을 조심스럽게 말씀드리고 있습니다.

덕분에 훌륭한 분들을 많이 만났습니다. 그리고 그분들을 위하여 대한민국 차세대 지도자를 멘토링하기 위한 (사)한국멘토교육협회도 창설했습니다. 그리고 '대한민국 1004멘토링 캠페인'도 함께 전개하고 있습니다.

'대한민국 1004 멘토링 캠페인'이란 각 분야에서 선한 영향력을 가진 1,004명의 멘토를 선발하여, (1)명의 멘토가 (4)명의 멘티를 무한(00) 사랑으로 멘토링해 드리는 재능나눔 캠페인입니다. 큰 호응을 받아 많은 곳에서 멘토링을 지원하고 있습니다.

"당신의 꿈, 누가 캐스팅하겠는가?"

그에 대한 확신의 답을 이 책에서 꼭 찾을 수 있기를 응원합니다. 그리고 선한 꿈을 이루시면, 선한 멘토가 꼭 되어주시길 부탁드립니다. 선한 꿈을 응원합니다. 선한 영향력을 응원합니다.

"머리로 배우면 비판자가 되지만, 가슴으로 배우면 멘토가 될 수 있다!"

양찬국

"프로와 아마추어의 가장
핵심적인 차이는 무엇일까요?"

👤 강의 분야 | 골프
✉ yangssabu@naver.com
⨍ 100007366326601   📷 yangssabu_   ▶ 양싸부yangssabu

골프가 인생의 전부인 남자. 칠순을 훌쩍 넘긴 나이지만 스카이72 골프클럽 헤드 프로로 활발히 활동 중이다. JTBC골프의 인기 레슨 프로그램 '노장불패'로 널리 알려져 있으며, 5000명이 넘는 제자들을 가르친 덕분에 흔히 '양싸부'라는 애칭으로 불린다.

베트남전에서 총상을 입고 귀국, 술로 세월을 보내는 아들을 보다 못한 아버지의 권유로 1974년 골프를 시작했고, 미국 이민생활 중 PGA클래스 A 자격증을 땄다. '자격증'이 없다고 수근대는 이들에게 보여주기 위해 64세의 나이에 한국프로골프협회(KPGA) 티칭프로 자격증을 따기도 했다.

현 MBC SPORTS 골프 해설위원

SBS 골프채널 해설위원

스카이72 골프클럽 헤드프로

경희대학교 체육대학원, 부산 경성대학교 골프학과, 진주 국제대학교 사회체육학과 겸임교수

USGTF(미국 골프지도자연맹) 마스터프로

KPGA 티칭프로

아시아 골프 지도자 협회 회장, 아시아 티칭 프로 협회 회장, 우즈베키스탄 골프협회 명예회장/ 국가대표 감독, 블라디보스톡 골프 앤 리조트 상임고문

프로와 아마추어의 차이

현대인에게 골프는 어떤 의미일까요? 골프란 '골치 아픈 것을 푸는 운동' 이라는 말이 있습니다. 골프는 여가를 즐기는 놀이여야 하는데, 마음먹은 대로 안 되다 보니 스스로를 비하하거나 자책하는 경우도 흔합니다. 자칫 골치 아픈 운동이 되고 마는 것이지요. 그렇게 되지 않으려면 어떻게 해야 할까요? 다른 분야도 그렇지만, 골프를 잘하려면 꾸준한 연습만이 해법이라고 생각합니다. 그렇다면 열심히 연습만 하면 될까요?

프로와 아마추어는 무엇이 다를까요? 여러 가지로 다른 점이 많지만, 그 중의 하나는 속도의 차이라고 할 수 있습니다.

프로는 다음 홀로 이동할 때 뒤에서 기다려주는 동료 선수를 의식하고 배려해서 신속하게 움직입니다. 앞에서 연습 중인 동료를 채근하지도 않고, 뒤에서 따라오는 동료를 세워두지도 않습니다. 이런 점은 아마추어들이 꼭 배워야 할 태도입니다. 플레이는 천천히 신중하게, 이동은 신속하게 하는 교과서적인 태도이지요. 아마추어들은 보통 거꾸로 합니다. 플레이는 전광석화처럼 빠르게 하고, 이동은 밀린 업무를 처리하듯 느리고 무심합니다. 프로의 태도와는 완연히 다릅니다. 특히 동료의 연습을 방해하지 않고 조용히 지켜보는 태도는 꼭 배워야 합니다.

프로는 자신의 연습 샷에서 파악된 코스와 그린의 특징을 꼼꼼하게 기록합니다. 대회에서 프로들이 샷에 앞서 자신이 기록해 둔 야디지 북yardage book을 꺼내서 천천히 살펴보는 모습들을 쉽게 기억하실 겁니다. 연습 라운드를 마치면 라운드 중에 발견된 문제점이나 결점을 고치기 위해 연습 그린이나 연습장에서 캐디와 코치의 조언을 들으며 또 연습합니다.

티오프 시간에 임박해 골프장에 도착해서 라커에서 옷 갈아입기에 바쁘고, 티잉그라운드에 뛰어가서 빈 스윙 몇 번 한 다음 라운드를 시작하는 아마추어들이 초반 몇 홀을 헤매는 이유가 준비의 차이임을 아시게 되지요.

보다 나은 스코어를 원하신다면 보다 많은 연습과 준비를 하세요. '변호사가 소송을 준비하듯' '의사가 수술을 준비하듯' 라운드를 준비하면 됩니다. 오로지 준비와 연습만이 정답입니다.

어떻게 연습할 것인가

무작정 많이 휘두르고 오랜 시간 연습장에 머무른 것만으로 열심히 연습했다고 생각하고 계시는 것은 아닌지요?

연습은 '연습을 위한 연습'을 하셔야만 합니다. 연습장에서 연습 공을 치기만 하면 연습이 되는 것으로 잘못 생각하고 계신 것은 아닌지요? 자신이

다른 사람보다 잘 못 친다면 그 원인은 연습 방법이 잘못되었기 때문일 가능성이 높다는 것을 아셔야 합니다. 골프가 늘지 않는다면 연습 방법을 바꾸어야 합니다.

자신의 플레이 습관 중에서 잘못된 습관이나 고쳐야 할 습관을 바꾸는 연습을 우선적으로 해서 몸에 배도록 하세요. 주변의 잘 치는 친구에게서 발견했던 좋은 습관이나 자세를 자신도 할 수 있도록 반복해서 연습하세요. 누구나 자신이 연습했던 자세 그대로 플레이하기가 쉽지 않지만 반복 연습을 하다 보면 자신의 플레이가 바뀌어 있음을 알게 될 것입니다.

공이 잘 맞지 않는 또 다른 원인은 연습과 실제 플레이를 다르게 한다는 것입니다. 배우고 연습한 대로 플레이를 하지 않고 본래의 습관대로 잘못된 자세로 플레이를 합니다. 우선 익숙한 자세로 치고 다음부터, 조금 더 연습해서 배운 대로 치겠노라고 합니다.

물론 아직 익숙하지 않고 자신도 없는 데다가 라이벌과의 내기 골프라면 더 그렇겠지요? 이해합니다. 짧은 연습만으로 기술의 발전이나 변화가 쉽게 이루어지지는 않겠지만, 실수가 염려되어 새 기술을 익히지 못하거나 실전에서 구사할 수 없다면 잘못된 연습을 하신 겁니다.

그래서 전문 교습가로부터 레슨을 받으셔야 합니다. 레슨은 그냥 알려주는 것이 아니고 가르쳐(teaching) 주고 훈련(training)시켜 주면서 여러분이 익숙해지고 실전에서 자유롭게 구사할 수 있도록 지도해 드리는 것입니다.

꼭 한 번은 골프 교습가로부터 레슨을 받으세요. 오랜 기간의 시행착오와 미혹迷惑이 한 번의 레슨으로 해결될 것입니다.

변호사가 소송을 준비하듯, 의사가 수술을 준비하듯
라운드를 준비하면 됩니다.
오로지 준비와 연습만이 정답입니다.

1000번을 쳐서 익혀라

가수는 한 곡을 익히기 위해 1000번의 연습을 반복한다고 합니다. 서예를 하는 사람이 종이 위에 한 일— 자를 1000번 쓰면 그 글자 위로 강물이 흐른다고 합니다. 무언가 소원이 있을 때 종이학을 1000마리 접으면 그 소원이 이루어진다는 말도 있습니다.

우리 골퍼들은 어떨까요? 우리들은 골프를 잘하기 위해 얼마나 연습을 했을까요? 당연히 맨 처음 클럽을 잡고, 연습 공을 치고, 코스에 나가서 플레이를 했으니 그것들을 다 합하면 1000번이야 더 되겠지요? 하지만 레슨을 받고 훈련을 하면서 친 숫자는 몇 번이나 될까요? 그냥 습관처럼 타석에서 쳐낸 연습공 말고, 상상하고 궁리하고 연습하고 준비해서 쳐본 그런 샷을 각각의 클럽으로 1000번을 쳤을까요?

골프와 멘탈

흔히 골프는 멘탈 스포츠라고 합니다. 많이 들어보셨죠? 골프를 해본 사람이라면 왜 그런 말이 나왔는지 아마 충분히 이해하실 겁니다. 그만큼 멘탈, 즉 정신적인 요소의 비중이 크다는 이야기지요. 골프 교습가인 제게도 멘탈은 골프의 기술, 체력과 함께 아주 중요한 요소이고 수시로 강조하는 부분이기도 합니다.

　기술과 체력, 멘탈의 균형 잡힌 수련이 꼭 필요하다는 것은 다들 알고 계실 겁니다. 오늘은 멘탈의 중요성을 교향악단에 비유해서 이야기해 보겠습니다.

　지휘자는 작곡가의 뜻을 충분히 파악하고 연구하여 자신의 취향에 따라 해석을 가미합니다. 관악기, 현악기, 타악기 등 각각의 악기의 역할을 다 파악하고 조율합니다. 연주할 곡은 당연히 다 외워야지요.

　협주자들은 당연히 그 곡 전체를 알고 있기는 하지만 자신이 임의로 해석하거나 변주하지는 못합니다. 오직 지휘자의 지휘에 따라 자신의 역할을 수행합니다.

　독주자는 관현악단의 협주를 배경으로 자신만의 무대를 만들어냅니다.

　골프 교습가가 교향악단 얘기를 하니 의아하신가요? 이 이야기의 요점은 지휘자든, 협주자든, 독주자든, 모두가 어릴 때부터 전문 교습가로부터 오

랜 기간 레슨을 받았고, 꾸준히 연마해 왔으며, 재능이 뛰어난 사람들이라는 점입니다.

　또한, 대부분 국내 또는 외국의 대학에 진학해서 최고 연주자 과정을 밟은 사람들입니다. 이들 가운데서도 특별히 더 인정받는 연주자들이 있습니다. 대개 유명하고 권위 있는 콩쿠르에 출

전해서 우승하거나 입상한 사람들입니다. 국제적인 콩쿠르에서 우승을 해서 일약 스타가 되는 사람도 있고, 그러지 못했다는 이유만으로 각광받지 못하는 사람도 있습니다. 스타가 된 사람과 되지 못한 사람의 실력 차이는 얼마나 될까요? 생각보다 작거나 없습니다.

콩쿠르에 출전해서 평소 연습했던 대로 자신의 기량을 충분히 그리고 정확하게 발휘했는지, 긴장감에 위축되어 실수를 했는지의 차이일 경우가 많습니다. 멘탈이 그만큼 중요하다는 이야기입니다.

골프에서도 마찬가지입니다. 긴장과 중압감을 이겨내고 실력을 잘 발휘할 수 있는지 없는지를 가르는 것이 멘탈, 즉 정신력 또는 심리적 수행 능력입니다. 결국 승자와 패자를 가르는 순간에 가장 중요한 것이 바로 '멘탈'이라는 것입니다.

한 가지 더 이야기하자면, 주저하는 사람과 결연하게 실행하는 사람이 있습니다. 우리에게 익숙한 놀이인 '가위바위보'를 예로 들어볼까요? 프로는 자신이 이번에 '가위'를 내겠다고 마음먹으면 주저하거나 변심하지 않고 확실하게 '가위'를 냅니다. 그러나 많은 아마추어 골퍼들은 마지막 순간까지 자신의 결정에 불안해하고 무언가를 바꾸려 하다 보니 샷 미스가 잦은 것입니다. 물론, 프로도 실수를 하지만 결과는 아마추어의 실수와는 크게 다르지요.

이렇게 두 가지의 예를 들어 골프에서의 멘탈을 설명했습니다.

드넓은 벌판 가운데에서 혼자 판단하고 결정하고, 결과에 대해 자신이 모두 책임을 져야만 하는 골퍼는 어찌 보면 가장 외롭고 처연한 경기자라고 할 수 있겠습니다. 팀원들과 협력하는 다른 운동 종목과는 다른 이런 독특함이

드넓은 벌판에서 혼자 판단하고 결정하고,

결과에 대해 자신이 모두 책임져야만 하는 골퍼는

가장 외롭고 처연한 경기자라고 할 수 있습니다.

있는 것이 골프 아닐까요? 캐디와 같이 한다고요? 그렇지요. 그러나 판단과 결정에 도움은 받지만, 성공하든 실패하든 결과는 온전히 플레이어의 몫인지라 그렇게 외롭고 힘든 것이 아닐까 합니다.

제가 프로 골퍼 이미향을 가르칠 때 멘탈 강화를 위해 자주 해준 이야기가 있습니다. "네가 처음으로 겪게 되는 상황에서 가장 먼저 생각해야 할 것은, 하나님께서 네게 새로운 것을 배우게 하시거나, 네가 겪어보지 못한 것이니 경험을 해보라고 보내주신 것이니 당황하지 말고 우선 곰곰이 생각을 해보아라"라고 수없이 강조했습니다.

로버트 슐러 목사의 '자신감을 위한 충고'를 소개합니다.

1. 자존심 Self-esteem

자신감을 가지려면 자존심을 키워야 한다. 타인의 위엄에 눌려 그를 모방하지 말라. 자기 자신만큼 자신을 잘 알고 있는 사람은 없다는 것을 기억하라.

2. 겸손 Modesty

겸손하고 배우는 자세를 유지하라. 성공했다고 너무 자만하지 말라. "나는 아직도 2% 모자란 사람이다"라고 생각하라.

3. 부지런함 Assiduousness

작은 실패에 바로 조급해한다면 그건 성공한 사람들이 쏟아부었을 그 많은 노력에 대한 예의가 아니다.

4. 야망 Ambition

위기를 극복할 수 있는 가장 큰 무기는 열정으로 가득한 자신의 성공한 모습을 마음속으로 그려보는 것이다.

5. 긍정성 Positivity

긍정적인 사고로 무장하라. '아무것도 이루지 못했다'라는 것은 다른 무엇인가가 더 필요하다는 것을 의미할 뿐이다. 그 어떤 위기도 자신을 굴복시킬 수 없다는 사실을 명심하고 장애물을 피하지 말라.

동네 무당도 용한 줄 아세요

'동네 무당 용한 줄 모른다'는 말이 있습니다. 가까이 있는 사람의 능력을 잘 모른다는 비유인데, 여러분 가까이 있는 골프연습장의 프로가 사람들이 용하다고 멀리서도 찾아오는 무당일 수도 있습니다.

가까이에서 자주 보는 프로가 제일 정확하게 문제점을 찾아내고 습관도 알고 해서 빠른 교정과 해결을 도와줍니다.

TV에 출연하거나 신문, 잡지에 실리는 프로들만이 초절정의 고수이고 동네 연습장에서 레슨을 하는 프로는 별로 신통치 못하려니 하는 선입견을 버리세요. 모두가 자격을 갖춘 프로들이고 골프 교습가들입니다. 진솔하게 자신의 문제점과 목표를 말하고 지도를 받으세요.

가끔 프로에게 기술적인 원리나 동작에 대해 토론을 하자거나 프로의 지력을 시험하려 하는 골퍼를 봅니다. 그러지 않으시는 것이 좋습니다. 그렇게 해서 얻는 것보다는 잃는 것이 더 많습니다.

우리 교습가들끼리 하는 말입니다

"학생이 믿음을 주면 프로는 책임을 집니다."

최병철

" 에베레스트 등정 성공 확률이
이토록 높아진 이유가 뭘까요? "

👤 강의 분야 | 도전, 변화, 혁신
✉ cbc1234@hanmail.net 🏠 kndi.or.kr ⓕ dreammgr ▶ 최병철북세통TV

한국창직역량개발원 대표/원장이다. Caroline University HSE학과, KIT
테크노경영대학원 등에서 경영학을 강의한다. 나눔운동체험본부 대표 및
안전문화진흥원 원장을 겸하는 등 왕성하게 활동하고 있다. 연간 500회 이
상 기업강의를 하고, 북세통이란 독서강연을 10년째 해오고 있다. 경험이
나 삶을 지식재산으로 환원해 주는 앎묵지 스토리공작소를 운영하면서 국
내 최초로 10년째 앎묵지 스토리튜터를 양성하고 있다. 각종 자격증 26개
를 만든 자칭 직업 크리에이티브라 부른다. ECC(Enter CEO College)와
ALC(Aha! Leadership College)를 통해 1인기업가를 꿈꾸는 사람들에게 도
전과 변화, 혁신의 구체적 훈련프로그램을 시행하고 있다.
저서로 『그냥그렇게 살다가 갈 거라고?』 『음표쉼표』 그리고 『행복, 제 2의
직업을 준비할 시대』 『세네티즘마케팅』 『슈링크비즈니스』 『벨로시티 경영전
략』 등이 있다.

앎묵지의 힘

앎묵지라는 말을 만들어 사용하는 사람

저를 소개할 때 앎묵지라는 단어를 만든 사람이라고 소개합니다. 그러면 한결같이 "그게 뭐예요?"라는 반응이 나옵니다. 어떤 경우에는 김치의 종류냐고 묻는 사람도 있습니다. 이때부터 저의 15년의 이야기가 펼쳐집니다.

이 세상에 존재하는 지식은 흔히 형식지(명시지)와 암묵지(묵시지)로 구분합니다. 이미 형식화되어 있는 지식, 즉 책이나 인터넷 등에서 검색할 수 있는 지식을 형식지라고 합니다. 반면에 암묵지란 책에 나오지 않습니다. 살아가면서 체득한 지식, 즉 체험과 경험에 바탕을 둔, 그래서 형식화할 수 없는 그 어떤 지식을 말합니다. 그런데 암묵지란 단어는 그리 선명하고 명확한 느낌을 주지 못하는 것을 넘어서서 오히려 부정적인 느낌까지 줍니다.

그래서 저는 삶이라는 글자와 앎이라는 글자에서 힌트를 얻었습니다. 삶에서 알게 된 것이 앎이라면 앎묵지라고 명칭해야겠다고 생각한 것입니다.

일본 히토쓰바시대학의 노나카이 쿠지로가 말하는 '지식의 선순환 구조'라는 것이 있습니다. 학교에서 형식지를 배우고 사회에서 활동하게 되면 암묵지가 생겨나고, 그것이 쌓여지면 학자들이 그것을 연구하여 형식지 형태로 만들어 다시 교육시키는 구조로 지식 체계는 발전한다는 것입니다.

저는 우리 사회의 문제점 중 하나가 이러한 선순환이 이루어지지 않고 있다, 오히려 형식지라는 수입된 지식의 과잉으로 동맥경화에 걸렸다는 점이라는 사실에 착안하게 되었습니다. 어떻게든 이 문제를 해결해 보는 것을 제 인생의 미션으로 선정하게 되었는데, 그 결정적 사건은 이렇습니다.

앎묵지와 형식지의 차이

언젠가 지방에 강의가 있어서 갔습니다. 강연장에 도착하니 주부님들 300여 명이 있었습니다. 당시는 우리나라가 IMF구제금융을 받은 직후였기에 저는 제2의 직업을 준비해야 한다는 주제로 강의를 마쳤습니다. 강의를 마치고 무대에서 내려오니 교육 진행자가 서명을 해달라고 서류를 내밀기에 보니 '강의확인서'였는데, 강의료가 35만 원이었습니다. 당시로서는 매우 큰 금액이어서 내심 흡족했습니다. 제 다음 시간에 강의를 하신 분은 지금은 작고하신 서상록 선생님이셨습니다. 그분이 강의를 마치고 내려오시자 교육 진행자는 저와 똑같이 서류를 내밀면서 작성해 달라고 했습니다. 저는 호기심이 생겨서 곁눈질로 강의료를 보았는데, 금액이 충격적이었습니다. 자그마치 350만 원이었습니다.

그때부터 저는 그 원인에 대해 생각해 보게 되었습니다. '도대체 똑같은 살아가면서 체득한 지식을 '암묵지'라고 합니다.

저는 삶에서 알게 된 것이 앎이니

'앎묵지'라고 명명해야겠다고 생각했습니다.

사람들 앞에서 똑같은 시간을 강의했는데, 왜 강의료 차이가 10배가 나는 것일까?' 저는 그 원인을 알기 위해 서상록 선생님의 강의를 몇 개월을 들었습니다. 지금도 거의 외우다시피 하는 이유는 그때 제가 받은 충격이 컸기 때문입니다.

제가 내린 결론은, 아니 나름 찾은 해답은 바로 강의의 종류가 다르다는 점이었습니다. 당시 저는 누구나 알고 있거나, 누구나 찾으면 알 수 있는 형식지를 강의했습니다. 평균수명이 증가되니 사회적 수명이 다 된 후에도 할 수 있는 일을 미리 준비해야 한다는 식의 강의는 사실 누구나 하는 강의였습니다. 그런데 서상록 선생님의 강의는 그런 형식지를 바탕으로 한 강의가 아니었습니다. 선생님 자신만의 삶에서 체득한 경험과 스토리를 강의하는 것이었습니다. 일명 암묵지였고, 제 표현대로 하면 앎묵지였던 것입니다.

스토리와 앎묵지 그리고 베이스캠프

저는 지금도 곧잘 서상록 선생님이 하셨던 인라인스케이트 스토리를 강의 때 하곤 합니다. 조금 소개를 해드린다면 이렇습니다.

"내가 나이 들어서 공원에 산책을 갔었다. 거기 갔더니 젊은이들이 청바지를 입고 음악을 들으면서 인라인스케이트를 타는데 그렇게 멋있더라. 그 순간 나는 후회가 되더라. 나는 젊은 나이에 저런 것 한번 안 해보고 뭘 했을까? 그래서 나도 이참에 해보기로 마음먹고 인라인스케이트를 샀다. 연습을 하는데 계속 넘어졌다. 그런데 신기한 것은 넘어질 때마다 엉덩이가 너무너무 아픈데도 내가 인상 쓰지 않고 웃는다는 사실이었다. 내가 그 이유를 곰곰 생각해 봤는데, 내가 하고 싶은 것을 하니까 그런 것 같더라."

이렇게 말씀하시고는 관객에게 물으셨습니다. "아주머니, 나이가 몇 살이나 되세요? 보니 이제 한 삼십 넘어 됐구만. 근데 뭐가 힘이 들어 그렇게 인상을 쓰세요? 왜 하기 싫으세요? 하기 싫으면 때려치우세요. 나이 칠십이 다 된 사람도 하고 싶은 거 하는데, 앞날이 구만 리 같은 사람이 왜 하기 싫은 것 하면서 인상을 쓰세요? 그러지 마세요. 하고 싶은 것 하세요. 어차피 한 번 왔다 가는 인생인데, 뭐 한다고 하기 싫은 거 하면서 인상을 쓰시나요? 따라 해보세요. 내 인생 내가 산다! 아직도 늦지 않았다!" 뭐 이런 내용의 강연입니다.

이렇게 강연을 하면 수많은 관중들이 같이 공감하고 웃고 울고 하는데, 이해력과 공감력은 차치하고라도 강의료를 10배 더 받는다는 사실이었습니다. 당시 저도 대학에서 강의를 하고 있었는데, 논문을 찾아서 그 근거를 제시하며 강의를 해도 시간당 3만 원 남짓 받았던 것 같습니다.

그때 저는 깨달았습니다. 형식지라는 것의 가치는 앎묵지에 비해 낮게 책정된다는 사실을. 그래서 그때부터 앎묵지를 발굴하여 새로운 지식으로 탄생시키는 일을 시작하게 되었고 지금까지 500여 명의 앎묵지 스토리튜터를 양성하였습니다.

넋두리와 앎묵지 그리고 축적의 시간

서울대학교 이정동 교수님은 제가 말하는 이 앎묵지란 것을 훨씬 세련되고 폼 나게 설명하십니다. 바로 '축적의 시간'과 '스케일업scale-up'이란 표현입니다. 성공과 실패의 과정에 대한 축적 없이 개인이나 조직 그리고 국가가 성장할 수 없습니다. 그런데 우리는 정작 우리가 가진 앎묵적 자산에는 관심을 가지지 않고 다른 나라의 형식지를 수입해 오기에 급급합니다. 이것은 이론의 종속과 사고의 종속까지 가져오는 것이고, 종속은 결국 창의적일 수 없습니다. 이것이 선진국으로 가지 못하는 결정적 이유입니다.

그렇다면 왜 우리 사회는 선배들의 경험이 앎묵지라는 공동의 자산이 되지 못할까요?

은퇴한 선배들을 만나면 대개 자신의 지혜와 지식을 늘어놓습니다. 후배들에게는 넋두리가 됩니다. 심하게는 잔소리나 라떼세대의 푸념으로 전락해 버리고 맙니다. 경험과 스토리를 세련되게 손질하는 과정이 없기 때문입니다. 손질하지 않은 경험은 자랑이 됩니다. 다듬지 않은 스토리는 넋두리가 됩니다. 새로운 시대의 요구와 융합되지 않은 경험은 저항을 부르기도 합니다. 이런 점에서 저는 우리 사회가 매년 수십만 명씩 쏟아져 나오는 은퇴세대의 앎묵지라는 자산을 어떻게 '사회적 자산화'할 것인가를 고민하지만, 혼자만의 힘으로는 역부족입니다.

앎묵지를 매몰시키지 말고 사회적 자산화해야

우리 사회에서 앎묵지는 누가 많이 가지고 있을까요? 두말할 것도 없이 형식지를 기반으로 왕성하게 사회활동을 했던 사람들입니다. 그럼 우리 사회는 그들이 가진 앎묵지를 어떻게 바라보나요? 굳이 설명하지 않아도 우리는 그들의 경험과 지혜를 받아낼 수 있는 사회적 시스템이 전무하다고 할 수 있습니다.

또 한 가지 우리 사회가 앎묵지라는 사회적 자산을 소홀히 다루고 있다는 증거는 성공 사례 중심의 스토리만을 인정한다는 점입니다. 어떤 사회든 성공보다는 실패 사례가 양적으로 많습니다. 그런데 배움이란 것, 깨달음이란 것은 대부분 실패 사례에서 터득하는 것입니다. 예를 들면 월 1억 원 정도의 수입을 얻는 성공 사례가 있다면 우리 사회는 앞다투어 그 노하우를 배우려고 합니다. 그러다 보면 그 사례가 왜곡되거나 과장되는 경우가 있을 것입니다. 왜곡 과장된 그 이야기를 누군가가 따라서 하게 된다면 어떤 일이 벌어지겠습니까? 몇십 억의 실패를 한 사람이 그 과정에서 체득한 지혜가 월 1억을 버는 성공의 지혜보다 못하다고 할 수 없습니다. 성공 스토리가 과장되거나 왜곡되었다면 더더욱 그렇습니다. 반면에 선조나 선배들의 실패와 성공 스토리를 계승하고 발전시켜서 탈무드 같은 내용으로 만들어서 후배들에게 교육시키는 유대인들의 사례는 우리 사회가 꼭 배워야 할 점이라고 봅니다.

역사가 되풀이되는 이유는 실수가 되풀이되는 것이 그 이유이기도 합니다. 전철을 밟는 것은 우리 사회가 치러야 하는 기회비용이 커진다는 의미입니다.

이제 형식지의 시대는 끝이 났습니다.

어떻게 무엇으로 승부할 것인가는 자명합니다.

앎묵지 말고는 답이 없습니다.

에베레스트 등정 성공 확률이 3배 이상 높아진 비밀은?

우리 젊은이들이 힘들어하는 이유는 아무리 생각해 봐도 우리 부모님보다 잘살 것 같지 않아서라고 합니다. 또 한 가지는 우리 사회의 어른들을 보니 굳이 그렇게 살고 싶지 않아서라고 합니다. 성공 사례와 스토리만을 과장해서 부각시키는 사회는 결국 그 반대편에 있는 모든 사람을 패배자로 인식하게 합니다. 그리고 그들이 체득한 지혜를 매몰시켜 버립니다. 제가 곧잘 말합니다. 사기당한 아버지의 자식은 또 사기를 당한다고. 그 이유는 그 실패 사례를 공유하지 않아서입니다.

지금 내 모습이 사회적 기준으로 부족한 듯해도 어디에선가 누군가는 나의 모습을 꿈으로 생각하고 노력하고 있다면, 어떤 경우에도 열등한 모습을 취해서는 안 됩니다. 오히려 당당하게 한 단계 도약을 위한 디딤돌이 되겠다는 마음을 가져야 하고, 우리 사회는 그런 마음을 갖게 해주어야 합니다. 지금 나의 모습은 누군가에게는 꿈이고 희망입니다.

4차산업혁명시대 인공지능의 위력에 대한 이야기를 많이 듣습니다. IBM 왓슨이 책 만 권을 외우는 데 1시간이면 족하다고 합니다. 제 주변에 아무리 똑똑하다고 해도 책 한 권을 외우는 사람을 보지 못했습니다. 이제 형식지의 시대는 끝이 났다는 증거입니다. 이제 어떻게 무엇으로 승부할 것인가는 자명합니다. 앎묵지 말고는 답이 없습니다. 스토리 혹은 본성이나 감성 등으로 말하지만 결국 앎묵지입니다. 우리나라가 그동안 기적이라 불리며 이룩한 성과들의 보이지 않는 이면에 숨겨져 있는 앎묵지를 자산화하지 못한다면, 호모데우스의 새로운 욕망을 추구하는 우리의 노력은 성공하기 어려울 것입니다. 결국 남들의 앎묵지를 지식으로 수입해서 살아갈 것이기에 그렇습니다

저는 오늘도 누군가의 이야기를 듣고 있습니다. '저분의 앎묵지는 무엇일까?' 초등학교도 졸업하지 않았다는 시장 난전의 할머니와 이런저런 이야기를 나누는 이유입니다.

70년대까지 에베레스트 등정에 성공할 확률은 18%였다고 합니다. 지금은 60% 가까이 성공한다고 합니다. 체력이 강해지거나 장비가 더 좋아진 것이 아니라 베이스캠프의 위치가 높아졌기 때문이라고 합니다. 당시 3000미터 지점

에 있던 베이스캠프가 지금은 차량 진입까지 가능한 상태로 5300미터 지점에 4개소나 있다고 합니다. 우리 조직과 사회의 베이스캠프는 높아지고 있는가 생각해 보면서 과연 그 베이스캠프는 무엇일까를 궁리해 봐야 합니다.

할아버지의 실수를 손자가 반복하는 국가나 사회, 가정의 베이스캠프는 높아지지 못합니다. 베이스캠프가 높아지지 못하는 조직은 매일 그 원인과 책임을 두고 다툼과 갈등이 커져만 갈 것입니다.

03

공감하고 소통하다

김기현

> " 모든 성공의 핵심은
> 바른 칭찬입니다 "

👤 **강의 분야** | 리더십, 인간관계, 조직활성화, 칭찬박사자격과정,
　　　　　　　　칭찬-칭찬으로 소통하라

✉ kkhchurch@hanmail.net　　🏠 praisecollege.itpage.kr　　⦿ kkhchurch

미소로 인사하고 대화로 칭찬하는 '미인대칭국민운동'과 '칭찬박사운동', '왕따예방운동'을 30년 이상 실천하며 학교, 대학, 기업, 단체, TV에서 강의하고 있다. 대한민국 대표강사 20인에 선정되었으며 칭찬박사협회 회장을 맡고 있다.

캘리포니아센트럴대학교 리더십박사, 칭찬대학교 총장, 칭찬박사협회 회장. 한국열린사이버대학교 특임교수, 칭찬신문 발행인, 칭찬박사 1호, 미인대칭국민운동본부 대표. 한국리더십협회 회장, CNN21방송 대표이사.

저서로 『미인대칭 전도혁명』 『목사님을 칭찬하면 교회 부흥된다』 『당신도 칭찬박사가 될 수 있다』 『미인대칭 7가지 행복습관』 『나를 위한 최고의 선물』 『미인대칭 대통령』 『성공한 사람들의 인간경영리더십』 등이 있다.

성공의 비결, 칭찬이 답이다

사업, 영업, 강의, 인생에 모두 성공하게 해주는 비결이 있습니다. 뭘까요? 그것은 바른 칭찬입니다.

크게 변화되고 성공한 사람들에겐 바로 그를 바꾼 한마디 칭찬이 있었습니다. 21세기는 단순한 협업이 아니라 칭찬으로 협업해야 성공합니다.

왜 교육을 많이 받아도 변화되지 않을까요? 왜 기업에서 매년 숱한 교육비와 시간을 투자하는데도 원하는 만큼의 변화가 없을까요? 그것은 칭찬의 협업이 없어서입니다. 그냥 가르치기만 하면 수동적인 사람이 됩니다. 칭찬을 들으면 자발적인 사람이 됩니다. 이제 칭찬 인재를 개발해야 합니다. 칭찬 인재가 진짜 인재이고, 칭찬으로 인재를 개발할 수 있습니다. 그리고 칭찬으로 협업해야 성공합니다. 잘 가르치는 강사보다 칭찬하는 강사가 훌륭한 강사입니다. 칭찬보다 더 위대한 스승은 없습니다. 우선 칭찬의 정의부터 확 바꾸어야 합니다.

칭찬의 사전적 정의를 고쳐야 나와 조직이 삽니다

칭찬의 사전적 정의는 '좋은 점이나 착하고 훌륭한 일을 높이 평가함. 또는 평가하는 말'입니다. 지금까지의 칭찬은 잘못된 칭찬의 정의와 과거에 묶인 '평가형 칭찬'이었습니다.

사람이 변화되는 진짜 칭찬을 하고 싶었습니다. 칭찬의 정의에서 가장 마음에 거슬리는 단어가 '평가'였습니다. 그래서 칭찬에 대한 사전의 정의를 고쳐 교육하기 시작했습니다.

인간은 칭찬받길 원하고, 미래 지향적인 삶을 살려고 노력합니다. 그런데 사전의 칭찬은 미래가 아니라 과거나 현재에 대한 평가였습니다.

김기현 칭찬박사의 칭찬 정의는 '나와 다른 사람의 좋은 점이나 착하고 훌륭한 일을 높여주는 말과 행동, 특히 미래 가능성과 내면의 잠재력을 끌어낼 수 있는 말과 행동'입니다. 평가가 아닙니다.

괴테는 "현재의 모습대로 칭찬하면 지금보다 못하게 되고, 그의 잠재력대로 칭찬하면 더 위대한 사람이 된다."라고 했습니다. 괴테가 말하는 칭찬은 평가로서의 칭찬이 아니라 미래 가능성, 내면의 잠재력에 대한 칭찬입니다. 이제는 과거 평가에 머물러 있는 사전의 정의를 과감하게 수정하여 미래 지향적인 칭찬을 합시다.

범국민 칭찬운동의 38년사

칭찬을 듣고 자란 아이가 칭찬 잘하는 칭찬 인재가 되고, 칭찬하는 리더

크게 변화되고 성공한 사람들에겐
그를 바꾼 한마디 칭찬이 있었습니다.

가 됩니다.

세상에서 가장 아름다운 동네가 있습니다. 바로 제 고향 고흥입니다. 풍경이 아름다워 '지붕 없는 미술관'이라고 부릅니다. 하지만 정말 아름다운 이유는 따로 있습니다. 상처받은 아이를 칭찬해 주시는 훌륭한 어르신들이 계시기 때문입니다.

어린 시절을 돌아보면 참으로 감사합니다. 특히 고향 친척들과 동네 어르신들의 칭찬에 깊이 감사합니다. 칭찬 책을 쓰고 38년 동안 칭찬운동을 할 수 있는 것도 그분들의 칭찬이 있었기에 가능했습니다. 어린 시절 열 살은 제 인생의 전환점이었습니다. 두 동생이 2년 사이 경기로 죽어 저는 형제 없는 외아들이 되었습니다. 그 여파로 어머니가 집을 나가셨고 아버지도 객지생활을 하셨습니다. 할머니와 둘만 남게 되었습니다. 그 후 모든 것이 달라졌습니다. 친구들은 엄마 없는 애라고 놀렸지요. 하지만 동네 어르신들은 전과 같이 저를 만날 때마다 칭찬을 해주셨습니다. "너 참 잘 생겼어! 너는 앞으로 훌륭한 사람이 될 거야! 큰 인물이 될거야!" 하시면서 머리를 쓰다듬어주셨습니다. 이런 칭찬을 하루에도 여러 번 들었습니다. 이 칭찬이 저를 성장케 해준 에너지였습니다. 저에게는 칭찬이 밥이었습니다.

엄마, 아빠는 없었지만 칭찬해 주시는 어른들이 있었습니다. 그분들이 진짜 엄마, 아빠였습니다. 저는 그 칭찬으로 더 많이 칭찬받는 사람이 되도록 노력했습니다. 그 칭찬이 결국 칭찬받은 아이를 칭찬 잘하는 인재로 만들었습니다.

칭찬받는 아이는 칭찬하는 인재로 성장하게 됩니다. 칭찬하는 인재는 가정을, 사회를 바꾸는 지도자가 됩니다. 칭찬으로 협업하는 인재는 사람, 회사, 학교를 바꿉니다.

칭찬의 효과

1) 긍정적인 기분을 갖고 행동하게 만듭니다.

2) 소속감과 직무만족도가 높아집니다.

3) 훌륭한 성과가 계속 유지됩니다.

4) 조직 내 활력이 높아집니다.

5) 각종 사고와 위험을 줄일 수 있습니다.

6) 수동적인 사람을 능동적으로 만듭니다.

7) 최고의 동기부여가 됩니다.

칭찬의 효과는 참으로 놀랍습니다. 가히 인류 역사상 가장 위대한 혁명이라고 할 수 있습니다.

문제 개선에 초점을 두는 교육과 잠재력 개발에 초점을 두는 교육 중 어떤 방법이 더 효과적이고 교육적일까요? 부정적인 면을 없애는 데 초점을 둘 때와 긍정적인 면을 강화하는 데 초점을 둘 때 그 결과는 얼마나 다를까요?

보완 교육을 해야 할까요? 천재성 개발 교육을 해야 할까요? 그간 우리는 칭찬과 인간 이해 부족으로 반 토막 교육을 해왔습니다.

부산에서 칭찬박사 자격 과정을 처음으로 연 날을 잊을 수가 없습니다.

지역아동센터 센터장과 교사들이었습니다. 과정을 마치고 대표님께서 피드백을 해주셨습니다. "지금까지 문제 개선에 초점이 맞춰진 교육을 했습니다. 잠재력 개발에 초점을 맞추지 못했습니다. 이제부터 문제 개선이 아니라 잠재력 개발, 칭찬 교육을 하겠습니다."라고 했습니다. 참으로 훌륭한 지역아동센터 센터장을 만난 것입니다. 교사의 관점이 중요합니다. 아이의 문제에 포인트를 두고 교육할 것이냐, 아이의 잠재력에 포인트를 두고 교육할 것이냐에 따라 결과는 너무나 다르게 나옵니다. 아이의 잠재력에 포인트를 둘 때 교육혁명, 인간혁명이 됩니다.

평범한 사람을 큰 인물로 바꾼 것은 칭찬 한마디였습니다

한 사람을 바꾸는 데 필요한 것은 다양한 지식도 아니고, 돈도 아닙니다. 선생님, 부모님, 지도자의 칭찬 한마디에 인생이 바뀌고 역사가 바뀝니다. 그래서 칭찬 인재 개발이 시급합니다.

신바람 박사로 유명했던 고 황수관 박사는 중학 시절 영어 선생님의 "수관이가 메뚜기를 참 잘 잡는다."라는 칭찬 한마디로 영어 공부에 몰두하게 되어 초등학교 선생님에서 연대 의대 교수를 거쳐 한국을 바꾸는 큰 인물이 되었습니다. 20세기 최고의 경영자 GE의 잭 웰치 회장

은 어릴 때 말더듬이였습니다. 친구들이 '말더듬이', '병신'이라고 놀리면 울면서 엄마에게 달려가 하소연하곤 했습니다. 그때 어머니는 "애야, 너는 다른 애들보다도 생각의 속도가 훨씬 빨라서 미처 네 입이 따라오지 못할 뿐이란다. 너는 생각의 속도가 빨라서 앞으로 위대한 인물이 될 거야."라고 말해 주었습니다. 잭웰치는 이때부터 열등감에서 벗어나 큰 자신감을 갖게 되었습니다.

탤런트 최불암 씨도 한 선배가 "야, 불암아! 너 노역은 아주 완벽히 타고났구나, 할아버지 연기는 너 따라올 사람이 없겠구나." 이 말 한마디의 영향으로 '할아버지 역할은 최불암이 최고'라는 공식이 생겨났습니다.

사람은 묘하게도 칭찬받은 일은 갑자기 자신감이 생기고 더 잘하려는 의지도 불타게 됩니다.

고도원 아침편지재단 이사장도 김대중 대통령 시절 연설 담당 비서관으로 있으면서 "요즘, 연설이 좋아요."라는 이 한마디에 순간 전류에 감전된 듯 잔털이 솟고 가슴팍이 저릴 정도로 감동적인 칭찬은 그때가 처음이었다고 고백했습니다. 당신의 터닝포인트가 된 기념비적인 칭찬은 무엇이었습니까?

나도 칭찬 인재 될 수 있고, 칭찬협업 할 수 있습니다

나는 원래 천재입니다. 나는 누군가로부터 평가받는 존재가 아니라 칭찬받아야 마땅한 귀한 인재입니다. 나도 칭찬 인재로 살아갈 수 있습니다. 그리고 칭찬으로 사업, 교육, 인간관계에 협업할 수 있습니다.

"도가니로 은을, 풀무로 금을, 칭찬으로 사람을 단련하느니라."

사람은 묘하게도 칭찬받은 일은 갑자기 자신감이 생기고
더 잘하려는 의지도 불타게 됩니다.

솔로몬 왕이 한 말입니다. 지혜의 왕 솔로몬의 지혜로운 사람 만들기 비법은 칭찬이었습니다.

은을 만드는 데는 도가니가 필요하고, 금을 만드는 데는 풀무, 용광로가 필요합니다. 그러나 금 같은 사람을 만드는 데는 반복된 칭찬이 필요하다는 솔로몬의 명언입니다.

칭찬은 인간의 잠재력에 불을 붙이는 것이요, 펌프에 한 바가지 마중물을 붓는 것입니다.

걸음을 멈추고 상대방의 장점을 칭찬해 보십시요! 칭찬은 가장 위대한 스승입니다.

1) 칭찬에는 4단계가 있습니다.

1단계: 물건이나 사물, 외적인 것을 칭찬합니다. 첫인상, 아름다운 미소, 옷 코디, 외모, 넥타이, 액세서리 등을 칭찬하면 좋습니다.

2단계: 성취한 것, 이룬 것을 칭찬합니다. 수상, 승진, 학위 취득, 우승, 프로젝트 완성, 자녀의 입학, 졸업, 취직 등. 2단계 칭찬은 친한 친구, 오래된 직장 동료라도 관심을 가지지 않으면 자연히 모르게 되어 칭찬할 것이 없으니 형식적이고 업무적인 관계에 그치게 됩니다.

3단계: 자질이나 가치관, 성품을 칭찬합니다. 3단계 칭찬은 상당히 고급 칭찬입니다. 성품이 좋으십니다, 정직하십니다, 열정적이십니다, 책임감이 뛰어나십니다, 정이 많으십니다, 인간미가 넘치십니다, 칭찬을 잘하십니다.

3단계 칭찬을 들으면 두 사람의 관계가 아주 깊어집니다. 처음 만난 사람에게는 쉽게 실천할 수 없는 칭찬입니다. 그러나 처음 만나도 할 수 있는 방법이 있습니다. 성품이 좋다, 정직하다와 같이 단정 짓지 아니하고 "성품이 좋으신 것 같습니다. 정직하신 것 같습니다. 인간미가 넘치시는 것 같습니다." 이렇게 칭찬하면 100% 그렇다고 수용하고 긍정하게 됩니다.

4단계: 미래 가능성, 내면의 잠재력을 칭찬합니다. 큰 인물이 될 것입니다. 내면의 잠재력이 뛰어나 훌륭한 사람이 될 것입니다. 세계적인 훌륭한 선수가 될 것입니다. 이런 식으로 칭찬합니다. 이 4단계 칭찬이야말로 칭찬

박사 칭찬법의 최고봉입니다. 미래 가능성과 잠재력 칭찬을 얼마만큼 잘하느냐가 칭찬 영향력을 확대하는 관건이 됩니다.

2) 고급 칭찬 방법과 원리를 배워볼까요?

칭찬하기도 중요하지만 칭찬을 받아들이는 방법이 더 중요합니다.

① 칭찬 대상자의 이름을 부른다.

② 근거를 가지고 3가지 정도를 칭찬한다.

~ 을 본받고 싶습니다.

~ 하신 점이 존경스럽습니다.

칭찬과 아부의 큰 차이는 근거가 확실히 있느냐 없느냐에 달려 있습니다. 하지만 칭찬과 아부의 경계선은 모호합니다. 아부라 할지라도 상대를 사랑하고 존경하는 마음으로 하는 것은 칭찬이나 다름없습니다.

칭찬받은 사람은 부정하거나 꽁무니를 빼지 말고, 쑥스럽다 할지라도 그대로 수용합니다. 일단 "감사합니다. 고맙습니다." 하면 됩니다. 정말 쑥스러우면 자신을 낮추며 "부족한 저를 그렇게 봐주시는 선생님은 더 존경스럽습니다. 더 훌륭하십니다." 내가 받은 칭찬에 '더'라는 글자 하나만 붙이면 수준 높은 칭찬문화가 형성됩니다. 이 '더' 자가 바로 신의 한 수입니다.

칭찬 인재는 칭찬으로 협업하여 다른 사람을 성공하게 하고, 일, 교육, 삶 모든 분야에서 자신도 성공합니다.

서희태

> " 미래의 기업은 심포니오케스트라를 닮아갈 것입니다 "

👤 강의 분야 | 리더십, 오케스트라 경영, 소통, 인문학(음악)
✉ svienna@hanmail.net   🏠 www.suhheetai.kr

지휘자 서희태는 부산대학교 음악과와 오스트리아 빈 시립음대 최고연주자 과정 오페라과, 그리고 이탈리아 도니제티 아카데미에서 오케스트라 지휘과 와 오페라 지휘과를 졸업했다.

2008년 인기리에 방송되었던 MBC 미니시리즈 「베토벤 바이러스」의 예술감 독을 맡아 드라마의 성공을 이끌었으며, 이후 수많은 콘서트와 「김연아 아이 스쇼」와 같은 대중적인 활동도 함께 하였다.

KBS 「클래식 오디세이」 「열린음악회」와 같은 정통 음악방송 외에도 EBS 「세 계테마기행」, tvN 「오페라스타」, SBS 「스타킹」 「좋은아침」 등 다양한 방송 활 동으로 클래식 음악의 대중화를 이끄는 지휘자로 잘 알려져 있다.

특히 인문학과 리더십 분야에서 인정받는 전문강사로 jtbc 「차이나는 클라 스」, EBS 「통찰」 「세바시」와 같은 강연 프로그램과 KMA(한국능률협회) 클래 식아트경영 최고경영자과정 리딩멘토로 강연하는 등 다양한 분야에서 활발 한 활동을 하고 있다.

저서로 「베토벤 바이러스」 「클래식 경영 콘서트」 「오케스트라처럼 경영하라」 「어린이를 위한 클래식 음악 수업 100」 「서희태의 더 클래식」 등이 있으며, 현재는 국립충남대학교 경영대학원 겸임교수와 한국오페라단 음악감독, 심 포니온 오케스트라의 음악감독 겸 상임지휘자를 맡고 있다.

오케스트라는 소통이다

지휘자인 제가 이 글을 쓰게 된 동기는 간단합니다. 제가 오케스트라를 지휘하면서 느꼈던 것들을 많은 사람들과 나누고 싶었기 때문입니다. 저의 느낌을 한 사람 한 사람 만나서 전해 줄 수 있으면 좋겠지만 그것은 현실적으로 불가능하니, 공간과 거리의 제약을 넘어 제 생각을 전하는 데 책 만한 것이 또 있을까 싶습니다.

출판사로부터 원고 청탁을 받고 다시 한번 제 생각을 정리하는 시간을 가질 수 있었던 것은 저에게 아주 좋은 기회였습니다. 아무쪼록 여러분이 공감하는 이야기가 되길 바랍니다.

흑백 TV조차 흔치 않았던 어린 시절, 흔들리는 화면과 지지직거리는 작은 소음 너머로 보았던 저의 영웅 레너드 번스타인Leonard Bernstein, 1918~1990 의 지휘와 뉴욕 필하모닉 오케스트라가 연주하는 황홀하도록 아름다운 음악을 저는 아직도 잊을 수가 없습니다. 지휘자의 지휘에 춤추듯 연주하는 오케스트라의 아름다운 선율과 표현하기 힘들 정도로 아름다운 하모니, 그리고 때로는 위트 있게 때로는 진지하게 그날 연주하는 곡을 하나하나 설명해주는 번스타인의 모습을 보며 저의 꿈은 영글어갔고, 몇 해가 지나 저는 음악의 도시 빈으로 유학하여 그토록 갈망하던 세계적인 오케스트라들의 연주를 실제로 감상하며 음악의 세계로 빠져들었습니다. 지휘자로 활동하고 있는 지금도 저는 국내외를 가리지 않고 세계 최고 수준의 오케스트라 연주를 감상하는 것이 가장 큰 행복입니다.

오케스트라가 최고의 하모니를 만들어내려면 어떻게 해야 할까요?

경영학 대가 피터 드러커는 자신의 저서 『새로운 조직의 태동』에서 "정보화 시대의 도래로 전통적인 경영 모델은 사라질 것이다. 미래의 기업은 심포니오케스트라와 같은 조직을 닮아갈 것이다."라고 말했습니다.

그는 왜 이런 말을 했을까요? 그 이유는 오케스트라의 조직을 살펴보면 쉽게 이해할 수 있습니다. 오케스트라는 개성 넘치는 다양한 종류의 악기를 수많은 연주자들이 함께 연주하는 단체입니다. 세계적인 오케스트라의 연주를 감상하다 보면 너무나 잘 정돈된 형언할 수 없는 아름다운 사운드와 하모니를 경험하게 되지만, 반대로 같은 모습을 갖춘 오케스트라라 할지라도 잘 훈련되지 못한 아마추어들이 모인 오케스트라의 연주는 듣기 불편할 수도 있습니다.

오케스트라의 모습을 갖추려면 크게 네 가지 악기군을 갖추어야 합니다.

가장 먼저 현악기 군입니다. 현악기 군에는 바이올린, 비올라, 첼로, 콘트라베이스 등 네 종류의 현악기가 있습니다. 제1 바이올린 파트와 제2 바이올린 파트, 비올라 파트, 첼로 파트, 콘트라베이스 파트 등 다섯 개의 파트로 연주합니다. 오케스트라에서 가장 많은 수의 악기를 사용하는 것이 현악기 군입니다.

다음은 목관악기 군으로 플루트, 오보에, 클라리넷, 바순을 주로 사용하고, 그 외에도 피콜로, 잉글리시 호른, 베이스 클라리넷, 베이스 바순과 같은 특수 목관악기들도 자주 사용됩니다.

금관악기 군에는 호른, 트럼펫, 트롬본, 튜바를 주로 사용합니다.

마지막으로 타악기 군에는 크게 음정이 있는 타악기와 음정이 없는 타악기로 나눌 수 있습니다. 음정이 있는 타악기로는 팀파니, 실로폰, 마림바, 글로켄슈필 등이 있습니다. 음정이 없는 타악기로는 작은북, 큰북, 심벌즈, 트라이앵글, 탬버린, 심지어 대장간에서 쇠를 담금질할 때 사용하는 도구나 채찍 같은 것도 타악기로 사용되는 음악이 있을 정도니까, 두드려서 소리가 나는 모든 것들이 타악기가 될 수 있죠.

이 많은 종류의 악기들은 각기 그 악기를 만드는 재료, 소리의 질감, 소리의 크기, 음의 높낮이가 각기 다르고 연주하는 방법도 다릅니다.

그런데 이 악기들을 오케스트라에 소속된 각각의 연주자들이 악기마다의 개성을 잘 살려, 정확한 음정과 일치된 표현력 그리고 소리의 밸런스를 맞춰 열정적으로 연주한다면 그 오케스트라가 만들어내는 음악은 많은 관객들의 찬사를 받기에 충분한 최고의 음악이 될 것이고, 그런 오케스트라의 연주를 감상하기 위해 관객들은 기꺼이 비싼 입장료를 지불하게 될 것입니다. 하지만 아마추어 오케스트라의 경우는 그렇지 않겠죠.

세계적인 오케스트라와 아마추어 오케스트라의 악기 구성이 다른 것은 아닙니다. 또한 그들이 사용하는 악보가 다른 것도 아닙니다. 그러나 그들이 만들어내는 하모니는 엄청난 차이가 납니다. 과연 어떤 이유 때문에 그런 큰 차이가 날까요?

지금부터 저는 최고의 부가가치를 창출하는 오케스트라가 되기 위해서 필요한 네 가지의 기본적 조건을 제시하고자 합니다.

첫째, 최고의 실력과 열정을 가진 연주자Virtuosi로 구성해야 합니다.

당연히 최고의 연주자들이 모인 오케스트라가 최고의 연주를 들려줄 수 있을 것입니다. 여기에서 말하는 최고의 연주자로 구성한다는 의미는, 최고의 연주를 위해서는 학연, 지연, 인간적인 관계 등 흔히 우리 사회에서 뿌리 치기 힘든 유혹을 과감히 배제하고 최고의 음악을 만들겠다는 뚜렷한 하나의 목표가 있어야 한다는 것입니다.

둘째, 최고의 연주자들이 모여 최고의 하모니를 만들어내어야 합니다.

이 말은 당연한 말처럼 들릴 수 있습니다. 최고의 연주자들이 모이면 언제나 최고의 음악이 만들어질까요? 물론 그럴 수도 있지만, 그렇지 않을 수도 있습니다. 예술가는 일반인들이 생각하지 못하는 것을 생각하는 창의적인 생각을 가진 사람이고, 일반인들이 보지 못하는 미적 감각을 가진 사람이며, 일반인들이 행하지 못하는 것을 행하는 도전정신을 가진 사람을 말합니다. 이러한 예술가에게 가장 중요한 것이 뭘까요? 제 생각에 예술가에게 가

세계적인 오케스트라와 아마추어 오케스트라의
악기 구성과 악보는 다르지 않습니다.

장 중요한 것은 개성이라고 생각합니다. 예술가는 남들과 다른 자신만의 뚜
렷한 개성이 있어야만 그 가치를 인정받을 수 있습니다. 음악의 예를 하나
들어보겠습니다. 지금은 세계적으로 두각을 나타내는 한국 출신의 음악가
들이 많이 있지만, 아무래도 세계적으로 인정받은 최초의 바이올리니스트
라고 하면 정경화 씨를 떠올릴 수 있을 것입니다. 반면 1990년대 중반에 한
국 음악계에 엄청난 충격을 주며 데뷔한 바이올리니스트 유진박을 기억하
는 사람도 많을 것입니다. 두 명의 바이올리니스트가 우리의 기억에 선명하
게 남아 있다는 것은 그만큼 그들이 대중들 앞에서 보여준 연주력이 훌륭하
고 신뢰할 만했기 때문입니다. 두 사람은 세계적으로 인정받는 최고의 음악
교육기관인 줄리어드에서 수학했는데, 정경화 씨는 정통 클래식 바이올리
니스트의 길을 걸어온 반면 유진박은 17세에 클래식에서 전기 바이올린으
로 전공을 바꾸고 록과 재즈에 심취하여 클래식과 전혀 다른 음악의 길을 걷
게 되었습니다. 앞서 이야기한 바와 같이 음악적 개성은 달라도 두 사람 모
두 탁월한 바이올리니스트라는 것은 누구나 인정합니다. 그런데 이 두 연주
자가 오케스트라에서 함께 베토벤의 교향곡을 각자의 스타일대로 연주한다
고 가정해 봅시다. 과연 좋은 하모니가 될 수 있을까요? 각자의 연주를 따로
감상한다고 하면 유진박이 연주하는 록 또는 재즈 스타일의 베토벤 음악도
나쁘지 않을 것이라 생각되지만, 모든 연주자가 혼연일체가 되어야 하는 오

케스트라 연주에서 본인의 개성만을 내세우는 연주를 한다면 좋은 하모니를 만들어내기 힘들 것입니다. 그러므로 오케스트라가 최고의 음악을 만들어내려면 최고의 연주자들이 모여 최고의 하모니를 만들어야 합니다.

셋째, 악기 하나하나의 개성을 잘 살려서 연주해야 합니다.

앞에서도 말했듯이 오케스트라에서 사용하는 악기는 매우 다양합니다. 그런데 각각의 악기들은 그 존재 이유가 뚜렷합니다. 예를 들어 오케스트라 현악기 군에는 비올라라는 악기가 있습니다. 비올라는 생긴 모양과 연주하는 방식이 바이올린과 같아서 바이올린으로 대체해도 될 것 같은데, 오케스트라에서는 왜 굳이 비올라를 사용하는 걸까요? 악기들은 여러 가지 연주와 소리에 최적화되게 개발되었습니다. 바이올린과 같은 작은 크기의 현악기는 기교적이고 고음을 연주하기에 최적화된 악기이고, 첼로나 콘트라베이스 같은 큰 현악기는 기교적인 연주는 어렵지만 풍부한 소리로 저음을 연주하기에 최적화된 악기입니다. 그렇다면 고음과 저음의 사이에 있는 중음은

어떤 악기가 연주할까요? 바로 이 중음을 연주하기에 최적화된 현악기가 비올라입니다. 이처럼 악기들은 각각의 존재 이유가 뚜렷하기 때문에 악기 하나하나의 개성을 잘 살려 연주하되 그 소리들이 조화를 이루어야 합니다.

넷째, 최고의 마에스트로가 지휘해야 합니다.

최고의 실력을 가진 연주자들이 모인 오케스트라를 통해 섬세하고 빈틈없는 완벽한 음악을 만들어내기 위해서는 그들보다 더 뛰어난 음감과 음악적 역량을 갖춘 지휘자가 지휘해야 합니다. 지휘자는 단순히 무대에 서서 손으로 박자를 저어주는 사람이 아닙니다. 지휘자의 상상력과 음악적 감수성이 오케스트라의 연주를 통해 온전히 발휘되기 때문에 오케스트라를 이끄는 지휘자의 역량은 오케스트라 전체가 가지는 무게감만큼이나 무겁고 중요합니다.

지금까지 제가 제시한 네 가지의 조건을 여러분의 회사에 대입해 보겠습니다. 여러분의 회사에서 근무하는 모든 구성원 한 사람 한 사람을 각자의 분야에서 최고의 실력과 열정을 가진 사람들로 구성해서, 그들이 한마음으로 일심동체가 되어 회사의 목적에 정확하게 부합하는 활동을 하되, 더불어 각자가 가진 특성과 개성을 잘 발휘하여 일하고, 여러분이 최고의 마에스트로처럼 리더십과 역량을 발휘하여 회사를 이끌어간다면 여러분의 회사는 비엔나 필하모닉 오케스트라, 베를린 필하모닉 오케스트라와 같은 세계 최고의 오케스트라와 같은 부가가치를 갖는 회사가 될 수 있습니다.

그런 의미에서 피터 드러커는 "미래의 기업은 심포니오케스트라와 같은 조직을 닮아갈 것이다."라고 한 것입니다. 오케스트라의 소통이 여러분의 기업경영에 좋은 모델이 되기를 바랍니다.

신은경

> **"** 입으로 말하기 전
> 마음가짐을 바꿔보세요 **"**

👤 강의 분야 | 스피치, 리더십, 은퇴 후 골든라이프
✉ winsek123@gmail.com 🏠 blog.naver.com/winsekwinsek
f winsek ⓒ eunkyungshin123

진명여고와 성신여대 영어교육과를 졸업한 뒤, 한국외국어대 통역대학원(석사)과 영국 웨일즈 대학 언론대학원(언론학 석사, 박사)에서 공부했다.

1981년 KBS 8기 아나운서로 선발되어 방송활동을 시작, 3개월 연수 후 곧바로 KBS 9시 뉴스 앵커로 발탁되어 12년 동안 뉴스를 진행했다. 유네스코 세계기록유산으로 선정된 KBS 특집 생방송 '이산가족을 찾습니다'를 진행한 공로로 대통령 표창을 받았으며, 88서울올림픽 메인 앵커와 CTS기독교TV '7000 미라클' 앵커로 활약했다.

한세대학교 미디어영상학부 교수와 국민대학교 정치대학원 겸임교수, 한국청소년활동진흥원(KYWA) 이사장을 역임했으며, 현재 차의과학대학교 의료홍보미디어학과 교수로 재직하고 있다.

'지혜롭고 올바른 말하기를 연구하여, 강연과 집필과 방송을 통해 이 땅의 청소년, 청년, 여성, 직장인 등 많은 사람에게 전달함으로써 그들의 삶을 변화시키고 싶다'는 자신의 '인생 사명 선언'을 실천하기 위해 노력하며, 나날이 계속 성장하는 삶을 일궈나가고 있다.

저서로 『내 나이가 나를 안아주었습니다』 『9시 뉴스를 기다리며』 『홀리 스피치』 『신은경의 차차차』 등이 있다.

차의과학대학교 교수
신은경

스피치, 2%만 바꿔도 리더의 영향력이 달라진다

스피치는 대단한 것이 아닙니다. 누구나 말을 할 수 있기 때문이죠. 리더의 스피치는 2%만 달라져도 그 영향력이 달라집니다. 그러나 스피치 훈련은 하루아침에 되는 것이 아닙니다. 반복적인 코칭과 연습이 필요합니다. 더 중요한 것은 입으로 말하기 전 마음가짐을 바꾸는 것입니다.

제 이야기를 들으시면서 '나에게 성공이란 과연 무엇인가? 도전은 무엇인가? 나는 누구인가? 나의 삶의 목적은 무엇인가? 무엇을 위하여 어떻게 살아야 할 것인가?' 등의 문제도 생각해 보시기 바랍니다.

우리의 직업에 대해 생각해 보도록 하지요. 직업이라는 단어는 세 가지로 표현할 수 있습니다. 바로 잡job, 커리어career, 콜링calling입니다.

예를 한번 들어볼게요. 여기 청소 일을 하는 두 사람이 있습니다. 한 사람은 미국 항공우주국NASA의 청소부이고, 또 한 사람은 한 병원에서 청소 일을 하고 있는 사람입니다.

나사에서 청소를 하시는 분은 자신이 나사에서 일을 하고 있다는 게 너무 자랑스러워 친구들에게 자랑합니다. "내가 사람을 우주에 보내는 일을 하고 있다고!" 친구들은 그를 놀렸습니다. "야, 네가 우주에 사람을 보내냐?" 그러나 그는 아랑곳하지 않고 그곳에서 일하고 있는 자신을 무척 자랑스럽게 여겼습니다.

또 한 사람은 각 병실에서 나온 쓰레기를 큰 쓰레기통에 옮기는 일을 하고 있는 사람이었습니다. 한 병실에서 병상에 누워 움직일 수 없는 환자가 이렇게 부탁했습니다. "저기 쓰레기통 옆에 떨어져 있는 휴지 좀 주워서 같이 버려주시겠어요?" 그러자 이 청소부는 벌컥 화를 했습니다. "내가 쓰레기나 줍는 사람인 줄 아세요? 저는 그냥 이 쓰레기통을 비우는 일을 하는 사람이라니까요!"

여러분은 어떤 생각으로 자신의 일을 하고 있습니까? 한 푼이라도 더 받으려고 하는 잡job으로 일하십니까, 아니면 자신의 커리어를 위해서 그냥 어쩔 수 없이 지나가는 한 단계로 지금 일을 하고 계십니까? 아니면 부르심에 대한 사명감을 가지고 일하고 계십니까?

이제 리더의 영향력을 달라지게 만드는 2%의 솔루션을 제공해 드리도록 하겠습니다. 첫 번째는 말하기입니다.

어떻게 하면 설득력 있는 말하기를 할 수 있을까요? 첫째, 남의 말을 잘 듣는 경청인데요, 저는 여기에 힘 력力 자를 붙여 '경청력'이라고 말하고 싶습니다. 그냥 남의 말을 듣는 데 능력까지 필요한가 생각하실 겁니다. 네, 필요합니다. 상대의 말을 잘 듣는 것은 능력이고, 아주 뛰어난 역량이라는 거죠. 과연 나는 잘 듣는 사람일까요?

그럼 사람의 말은 무엇으로 들을까요? 듣기의 스펙트럼을 보면 그 시작 단계는 귀로 듣지만, 마지막 단계는 마음으로 듣는 것입니다. 마음으로 들어야만 상대방의 마음을 이해하고 메시지를 읽고 서로 소통하고 공감할 수 있기 때문입니다.

저는 여기서 귀와 마음 사이에 더 중요한 것들을 오늘 강조하고자 합니다. 그것은 바로 눈빛으로, 얼굴로, 몸 전체로 들어야 한다는 것입니다. 보통 우리가 남의 말을 들을 때 지금 내가 하고 있는 일이 바쁘면 귓등으로, 어깨 너머로, 뒤통수로 듣는 경우가 있습니다. 이것은 올바른 듣기가 아닙니다. 우리의 커뮤니케이션 가운데 말하는 것이 차지하는 비중은 7%밖에 안 됩니다. 그 나머지는 몸으로 표현하는 제스처와, '유사 언어'라고 하는 말의 높낮이나 강세 등이 커다란 영향을 미치는 거죠.

눈을 감고 열심히 들을 수 있습니다. 고개를 숙이고도 들을 수는 있습니다. 그러나 이것은 좋은 듣기의 태도가 아닙니다. 반드시 눈빛으로 아이컨택트 하시고, 얼굴 전체로, 온몸을 그 사람에게 향해서 들어주는 것이 정말 올바른 듣기 태도이며 경청력을 발휘하는 것입니다.

둘째, 기왕이면 듣기 좋은 말을

하는 것이 좋습니다. 남에게 상처를 주는 말은 안 하는 게 좋겠지요. 나이가 들어갈수록 키도 좀 작아지고 등도 구부정해지고 머리숱도 듬성듬성해집니다. 오랜만에 만난 친구에게 "왜 키가 작아졌어?" "머리칼이 많이 빠졌네" 이런 말 꼭 할 필요는 없지 않을까요? 당사자도 잘 알고 있기 때문이죠. 기왕이면 듣기 좋은 말 좀 찾아서 해보면 얼마나 좋을까요?

셋째, 우리가 입으로 말할 수 있는 격려의 말은 바로 칭찬입니다. 잘한 일에 대해서는 "잘했어요", 그리고 별로 잘한 게 없다 싶으면 엄지손을 올리고 "훌륭해요"라고 칭찬해 주는 것입니다. 어린아이일수록 칭찬에 아주 민감하게 반응한다고 합니다. 엄지손을 올리고 "훌륭해요"라고 하는 것은 아주 좋은 적극적 칭찬입니다.

넷째, 격려의 말은 감사의 말, '고마워요'입니다. 우리나라 청소년들의 행복 지수가 OECD 국가 중에서 가장 낮습니다. 그리고 학교에서는 언어폭력이 심하고요. 그래서 저는 제가 한국청소년활동진흥원에서 일하고 있을 때 '청소년 행복캠페인 고마워요'라는 운동을 펼친 적이 있습니다. 우리 생활에서 나쁜 말, 욕이나 비난, 비판하고 불평불만하는 말을 없애고 감사하는 말을 많이 한다면 청소년들이 행복해질 것이라는 확신을 가지고 감사운동을 펼쳤습니다. 학교와 단체, 기업이 함께 참여하여 좋은 성과를 올렸습니다.

다음은 '내 인생의 말 한마디'입니다. 고등학교 때 국어 시간이었습니다. 선생님께서 저를 앞으로 불러내서 책을 읽게 하셨어요. 교과서를 읽는 저를 지켜보시고 선생님은 친구들에게 말씀하셨습니다. "여러분, 어때요? 참 듣기 좋지요?" 하며 칭찬해 주셨고 저는 그다음 날로 제가 다니는 진명여고의 공식 아나운서가 되었답니다. 그날 선생님의 칭찬이 오늘날 방송인이 된 저

여러분의 인생에도 오늘의 나를 있게 한

부모님이나 선생님의 말 한마디가 있었을 겁니다.

를 있게 한 한마디였어요.

여러분의 인생에도 오늘의 나를 있게 한 부모님이나 선생님의 말 한마디가 있었을 겁니다. 이제 리더로 살고 있는 여러분은 그런 한마디를 해주는 자리에 계십니다. 내 인생의 말 한마디를 나의 팀원에게 해줄 수 있는 리더가 되시기 바랍니다

'미리 불러주기' 또한 아주 놀라운 말하기 비법인데요. 자녀나 동료가 앞으로 무엇이 되고 싶어 하면 미리 그렇게 불러주는 것입니다. 될 때까지 기다리지 말고 지금부터 불러주는 것입니다. 제가 청소년활동진흥원 이사장으로 있을 때 박사 과정을 시작한 직원이 있었습니다. 저는 그날부터 그 직원을 볼 때마다 "김 박사"라고 부르기 시작했죠. 그분은 몸 둘 바를 모르고 아주 부끄러워했어요. "이사장님, 아직 아닙니다. 아직 박사 아닙니다."

어느 날 똑똑 제 방 문을 두드리는 사람이 있었습니다. 꽃 한 송이를 들고 완성된 박사논문을 들고 진짜 김 박사가 들어온 거예요. "이사장님 덕분에 제가 박사학위 마쳤습니다. 이제 진짜 김 박사 됐습니다." 얼마나 감동스러웠는지 모릅니다.

이제 리더의 영향력을 높이는 몇 가지 삶의 팁을 알려드리도록 하죠. 첫째, 쓰면 이루어진다는 것입니다. 헨리에트 앤 클라우저 박사가 쓴 『종이 위의 기적, 쓰면 이루어진다』라는 책에 나오는 개념입니다. 나의 간절한 소망

을 써보는 것입니다. 이것은 현재형으로 쓰고요, 반드시 쓴 날짜를 기록합니다. 그리고 이것이 이루어지면 나중에 빨간 글씨로 이루어진 날짜를 씁니다. 생각나는 대로 몇 개든 쓰고 계속 업데이트를 합니다. 하루에 한 번씩 읽습니다.

덤앤더머, 배트맨 같은 영화에 나왔던 유명 배우 짐 캐리는 오래전에 삼류 배우일 때, 좌절하며 할리우드 언덕에 올라가서 생각에 잠겼습니다. 연기는 너무 사랑하는데, 이렇게 알려지지 않으니 일을 그만둬야 하나 생각했습니다. 그러다가 자신의 수표책을 꺼내서 썼습니다. '출연료 지불액 천만 달러, 받는 사람 짐 캐리'라고요. 그리고 그 수표를 지갑에 곱게 접어 넣습니다. 오 년 후에 정말 그때 쓴 돈 액수보다 더 많은 1700만 달러를 버는 그런

배우가 됐다 하는 이야깁니다.

이제 끝으로 '인생 사명 선언서 작성하기'를 말씀드리겠습니다. 제가 50세 정도 되었을 때, 저의 인생이 바닥을 쳤습니다. 앞으로 무엇을 하며 살아갈 것인가, 아무 희망이 보이지 않던 때였습니다. 그때 '하프타임'이라는 개념을 만났습니다.

우리 인생은 축구 경기 같아서 전반과 후반이 있는데, 전반에 성적이 어쨌든 간에 모든 사람은 후반전 인생이 승리하기를 원합니다. 그러기 위해서는 중간 쉬는 시간에 물도 마시고 전략도 짜야 합니다. 그리고 질문합니다. '첫째, 나는 누구인가? 둘째, 그렇다면 후반전 인생은 무엇을 하며 살 것인가?' 그런 질문을 하고 나온 결론을 가지고 나의 인생 사명 선언서를 작성하는 것입니다. 저는 '말하기의 중요성을 공부해서 강연 집필 방송을 통해 이것을 전달하여 사람들의 삶을 변화시키는 일을 하고 싶다' 하는 저의 사명을 작성하게 되었습니다. 놀랍게도 오늘날까지 '말하기의 중요성'은 저의 모든 강연과 책, 방송의 주요 메시지가 되었습니다.

리더란 책임감을 가지고 구성원의 미래를 함께 개척해 나가야 하는 사람입니다. 마음에서부터 우러나오는 진심의 말로 설득력을 키워보시기 바랍니다.

승리하세요. 응원합니다!

이보규

👤 강의 분야 | 행복디자인, 청렴교육, 인생 1234모작 디자인
✉ qhrb42@hanmail.net   🏠 bokyoo.kr   ▶ 이보규TV

서울시 9급 공채로 출발, 고위직 서울시 한강사업본부장을 끝으로 정년 퇴임하였다. 재직 중에 새마을훈장 근면장과 홍조근정훈장을 수상했다. 서울시립대에서 행정학 석사학위를 취득했고 서울대 행정대학원 국가정책 과정을 수료했다. 지금은 21세기 사회발전연구소장으로 용인대와 호서대 창업대학원 초빙교수와 동서울대 외래교수를 역임했다.

웃기고 울리면서 감동을 주는 스타 명강사로 유명한 억대 강사다. 삼성경제연구소와 한국강사협회가 선정한 한국의 명강사로서 각급 행정기관 및 연수원과 기업체 등에서 실전 강의 중이다.

저서로 『이보규와 행복디자인 21』 『잘나가는 공무원은 어떻게 다른가』 등이 있고 『제4차산업』 등 10여 권의 공저가 있다.

스타 명강사가 밝히는
명강의 비법

강의를 하는 사람이라면 누구나 명강사, 스타 강사를 꿈꿉니다. 가는 곳마다 열광하는 청중이 있고, 강의가 끝나면 함께 사진을 찍자고 매달리며, 앞다투어 명함을 받아 가려고 하고, 사인해 달라고 몰려듭니다. 마치 인기 연예인처럼 군림하게 되지요. 강의 요청이 쇄도하여 강의 일정을 강사의 시간에 맞추어 조정하고, 강사료도 점점 올라갑니다.

그러나 요즈음 코로나19로 인한 비대면 시대를 맞이하여 전문 강사들은 매우 어려운 시기를 겪고 있습니다. 어떻게 해야 명강사가 될 수 있을까요? 강사들이 가장 궁금해하고 바라는 부분입니다. 알기 쉽고 따라 할 수 있는 나름의 방법을 소개하고자 합니다.

먼저 중요한 것은, 강사로서 자기 정체성과 확고한 논리를 정립하는 것입니다. 자신이 가지고 있는 지식이나 정보를 사회에 환원하겠다든가, 아니면 재능이나 강의 스킬이 다른 사람보다 탁월하여 강의를 듣는 개인 또는 사회나 조직의 변화를 이끌 수 있다는 확신 등 구체적 비전과 사명 의식이 있어야 합니다. 단순히 부업이나 돈벌이 수단으로 생각해서는 어렵다는 점을 명심하세요.

저는 시골에서 태어나 신문 배달을 하며 야간고등학교를 다녔습니다. 군복무 시절에는 대북 방송 아나운서로 근무했지요. 제대 후 9급 공무원 공채 시험에 합격하여 서울시 동사무소에서 처음 사회생활을 시작했습니다. 동사무소에 근무하면서 야간대학을 졸업했고, 서울시청 사무관 시절 서울시립대학교 도시과학대학원에서 석사학위를 취득했습니다. 구청과 시청을 오가며 근무하다가 서울시 한강사업본부장을 끝으로 36년의 공직을 정년 퇴임하였습니다. 그 후 대학에 출강하면서 특강 강사 활동을 시작해서 스타 명강사 소리를 들으며 억대 강사의 반열에 오르기도 했고요.

솔직히 말해 명강사의 객관적인 기준은 없습니다. 강의의 기법이나 내용은 대상과 목적에 따라 각양각색으로 다양하니까요. 그러나 실제 청중이 강의를 듣고 흥미를 느끼고 감동하여 앞으로의 삶에 유익한 지침으로 삼을 수 있어야 합니다. 그리고 한 번 듣고 나서 다시 듣고 싶어 하고, 다른 사람에게 적극적으로 추천해 주고 싶은 강사가 되어야 합니다.

강의할 때 유의해야 하는 몇 가지 사례를 제시하니 여러분 스스로 판단하고 평가하여 활용하면 좋을 것입니다. 이 글을 읽는 모든 강사에게도 다소나마 도움이 되기를 바랍니다. 또한, 좋은 명강의를 듣고 싶어 하는 여러 직장과 단체의 수강생에게는 강사를 선별하는 기준이 될 수도 있을 것입니다.

강사의 기본 소양은 건전한 사고와 지적 자신감입니다. 강사는 청자에게 유익한 전문 지식과 최신 정보를 전할 수 있는 능력을 지녀야 합니다. 지식은 보편성이 있어야 하고, 자유민주주의와 시장경제에 기반한 합리적인 사고를 갖추어야 하고요. 집단의 미래를 예측하고 여기에 발전적으로 대처할 수 있는 능력이 있다면 금상첨화일 것입니다.

아인슈타인은 "다른 사람에게 설명할 수 없다면 아는 것이 아니다."라고 말했지요. 강사는 일반 상식보다는 전문 지식을 가져야 합니다.

강사의 음성이나 언어 구사, 몸짓과 행동은 어느 정도의 세련미를 유지하면 좋습니다. 지적 수준이나 전문 지식은 하루아침에 얻을 수 있는 것이 아니기 때문에 평소에 꾸준히 공부하고 노력해야 합니다.

지금부터 하나하나 명강사의 실전 전략을 살펴보고자 합니다.

첫째, 강의는 언제나 첫 5분이 매우 중요합니다. 처음에 명랑한 분위기를 만들어 시선을 집중시키세요. 또한, 적당한 유머를 던져서 웃으며 긴장을 풀고 편안한 분위기를 연출해 보세요. 이것은 강의실 분위기가 어수선하거나 집중이 되지 않을 때 사용하는 여러 가지 강의 기법의 하나입니다. 처음부터 청중을 집중케 하여 리드하지 못하면 끝까지 청중에게 압도되어 성공적인 강의를 하기 어렵습니다.

둘째, 강의 소재는 주제와 동떨어진 이야기가 아니라 누구나 공감할 수 있는 내용이어야 합니다. 강의에서 처음 멘트로 감동을 주려면 평범하고 자연스러운 이야기로 풀어가야 해요. 자신이 가지고 있는 새로운 이야기를 가슴에서 토해 내야 합니다. 그것은 예화로서 진실을 바탕에 두고 공통분모를 지닌 검증된 사실에 근거해야 하고요. 어려운 고난의 역사와 고생한 이야기나 이미 정평이 있는 감동 시를 암송하는 등 모두가 공감할 수 있어야 합니다.

셋째, 강의 중 예화의 내용은 다른 사람의 이야기보다는 자신의 이야기인 것이 좋습니다. 예를 들면 부모나 아내, 자녀의 이야기로 시작하는 것이 자연스럽고 중요합니다. 직접 체험한 내용이나 진실된 자기 이야기는 청중에게 믿음을 주게 되니까요. 그런 이야기여야 신선하고 청중의 흥미를 유발할 수 있습니다.

넷째, 메시지는 전문 지식을 가지고 가치창조에 부합해야 합니다. 예를 들어 해야 할 일과 해서는 안 될 일을 제시하는 것이지요. 공직자를 대상으로 한 강의라면 국민을 위한 질 높은 봉사와 창의적 사고가 국익 증진에 도움이 된다는 점을 강조합니다. 기업체 강의일 경우 기업의 존재 목표가 이익 창출이라는 점과 매출 신장의 중요성을 강조합니다. 강의는 언제나 주관하는 주체의 니즈needs를 알고 거기에 포커스를 맞추어 전개해야 하는 것이 기본입니다.

다섯째, 강의를 기획하고 주최한 의도를 먼저 파악해야 합니다. 예를 들면 기업체 강의는 기업의 생산성 향상에 도움을 주어야 하고, 단체는 협조와 단합에 도움을 주어야 합니다. 사회단체나 관변 봉사단체는 공익을 우선시 해야 하므로 다른 사람의 기쁨을 나의 기쁨으로 생각하는 것이 봉사자의 올바른 자세임을 일깨워 주어야 하겠지요.

강사의 기본 소양은 건전한 사고와 지적 자신감입니다.
강사는 청자에게 유익한 전문 지식과 최신 정보를 전할 수 있는
능력을 지녀야 합니다.

여섯째, 강의는 주제와 내용을 PPT나 동영상에 담아서 하는 것이 효과적입니다. 강의하고자 하는 메시지를 PPT에 담아야 하는 것은 불가피한 현실입니다. 그러나 모든 강의 내용을 그것에 의존하거나 많은 내용을 편의점 진열대처럼 보이게 해서는 안 되겠지요. 내용을 전적으로 PPT에만 의존해서 전개한다면 감정이입을 통해 감동적인 메시지를 전달하기 어렵습니다.

일곱째, 청중에게 호감을 주기 위해서는 자기희생이 효과적입니다. 예를 들면 청중에게 서비스 차원에서 웃어주거나 아니면 슬픈 내용을 말하며 눈물을 흘리며 연출하면 감동이 따릅니다. 품격 있는 제스처로 생동감을 주어야 합니다. 강의 내용과 일치시키기 위해 스스로 넘어지거나 때로는 울부짖거나 큰소리로 호통을 치거나 하는 모습을 연출하는 것은 바로 자신의 치부를 드러내는 자기희생이라고 할 수 있습니다.

여덟째, 청중을 귀찮게 하거나 비하하면 안 됩니다. 강의는 형식상 불가피한 면이 있더라도 청중을 일어나도록 강요하거나 신체 접촉을 유도하는 행위는 고도의 테크닉이 필요해요. 또한, 특정 정당이나 특정 지역이나 집단을 들추어서는 안 됩니다. 소신 있게 말하되 특히 상하 조직이 모두 듣는 강의에서 윗사람이 듣기가 거북하거나 부하가 인격적으로 무시당하고 있다는 인식을 주지 않도록 유의해야 합니다.

아홉째, 스토리텔링을 활용하려면 적합한 시나리오가 있어야 합니다. 시작할 때 오프닝 멘트부터 마지막 인사말을 할 때까지 기승전결의 의도를 반영하세요. 말 한마디와 유머 하나에도 의미를 부여하고, 전체 흐름에 없어서는 안 될 소재와 내용으로 구성하는 것입니다. 강사는 처음부터 끝날 때까지 이를 연출해야 하지요. 그리하여 전체를 물 흐르듯이 이끌어 지루하지 않도록 배려해야 하고요. 주의할 점은 스토리를 과장하거나 흥미를 유도하려고 허위 사실을 진실인 양 포장해서는 안 된다는 것입니다.

열 번째, 강사는 청중이 이미 다 알고 있는 사실을 장황하게 설명해서는 안 됩니다. 마치 지나간 신문의 뉴스를 새 소식인 양 떠벌이게 되면 강사의 품격이 낮아지겠지요. 일부가 인식하고 있다면 양해를 얻어서 말해야 합니

다. 그리고 간혹 다른 강사의 강의 내용을 복제해서 강의하는 강사가 있는데, 그러지 않도록 각별히 유의해야 합니다.

끝으로 아무리 명강사라고 해도 모든 계층에게 통하는 것은 아니라는 점을 기억하시기 바랍니다. 제일 중요한 것은 쉬운 말로 누구라도 알아들을 수 있는 내용으로 구성하는 것입니다. 또 모르는 것을 아는 체하지 말고 겸손하게 자세를 낮추고 교만하지 말아야 합니다. 강의는 재미가 있어야 하고, 좋은 음식에 영양가가 있어야 하듯이 유익한 내용이 포함되어야 합니다. 적어도 명강사라면 청중에게 감동을 주어 스스로 실천하게 하고 청중에게 잠재되어 있는 성공의 열쇠를 꺼내 쓸 수 있도록 동기부여를 하여야 합니다.

강사가 유념해야 할 중요한 점은, 연극이나 영화의 주인공처럼 다른 사람의 원고를 암기해서 읽거나 중계방송처럼 상황 설명으로 끝나지 않도록 해야 한다는 것입니다. 자신의 창작 시나리오를 가지고 독창적이고 창의성이 있는 강의가 되도록 노력해야 명실공히 스타 명강사가 될 수 있습니다.

그리하여 명강사는 강사로서의 사명감을 항상 염두에 두고 국가와 지역 사회의 발전을 위해 헌신해야 하고, 궁극적으로는 국민의 행복을 증진시키는 데 역점을 두어야 합니다.

이영하

> **"** 소통을 뛰어넘는
> 대통의 능력이 필요합니다 **"**

👤 강의 분야 | 인간관계와 소통의 미학, 소통 리더십, 인생설계,
　　　　　　　동기부여와 성공방정식, 한국의 발전 전략과 통일 전망
✉ airyhlee@daum.net　🏠 www.arokaf.co.kr

전투기 조종사로 34년간 대한민국의 하늘을 지킨 후 공군참모차장을 역임하고 공군중장으로 예편하였다.

전역 후에는 레바논 특명전권대사, 중앙공무원교육원 객원교수, 백범김구재단 이사, 사회공헌다사랑월드 이사장, 대한민국재향군인회 공군부회장, 공군발전협회 항공우주력연구원 원장등을 역임하였거나 계속 직책을 수행하고 있다. 현역시절부터 톱니바퀴 리더십을 주창하면서 각 조직의 알찬 혁신과 주인정신, 열정을 강조하며 동기부여를 앞세운 실천적 리더십을 발휘하여 조직의 성과를 성공적으로 달성하는 데 크게 기여하여 왔다.

레바논 대사 임무를 마치고 귀국 후 대학 초빙교수 및 동기부여 특강, 군인 등 공직자 리더십 특강등을 실시하여 우리사회에 선한 영향력을 전파할 수 있도록 진력하여 왔다.

공군사관학교 항공공학과를 졸업하고 연세대학교 행정대학원을 졸업하였다. 1988년 제24회 서울올림픽 당시에 '공군 축하비행과 공중오륜기 시현임무'를 맡아 성공적으로 수행한 공로로 보국훈장 삼일장을 수훈하였다. 한국강사협회 '최고명강사'로 위촉되기도 하였으며, 2010년 계간문예춘추 신인문학상 수상, 2014년 세계시인대회에서 고려문학상 본상 수상을 하였다.

저서로 『사령관의 영상편지』 등이 있다.

불통의 시대,
어떻게 소통할 것인가

저는 2,300시간의 전투 비행 기록을 가지고 있습니다. 4일이 모자란 100일을 하늘에서 보냈으며, 34년 동안을 하늘과 더불어 살아왔으니, 하늘은 저희 전투 조종사들의 일터요 싸움터입니다. 에이스가 되기 위한 꿈을 펼치는 무한한 공간이기도 하고, 소통의 리더십을 배우는 소중한 교육 장소이기도 합니다.

이제 전투 조종사들이 어떤 하늘에서 어떤 비행을 하고 있는지를 파악하 는 데 도움이 되는 동영상▪하나 보여드리겠습니다.

(동영상 시청 후)

재미있게 보셨습니까? 감사합니다. 여러분은 재미있게 보셨겠지만, 조종사들은 목숨을 걸고 곡예를 하는 일입니다.

목숨을 살리고 싶다면 꼭 해야 하는 것이 있습니다. 무엇일까요? 그것은 바로 소통입니다. 소통을 제대로 못하면 바로 죽음입니다. 그래서 전투 조종사들은 소통을 대단히 중요하게 생각합니다. 이 땅에서의 소통이 아닌 푸른 창공에서의 소통입니다. 그러나 '푸른 창공에서의 소통'은 쉽지 않습니다.

우선 전투기 비행 소리와 무선 교신음 혼신… 그보다 나의 목숨도 목숨이지만 편대원들의 목숨도 지켜야 하는 부담감 때문입니다. 그래서 저는 하늘에서는 소통이 아니라 대통('대범한 소통'의 약자로 필자가 만든 신조어)이 필요하다고 생각합니다.

요즘 우리 사회에서 발견되는 갈등의 원인은 대부분 소통이 제대로 되지 않기 때문이라 해도 과언이 아닙니다. 우리 사회를 뜨겁게 달구고 있는 화두 가운데 하나가 소통입니다.

우리가 매일 먹는 밥이나 공기가 없으면 우리는 살 수가 없습니다. 밥이나 공기 이상으로 우리에게 절실하게 필요한 것이 소통입니다. 성공적인 리더가 되기 위해서는 소통 능력이 가장 중요하다고 생각합니다. 그래서 오늘 여러분들께 소통을 이야기하려 합니다.

지금부터 이처럼 어려운 소통을 잘하여 맡겨진 임무를 성공적으로 완수한 실례를 들어보고자 합니다.

강의 시작 시점에서 보여드린 동영상 '블랙이글스, 세계를 제패하라'는 대단히 무거운 명령에 따라 대한민국 공군 에어쇼팀 블랙이글스가 대통한 일입니다. 블랙이글스는 임무 중 최고속도가 시속 1,020킬로까지 올라갑니다. 고속버스의 10배 속도지요. 눈을 깜박하면 휴전선(?)입니다. 기동하면서 편대장과 편대원 간에 끊임없이 소통해야 합니다. 어떻게 해야 할까요?

전투 조종사들은 소통을 대단히 중요하게 생각합니다.
창공에서 소통을 제대로 못하면 바로 죽음입니다.

　손짓으로? 볼 틈도 없습니다. 무선 교신으로 하지요. 기동 중 대형 유지
는 1.5미터 간격입니다. 초긴장이지요! 눈 깜박할 사이에 부딪혀서 영원히
천국 백성이 될 수 있는 일입니다.(웃음) 동영상의 8대의 전투기는 모두 목
숨을 건 소통을 했다고 보시면 됩니다. 참으로 놀라운 소통이지요!

　우리 공군 에어쇼팀은 세계적으로 가장 소통을 잘하는 팀으로 보시면 정
확합니다. 블랙이글스 에어쇼팀이 공군 창군 65년 만에 최초로 국제에어쇼
대회에 참가하였는데, 2012년 6월 30일부터 7월 15일까지 영국 와딩턴 국제
에어쇼, 리아트 에어쇼, 판보로 에어쇼 등에 국산 초음속전투기로 참가하여
세계가 놀라는 소통으로 25개 참가국 공군 가운데 최우수상과 인기상 등 받
을 수 있는 모든 상을 석권함으로써 국력을 과시하고 공군을 대내외적으로
홍보하여 국산 전투기 수출 증진에도 크게 기여하였습니다. 이러한 일은 목
숨을 건 조종사들의 연습과 훌륭한 소통의 결과가 아닌가 싶습니다.

소통은 연습입니다

　우리 모두 "소통은 연습이다"를 몸소 실천한 그분들을 위해 박수를 보내
드립시다! (짝짝짝)

　감사합니다. 저는 공군 조종사 생활을 하면서 하늘에서 지상을 내려다보며
손바닥 같은 세상에서 왜 아옹다옹하며 소통이 힘들까를 생각해 보았습니다.

조종사답게 대통을 해야겠다는 생각에 대통하는 일이 뭘까를 생각하다가 대통하는 직업이 명강사라는 것을 깨달았습니다. 아닌가요? (맞아요!) 감사합니다.

그래서 대통하는 길을 찾다가 이화여대 최고 명강사 심화 과정에 입학하였습니다. 주위에서는 대사가 국가기관 자문이나 하지 뭘 그런 과정에 참가하느냐고 비아냥거리는 사람도 있었지만, 대통하는 사람들은 배우는 길이라면 자세를 낮추고 마음의 문을 열어야 한다고 생각합니다.

제가 시니어 아마추어 극단인 '날 좀 보소'의 단원이 된 것도 새로운 것을 배우는 일에는 계급장이 필요 없다는 생각, 바로 대통을 위해서였습니다. '날 좀 보소'의 야심작 「세상에서 가장 아름다운 이별」은 출연 배우들과 관객들의 소통을 통해서 눈물샘을 자극하면서 성공리에 막을 내렸습니다.

저도 이 연극을 통해 다른 사람과 소통을 넘어 대통하는 방법을 알았습니다. 전투 조종사가 잘하는 것은 남을 배려하기 위해 목숨을 거는 일입니다. 근덕이 역을 창의적으로 연기하여 관객들의 눈물샘을 자극하면서 연극배우로 빨리 적응할 수 있었던 것도 다른 배우를 배려하는 일, 바로 대통의 결과가 아닌가 싶습니다.

소통은 경청입니다

우리의 입은 하나입니다. 하지만 귀는 두 개입니다. 조물주가 우리 인간에게 바라는 것은 '듣는 것을 말하기보다 두 배 하라'는 뜻이 아닐까요? 그런데 우리는 듣기보다 말하기를 두 배 이상 하려고 하니 소통이 어려운 것입니다.

전투기는 언제나 자기가 하고 싶은 이야기를 빨간 경고등이나 계기를 통해서 적시에 알려줍니다. 조종사들은 조종석에서 경고등과 비행계기들과 소통을 잘해야 사고를 방지할 수 있습니다. 그리고 조종사들은 다차원의 소통을 잘해야 합니다.

자기가 탑승하고 있는 비행기와도 끊임없이 소통하여야 하고, 통제실과도 소통을 잘해야 하며, 동료들, 특히 부하들과의 소통도 중요합니다. 조종사들은 자기가 타는 비행기를 애기愛機라고 부릅니다. 애기에 탑승하기 전에 무언의 대화를 나누기도 하고, 조종 장갑으로 애기를 다정하게 쓰다듬어 주기도 합니다.

특히 동료들, 부하들과의 소통은 안전한 비행과 훌륭한 전투 조종사가 되기 위한 필요충분조건입니다.

미국의 토크쇼의 여왕 오프라 윈프리는 소통의 대가, 소통의 달인으로 불립니다. 그녀는 1시간짜리 토크쇼에서 10분 정도만 말한다고 합니다. (말을 잘하는 것보다 잘 듣는 것이 중요하다는 사실을 터득했기 때문이겠지요) 그래서 리더는 그 누구보다도 소통을 잘해야 하며, 훌륭한 리더는 따뜻하고 공감적 경청을 할 수 있어야 합니다.

소통은 대통입니다

여러분! 88년 서울올림픽을 기억하십니까? 우리나라가 세계에 우뚝 서게 된 디딤돌 역할을 했던 국가적 행사였지요? 1981년 독일의 바덴바덴이라는 소도시에서 서울올림픽이 결정되었을 때, 우리나라는 비로소 세계인들의 주목을 받기 시작했습니다.

1988년 9월 15일, 개막식 이틀 전날, 서울올림픽 박세직 조직위원장의 주관 하에 전 준비 과정 참여 요원들의 합동 회의가 올림픽 주경기장 회의장에서 열렸습니다.

당시 저는 중령으로서 서울올림픽 축하 비행과 오륜기 비행 담당관 자격으로 이 회의에 참여하고 있었습니다. 일정에 따라 회의는 잘 진행되었고, 마지막으로 조직위원장이 "여기 모인 여러분들이 서로 소통을 잘하여 국가급 행사의 성공을 보장해야 하므로 사사로운 감정이나 고집을 버려달라"고 당부하면서 최종적으로 잘 협조가 안 되는 분야가 있으면 지금 이야기하라고 하였습니다.

저는 손을 들고 당시 나름대로의 고충을 이야기하며 시정을 건의하였습니다.

제가 맡은 임무는 오륜기 게양 시점에 맞춰 석촌호수 상공 10,000피트(3,300미터)에다 비행기 5대로 오륜기 모양을 그리는 것과 성화가 점화되는 시점에 A-37 항공기 5대가 성화대 바로 위 상공을 지나가면서 오색 연막을 뿌려 올림픽을 축하하는 것이었습니다.

축하 비행은 성화가 막 피어오르는 순간에 성화대 상공에서 오색 연막을 터뜨리며 지나가도록 현장 도착 시간을 초 단위로 조절해야 하는데, 그러려면 올림픽 성화 최종 주자와 함께 협조하여 주경기장 남문으로부터 입장하여

트랙을 한 바퀴 돌아 성화대 도착 시까지 초 단위로 소요 시간을 측정해야 합니다.

그러나 올림픽 개막식 전 10대 기밀에 해당되기 때문에 그 누구도 최종 성화 주자를 알려주지도 않았고, 같이 트랙을 달리는 연습을 할 기회도 마련해 주지 않아서 축하 비행을 제대로 하기가 어렵다고 말씀드렸습니다. 박세직 위원장께서 절대적인 지원을 해주신 결과, 전 세계인들에게 성공적인 축하 비행 모습을 보여줄 수 있었습니다.

대한민국의 모든 분야가 협력하여 종합예술을 만드는 작업인지라 소통과 소통이 이어지고 때로는 소통을 뛰어넘는 더 큰 소통을 이루어내야 임무가 성공되고 세계 속의 한국으로 갈 수 있다는 산 본보기가 되었다고 생각합니다.

올림픽과 월드컵 경기 같은 세계적 행사나 국가급 조직에서는 소통을 뛰어넘는 대통의 능력이 있어야 합니다. 국가지도자급 위치에서는 더욱 이러한 능력이 반드시 필요하다고 생각합니다. 여러분들도 우리 사회를 변화시키는 선한 영향력을 행사하는 지도자라고 생각합니다. 소통을 뛰어넘어서 더 큰 소통을 이루어야 합니다. 소통이 아닌 대통을 해야 합니다.

서울올림픽을 통해서 우리는 세계에서 주목받는 나라가 되었으며, 60여 년 만에 원조를 받던 세계에서 제일 가난한 나라에서 원조를 주는 나라로 변화한 '세계에서 유일한 나라'가 될 수 있었으며, 이는 모든 분야를 아우르는 대통의 리더십이 기초가 되었다고 생각합니다. 피부 색깔과 모든 차원을 뛰어넘어 360도 전 방향 소통이 바로 대통이라 생각합니다.

지금까지 소통은 연습이다, 소통은 경청이다, 소통은 대통이다, 이상 3가지 측면으로 소통이 우리 인생의 성공 방정식의 제1 해법임을 말씀드렸습니다.

소통은 작게는 개인으로부터 기업과 국가에 이르기까지 어디에나 꼭 필요한 명제가 아닐 수 없습니다. 한 사람과 하는 소통보다 위와 옆과 아래와 동시다발적으로 대범하게 통하는 리더십으로 우리 대한민국을 보다 더 화합하고 세계를 선도하는 아름다운 나라로 바꾸어주십시오!

04

사람을 배우다

김태홍

" 본능을 활용하면 높은 이성과
창의력을 만들어낼 수 있습니다 "

👤 강의 분야 | 본능 창의력, 힐링 심리학, 불멸의 인문학, 본능 리더십
✉ taehoong@naver.com   🔖 post.naver.com/taehoong

연세대학교를 졸업하고 26년간 광고대행사에서 일했다. 광고주를 주님이라 부르며 심각한 감정 노동자로 살았으며, '걸어 다니는 사전'이라는 별명을 얻기도 한 독서광.

대한민국 최초로 감정노동연구소를 설립하고 감정노동에 대한 강의를 개발, 여러 기업과 연수원에서 강의를 해왔다. 특히 감정노동 전문가를 양성하기 위해 감정노동관리사라는 민간 자격증 과정을 개설하여 2,000명 가까운 전문가를 배출하였다.

감정노동관리사 교육 과정은 뇌과학과 진화심리학으로 인간의 근원을 밝히고 세상을 이해하는 과정이며 지금은 '본능심리마스터'로 업그레이드 되어 있는데, 저서 『무엇이 나를 미치게 하는가?』가 바로 이 교육 과정의 많은 부분을 공유하고 있다.

현재 본능 심리를 근간으로 다양한 강의를 하고 있으며 '본능대학'을 운영하고 있다.

"평생 많은 교육을 받아봤지만 이 과정만큼 충격적이며 인생이 근본적으로 이해되고 인생에 대한 해답을 명쾌하게 얻은 과정은 없었다."라는 교육 소감이 말해 주듯 기존의 강의 스타일과는 완전히 다른 독창적인 콘텐츠와 깊이 있는 강의로 호평을 얻고 있다.

본능이 경쟁력이다

제가 본능대학을 만들고 쓴 글에 이런 댓글이 달린 것을 본 적이 있습니다. "본능보다 이성이 더 중요한 거 아닌가요? 인간은 이성 때문에 동물과 다른 것 아닌가요?" 당연한 이야기입니다. 그러나 우리는 이성에 대해서만 교육을 받았지, 본능에 대해서는 아는 게 많지 않습니다. 막연하게 인간도 본능이 있다는 정도입니다. 그러나 현대 뇌과학은 분명히 말합니다. 인간의 본능이 침해될 때 이성은 마비된다고!

그러나 저는 한 술 더 떠 이야기합니다. 본능을 활용하면 높은 이성과 창의력을 만들어낼 수 있다! 과연 그런지 이야기를 해보겠습니다.

사업을 크게 하는 제 지인이 멋진 전원주택을 소유하고 있었습니다. 주말이면 그 집에 친구들과 지인들을 불러 모아 파티도 하고, 주택과 정원을 정성스럽게 가꾸었습니다. 그것이 그분의 즐거움이었습니다.

그런데 큰 고민거리가 생겼습니다. 울타리를 사이에 둔 옆집의 나뭇가지 하나가 그분의 마당을 침범한 것입니다. 이상하게도 넘어온 나뭇가지를 볼 때마다 영 마음이 불편하고 화가 났습니다. 그래서 그 나무를 베어버리고 싶다고 부인에게 몇 번 말을 했지만, 부인은 만류하였습니다. "아니, 보기도 좋고 그런데 왜 그래요? 그리고 저 가지를 자르면 옆집과의 관계는 어떻게 해요? 말도 안 되는 소리 하지도 말아요." 등등 하고 말이죠. 그러나 그는 그 나뭇가지를 바라보기만 하면 전원주택에서의 행복은 전부 증발하고 분노와 치미는 화를 주체할 수가 없었습니다. 고민 끝에 그는 부인 몰래 사다리와 전기톱을 구입하고 눈에 거슬리는 그 나뭇가지를 베어버리기로 작정했습니다. 그리고 사다리를 설치하고 전기톱을 들고 올라간 순간 대형 사고가 났습니다. 추락한 것입니다. 손에 전기톱까지 들고 있어서 착지도 제대로 못하고 허리 골절상을 당해 수 년째 휠체어에서 벗어나지 못하고 있습니다.

그는 왜 순간적으로 이성을 잃고 그런 무모한 행동을 감행했을까요? 바로 서두에 말씀드린 '인간은 본능이 침해될 때 이성을 잃어버리기 때문에' 그렇습니다. 인간도 영역 본능이 있습니다. 그러나 그 본능은 이성처럼 의식의 수준에서 발현되는 것이 아니고 무의식의 수준에서 우리의 의식을 끊임없이 조종하고 인간을 이끕니다. 인간은 석기시대부터 나와 내 부족의 영역을 지켜야만 했습니다. 그래야만 번식의 권리를 보장받을 수 있었습니다. 즉, 울타리를 넘어온 옆집의 나뭇가지는 영역을 침범한 것이며, 내가 의식하지 못하는 번식 본능을 침범한 것입니다. 이런 때 우리 뇌는 비상사태에 돌입합니다. 본능의 집결지 변연계가 뇌의 전권을 행사합니다. 이성은 뒤로 숨고 본능이 앞장을 섭니다. 변연계는 평소에 잠잠하다가도 본능이 침해되는 순간 공격 호르몬 코르티솔을 분출시킵니다. 이 코르티솔은 바로 이성을 관장하는 전두엽을 마비시켜 버립니다. 이성이 마비되는 순간 인간의 뇌는 개돼지의 뇌와 크게 다를 바가 없습니다. 그래서 허리를 다친 지인은 자신의 의식과 이성으로 판단한 걸로 착각하지만 사실은 본능이 그를 지배한 것입니다. 그리고 우리는 이렇게 후회를 합니다.

'그때 내가 왜 그런 판단을 내렸지?'

그러나 이런 영역 본능도 잘 활용하면 놀라운 창의성을 발휘할 수도 있습니다.

1950년대 냉전 시대 미국의 가장 큰 공포는 소련의 원자폭탄이었습니다. 우주 개발 전쟁으로 소련과 미국은 서로 경쟁하였고, 소련이 핵무기 공격을 감행해 오면 어떡할지가 미국의 국가적 고민거리였습니다. 그러나 미국 국민들에게 핵무기보다 더 피부에 와닿는 공포는 따로 있었습니다. 바로 소아마비였습니다. 1952년 한 해에만 58,000여 건의 소아마비가 발생하여 3,145명이 사망하고 21,269명이 장애자가 되었습니다. 희생자의 대부분은 어린이였습니다. 제가 어린 시절을 기억해 보면 우리나라도 소아마비를 피해 가지 못해 주변에 항상 소아마비 장애를 얻은 친구들이 있었습니다. 심지어 '철의 대통령'이라 불리는 미국 유일의 4선 대통령 루스벨트도 소아마비를 피해 가지 못해 휠체어를 타고 대통령직을 수행하였습니다. 지금도 그의 동상은 휠체어에 탄 모습으로 되어 있습니다.

루스벨트 사후 미국은 소아마비 국립 재단을 설립합니다. 그리고 엄청난 연구 자금을 조성해 1948년 조너스 소크 박사에게 백신 개발의 책임을 맡깁니다. 그러나 매일 16시간씩, 휴일도 없이, 그것도 세계 최고의 연구진을 데

현대 뇌과학은 분명히 말합니다.
인간의 본능이 침해될 때 이성은 마비된다고!

리고 개발에 몰두했지만 3년이 지나도록 아무런 성과를 거두지 못했습니다. 소크 박사는 너무 지쳤고 이 상황에서 벗어나고 싶었습니다. 그래서 그는 홀로 배낭을 꾸려 홀연히 유럽 여행을 떠납니다. 이탈리아를 여행하던 도중 어느 수도원에 들어가게 되었는데, 커다란 기둥이 늘어서고 천장이 매우 높은 곳이었습니다. 13세기에 세워진 수도원의 높다란 기둥들 사이를 천천히 걸으면서 그는 이 무거운 짐에서 벗어나기를 기도하였습니다. 그때 갑자기 정수리에서부터 등골이 가벼운 전기에 감전된 것같이 오싹해지면서 전율이 일어나더니 갑자기 영감이 떠올랐습니다.

'아! 그때 이런 실험들을 이렇게 저렇게 하면 되겠구나!'

그에게 일순간 사균死菌 백신의 영감이 떠오른 것입니다. 그는 여행을 중단하고 짐을 챙겨서 바로 귀국하여 실험실로 직행합니다. 그리고 마침내 백신 개발에 성공하여 미국을 비롯한 세계의 어린이들을 소아마비의 공포에서 구하게 된 것입니다. 심지어 그는 특허 내는 것을 거부하기도 하였습니다. 그래서 전 세계의 어린이들이 저렴한 가격에 소아마비 예방주사를 맞을 수 있게 된 것입니다.

그런데 그는 어떻게 해서 천장 높은 수도원에서 백신의 영감을 떠올렸을까요? 인간은 스스로 의식하지 못하는 사이에, 즉 무의식의 세계에서 본능이 작동합니다. 그런 본능에는 서열, 영역, 성, 식욕, 관계, 본능 등 여러 가지가 있습니다.

　그런데 소크 박사의 경우에는 영역 본능이 무의식에서 작동한 것입니다. 낯선 곳에 홀로 여행한다는 것은 타인의 영역을 침범한 것입니다. 게다가 높은 천장이 있는 곳을 거닐었다는 것은 안전하지 않은 영역에 들어갔다는 것을 의미합니다. 여러분은 유럽 여행 시에 천장 높은 성당에 들어갔을 때 서늘한 기운을 느낀 적이 없었습니까? 인간은 안전한 영역을 추구합니다. 심지어 식당 같은 곳에서도 벽을 등지고 앉아야 안심이 됩니다. 그것은 바로 석기시대부터 우리의 변연계에 새겨진 영역 본능이 우리를 그렇게 이끈 것입니다. 우리는 그것을 본인의 자유의지로 알고 있지만, 사실은 혹시 있을지 모르는 적의 공격에 대비하려는 무의식의 표출인 것입니다. 소크 박사가 방문한 천장이 높은 수도원 같은 곳이 바로 영역 본능을 자극하는 곳이며, 그것 때문에 약간의 긴장을 느끼게 되는 것입니다. 약간의 긴장은 뇌에서 호르몬 상태가 바뀐 것을 의미하는데, 적당량의 코르티솔 같은 공격 호르몬이 분비되면 우리 몸은 방어와 공격 준비에 들어갑니다. 즉, 뇌가 긴장하는 것입니다. 그리고 이런 공격 호르몬은 뇌의 신경세포(뉴런)들이 시냅스로 활발히 연결시키면서 평소에 연결이 잘 안 되던 뉴런들까지 신호를 주고받기 시작하고, 여기서 융복합의 창발성이 일어납니다.

여러분은 위기 상황에서 급박한 판단을 하기 위해 머리 회전이 엄청나게 빨리 돌아가는 경험을 해본 적이 있으십니까? 이것은 석기시대 때부터 적이 나타났을 때 공격을 해야 할지 도망가야 할지 빠른 판단과 해결책을 찾기 위해 DNA에 새겨진 것입니다. 소크 박사의 소아마비 백신 개발도 석기 시대의 영역 본능으로 성공할 수 있었던 것입니다.

뇌과학자들은 실험을 통해 이를 증명해 냈습니다. 천장의 높이가 다른 두 개의 방이 있습니다. 각 방의 높이는 3m와 2.4m인데, 각각 100명을 모아 놓고 동일한 퍼즐을 풀게 했습니다. 그랬더니 천장이 높은 방에 있는 사람들은 자유롭고 창의적으로 접근한 반면, 천장이 낮은 방에 있는 사람들은 정해진 방식에 따라 퍼즐을 풀려는 경향을 보였습니다.

지금 새로운 아이디어가 안 나와 고민이십니까? 훌쩍 천장 높은 장소를 방문해 보시면 어떨까요? 성당도 좋고 사찰도 좋고 호텔도 좋습니다. 단, 그곳이 낯선 곳이어야 합니다. 그리고 홀로 가보면 더욱 좋습니다. 긴장의 정도가 높아지기 때문이죠. 천장이 높은 곳에 있으면 창의성이 높아진다. 이것이 바로 영역 본능을 자극하는 공간의 힘입니다.

소크연구소를 아십니까? 높은 천장에서 영감을 얻은 조너스 소크 박사는 캘리포니아 샌디에이고의 해안 언덕에 '소크연구소'를 지었습니다. 그런데 이 연구소는 그 당시의 건축 트렌드와는 전혀 다르게 지었습니다. 높은 천장과 큰 창, 뻥 뚫린 중정中庭, 그리고 중정에서 내다보이는 바다 등 모두 영역 본능을 자극받을 수 있도록 지어졌습니다. 그런데 놀랍게도 이 연구소에서 5명의 노벨상 수상자가 배출되었습니다. 이 연구소의 풍광은 '생물학계의 보석'으로 불릴 정도로 각광을 받았는데, 사실은 우리가 의식하지 못하는 영역 본능을 끊임없이 자극하고 있었는지도 모릅니다.

그러면 항상 천장이 높은 곳에서 일하는 것이 좋을까요? 요즘 회사들은 열린 공간을 지향합니다. 첨단 업종일수록 높은 천장은 기본이고 칸막이도, 지정 좌석도 없이 출근하면 로그인한 좌석이 그날 자신의 자리가 되는 사무실이 늘고 있습니다. 특히 재택과 비대면 근무가 늘면서 이런 시도는 더 늘어날 것입니다. 모두가 직원들의 창의성을 높이려는 시도입니다. 그런데 영역 본능이라는 관점에서 보면 이런 사무실은 만성적인 긴장을 가져오게 됩니다. 그것은 코르티솔이라는 공격 호르몬이 지나치게 많이 노출되는 것을 의미하며 지속적으로 공격 상태에 있게 되는 것입니다. 그러면 건강 상태가 나빠지거나 오히려 스트레스가 높아지고 심지어 사무실만 가면 공황장애 같은 증세가 오기도 합니다.

필요 이상으로 개방적인 사무실은 문제를 일으킬 수 있습니다. 집중하고 정리하고 기획하는 업무에는 오히려 낮은 천장과 파티션이 있는 나만의 공간이 확보되는 것이 좋습니다. 나만의 영역이 확보되었을 때 우리의 뇌는 세로토닌 같은 안정적인 호르몬을 내뿜습니다. 세로토닌은 행복 호르몬이기도 하지만 전두엽을 활성화하여 우리를 집중시키고 몰입하게 하며 복잡한 일을 체계적으로 정리하게 합니다.

만약에 여러분이 강사이고 강의 자료는 다 있는데 이것을 풀어낼 아이디어가 없다, 이럴 때는 낯선 곳의 열린 공간에 가서 영역 본능을 자극받는 것이 좋습니다. 그러나 아이디어와 방향은 다 잡혀 있는데 이걸 정리해야 한다, 이럴 땐 아무에게도 방해받지 않는 골방 같은 나만의 공간이 좋습니다. 그래서 기획팀, 재무팀, 총무팀과 같이 기존의 업무를 꼼꼼하고 완벽하게 처리해야 하는 팀이나 안정이 절대 필요한 심리상담실 등은 오히려 어느 정도 폐쇄되어 안정된 사무실이 적합합니다. 그러나 브레인스토밍이 필요한 회의실, 타 부서 직원과 격의 없이 대화할 수 있는 휴게실, 운동시설, 식당 등은 천장이 높고 개방된 공간이 좋습니다. 이상적인 사무실은 개인적인 공간을 보장하는 동시에 공동으로 사용하는 공간은 개방적으로 꾸미는 것이 아닐까요?

이제 다시 서론의 이야기로 마무리를 해야 할 것 같습니다. 인간에게 본능보다 이성이 더 중요할까요? 저는 둘 다 중요하다고 생각합니다. 우리가 본능을 더 잘 알고 이해할 때 우리의 삶이 더욱 행복하고 풍요로워질 것이라고 힘주어 말씀드릴 수 있습니다.

감정노동연구소· 본능대학 대표 김태흥이었습니다.

류지연

👤 강의 분야 | 성격심리, 에니어그램, 셀프리더십, 세일즈, 와인문화
✉ kclc2012@gmail.com 🏠 www.kclc.co.kr
🏠 blog.naver.com/recmy16 📘 kclc2012 ▶ 류교수의 성격이 알고싶다

한국중앙교육센터(KCLC)와 성격자본연구소(PCI)의 대표이며, 국제에니어
그램협회(IEA) 전문가 회원으로 활동하고 있다. 대한민국재향군인회 교육
문화복지사업본부에서 평생교육원 교육담당관을 역임했고, 중앙대학교 대
학원 교육학과 박사과정에서 평생교육과 HRD를 이수하였다.

탁월한 성격진단 도구인 에니어그램을 생활 속에서 쉽게 활용할 수 있도록
다양한 시도와 접근으로 생활문화 및 비즈니스 콘텐츠를 개발하여 보급하고
있다. 특히, 에니어그램 기반 토크쇼인 '화요톡' 시리즈, 리더십 및 세일즈기
법 콘텐츠, 마케팅 툴 개발, 와인과 음악, 미술 등 문화예술 프로그램에 에니
어그램을 접목하여 독보적인 강의 콘텐츠로 자기만의 시그니처를 구축하였
다. KBS2TV, 국회방송, 한국경제TV직업방송, TBN교통방송에 성격전문가
로 출연하였고, 삼성생명, 교보생명, 신한생명 등 기업체 사내 방송에 '에니
어그램 세일즈기법'을 소개하여 호평을 받았다.

저서로 특강 형식의 실용서 『성격이 자본이다』가 있다.

한국중앙교육센터 대표
류지연

성격이 자본이다

제목부터 끌리지 않습니까? 구글의 CIO였던 더글러스 메릴은 빅데이터를 분석해 신용등급이 낮은 고객에게 단기대출을 해주는 스타트업인 '제스트 파이낸스'라는 회사를 설립했습니다. 일반 은행들은 자산과 소득, 부채 등 30개 이내의 변수로 개인의 신용을 평가합니다. 반면 이 회사는 인터넷 체류 시간, SNS 포스팅 내용 등 1만 개 이상의 정보를 수집합니다. 고객이 어떤 제품과 브랜드를 언제 사는지 등 소비성향도 데이터에 포함됩니다. 회사는 이 알고리즘을 통해 신용평가의 정확도를 획기적으로 향상시켰다고 합니다.

이제 개인의 성향이나 취향에 따른 신뢰도나 위험 요소도 분석할 수 있게 된 것입니다. 이러한 사례는 이미 우리 생활과 기업 활동에 깊이 자리 잡았고, 이 글의 제목과 같이 성격이 자본이 되고 있습니다. 이제 모든 물질 자본은 소진되어 가고 있고, 인간의 정신적인 자원이 주목받고 있습니다.

그렇다면 인간의 정신적인 자원은 무엇을 의미할까요? 그것은 인간이 살아가는 삶의 방식, 생각하고 느끼고 행동하는 경향이나 성향, 취향 등에 관한 것들입니다. 한마디로 성격을 말합니다. 저는 성격 연구가이자 교육자로서 변화하는 시대에 무엇을 준비해야 할지 늘 고민해 왔습니다. 그러던 어느 날, 마치 운명과도 같이 한 단어가 떠올랐습니다. 바로 '성격자본'입니다. 아침에 눈을 뜨고 밤에 잠이 들 때까지 매일같이 생각하고 고심하던 단어입니다. 그것은 바로 나의 정체성에 대한 답을 하늘 어딘가에서 허락받은 느낌이었습니다. 성격과 자본은 따로 말하면 다소 진부하지만, 성격자본이라고 말하면 철학적이고 신비스러운 느낌마저 듭니다. 다소 생소하지만 지금 우리 시대에 꼭 필요한 언어입니다. 자, 그럼 성격자본에 대해서 이야기해 볼까요?

성격 자본의 탄생

'성격자본性格資本, Personality Capital'은 미래 경쟁력을 갖추기 위한 저의 선택이고 제언입니다. 요즘 모두들 힘든 시기입니다. 이 시기에 미래 트렌드와 경쟁력은 뭐가 될까? 앞으로는 뭘 해서 먹고살아야 하지? 이런 고민에 대한 하나의 결과물이라고 할까요. 제가 찾은 것은 바로 '성격자본'입니다. 저의 강력한 경험에서 비롯되었고, 제가 직접 성공한 사람들과의 교류를 통해 알게 된 것입니다.

저는 직장 퇴사 후 시작한 첫 사업에서 크게 실패한 경험이 있습니다. 그리고 지금은 재기했다고 볼 수 있죠. 그런데 되돌아보면, 실패와 성공 요인이 있었습니다. 그것은 돈이나 지식, 인력과 같은 눈에 보이는 자본이 아니었어요. 더 중요한 것은 내 안에 있는 성격 요인이라는 것을 알게 된 거죠. 성격은 사람의 행동을 결정하는 동기를 말합니다. 곧 방향이죠. 그런데 잘못된 방향으로 힘을 쓰면 어떻게 되겠어요? 과거의 제가 성격의 틀 안에서 벗어나지 못했다면, 휴우~ 아찔합니다만, 지금의 저는 건강한 방향으로 가고 있다고 보는 것입니다. 세계 최초 '성격자본' 특허청 상표등록, 에니어그램 세일즈 론칭, 성격진단지 개발, 저작권 등록 80여 종 등 성격전문가로서 다양한 성과들을 만들어냈으니깐요.

저는 어릴 때부터 성격이 매우 예민하고 독특했어요. 이런 성격 때문에 학교나 사회생활에서도 적응이 힘들었어요. 마음의 병을 늘 달고 살았다고 할까요? 그런데 성격진단 도구인 에니어그램을 통해 성격을 정확하게 이해하게 되면서 큰 변화가 찾아왔어요. 이를테면, '아, 난 이상한 게 아니고, 그냥 그렇게 예민하게 태어났구나!'라고요. 말하자면, 타고난 본질의 이해죠. 이렇게 인정하기 시작하면서 세상이 다르게 보였어요. 그때부터 '나의 핸디캡이 오히려 소중한 자원이구나! 나는 다른 사람들과 조금 다른 민감성을 타고났구나!'라고 깨닫고는 저의 단점을 넘어서 장점들이 보이기 시작했어요. 내 안에는 그 민감함 때문에 남들이 보지 못하는 섬세함과 창의적인 면이 탁월하다는 것을요. 이것이 내가 타고난 소중한 자원이고 경쟁력이라는 것을 알아차렸습니다. 제가 사업에 실패하고 다시 일어설 수 있었던 것은 바로 에니어그램이 알려준 제 성격의 힘이었어요.

우리 모두는 성공적인 삶, 행복한 삶을 찾기 위해 끊임없이 무언가를 갈구하고 찾습니다. 부를 이루거나, 지위나 권력을 갖거나, 타인에게 베풀 때 성격이 자본이 되고 있습니다.
물질 자본은 소진되어 가고 있고,
인간의 정신적인 자원이 주목받고 있습니다.

성공했고 행복하다고 생각합니다. 그리고 그것을 외부에서 찾기 위해 열심히 쫓아다닙니다. 그러나 저는 우리가 그렇게도 간절하게 찾는 것, 우리에게 성공과 행복을 가져다주는 원천은 바로 내 안에 있는 성격이라는 것을 알게 되었습니다. 이렇게 '성격자본'이 탄생하였습니다.

기업문화와 성격자본

성격분석 도구인 에니어그램으로 기업문화를 설명할 때 많이 인용하는 사례가 있습니다. 바로 현대, 삼성, LG 그룹인데요. 기업 창업주의 어록과 경영 철학을 통해 다음과 같이 구분합니다. 현대는 행동형 장형으로, 불굴의 의지와 도전형 기업 정신입니다. 삼성은 사고형 머리형, 미래를 준비하는 이성형 기업 정신을 말합니다. LG는 감정형 가슴형, 사람을 중시하는 인화형 기업 정신을 상징합니다. 이들 기업의 기업이미지 광고와 홍보 인물 모델들을 살펴보면 그 차이를 확연하게 느낄 수 있는데요. 실제로 많은 홍보 광고들이 장형 기업 현대, 머리형 기업 삼성, 가슴형 기업 LG를 연상하게 합니다.

특별히 얼마 전 세상을 떠난 삼성그룹 이건희 회장의 사례를 들어보겠습니다. 이건희 회장은 전형적인 머리형, 미래를 준비하는 이성형 기업가로 보입니다. 이 회장의 대표 어록은 그 유명한 "마누라, 자식 빼고 다 바꿔라"

입니다. 이 말은 1993년 독일 프랑크푸르트에서 '신경영 선언'을 하면서 모든 조직의 변화를 강조한 내용입니다.

이 선언에 이어 초일류기업으로 가기 위해 그가 제시한 여러 조치들 중, 제조공정 중 한 곳에서 문제가 생기면 전체 라인의 가동을 중지하는 라인스톱제, 3개월 이내에 고객의 클레임이 있을 시 무조건 환불해 주는 품질보증제도 등은 당시로서는 상상을 초월하는 것이었습니다. 그는 고위 임원들의 거센 반대에도 불구하고 이러한 조치를 과감하게 실행해 나갔는데요. 실로 우리나라 기업 역사상 가장 큰 충격적인 사건이었죠.

이건희 회장의 이런 혁신적인 조치에 전 국민이 경악하면서 기대와 함께 걱정스러운 눈으로 삼성의 행보를 주시하였습니다. 그 이유를 살펴보면, 첫째는, 재벌 총수라고는 믿기지 않는 그의 제품에 대한 깊은 실무지식과 강약점을 꿰뚫어 보는 통찰력 때문이었습니다. 둘째는, 평소 조용하고 외부에 자신을 잘 드러내지 않던 그가 보인 엄청난 추진력 때문이었습니다. 물론 놀라운 일이었죠. 그런데 성격을 이해하는 사람들은 그렇게 놀랄 일도 아닙니다. 그는 원래 그런 사람이고 충분히 그럴 수 있는 사람이라고 알아차릴 수 있으니까요. 그의 언행에서 나타나는 수많은 정황들이 그가 대표적인 사고 중추의 머리형이며, 당시 높은 정신적인 건강도를 유지하고 있었다는 것을 보여줍니다. 그는 자신의 성격자본을 잘 만들어낸 것입니다.

그 배경에는 선대의 성격도 참고할 수가 있는데요. 삼성의 창업주 이병철 회장 이래 이건희 회장에 이르기까지 삼성그룹에는 머리형 경영자의 경영철학이 짙게 배어 있습니다. 선대 이병철 회장의 유지가 '경청'이라는 것을 알고 계셨습니까? 머리형들은 미래에 대한 두려움을 채우기 위해 정보를 취득하기를 좋아해서 잘 들으려는 성격자원을 타고났기 때문입니다. '인재제일'은 삼성의 가장 중요한 경영철학인데요. 용인 에버랜드에 있는 삼성그룹 연수원의 누각에는 '집영각'이라는 휘호를 새겨놓았습니다. 상상이 가시죠? 또한 이건희 회장의 대표적인 책 제목은 『생각 좀 하며 세상을 보자』입니다. 생각이 얼마나 중요하면 이런 책 제목을 썼을까요?

물론 앞으로 이 기업들이 어떻게 변화할지는 알 수 없습니다. 그러나 기업철학은 결국 경영자의 성격과 연관이 있고, 경영자의 성격은 기업문화에 가장 큰 영향을 미칩니다. 삼성의 사례 역시 기업가의 성격자원이 건강한 성격자본으로 승화된 좋은 예입니다.

성격 자본, 현장에서 체험하고 꽃피우다

우리나라에도 훌륭한 성격연구가들이 많지만, 특히 제가 전문적으로 강의한 에니어그램이 대중화되지 못한 것은 일반인들과의 접점이 제한되어 있었기 때문이라고 봅니다. 그래서 저는 일반인들이 쉽게 접할 수 있는 '생활 속'으로 끌어들였습니다. 그 시작이 '에니어그램 토크쇼'였어요. 사회 저명 인사를 초청해서 성격 진단을 하고 대담을 하는데요. 신기하게도 그들의 인생철

학과 성공이나 실패 스토리들이 에니어그램에서 말하는 성장과 퇴보의 방향과 연결되어 있었답니다. 성공한 사람들은 성격 이론을 몰라도 본능적으로 성격의 성장 방향을 찾아가는 능력이 있다는 것을 알게 되었어요. 그들의 성공의 원천은 성격자원이었던 거죠.

그때부터 다양하게 인터뷰를 했습니다. 특히 인상적인 것은 세일즈맨들의 인터뷰였어요. 명인이라 불리는 최고의 세일즈맨들은 자기만의 고객관리 스타일이 있는데요. 고객에게 맞추는 것 같지만 사실은 자기 성격대로 합니다. 그들도 자신의 성격에 맞는 영업 스타일로 성공한 거죠. 그리고 그들도 때로는 좌절감을 느껴 제게 상담을 하러 오는데요. 역시 성격을 이해시키면 많은 문제들이 해결되었어요. 역시 성격이 자본이었던 거예요.

이후 저의 성격자본 도전은 다양한 분야에 접목을 해봤습니다. 29CM이라는 인터넷쇼핑몰 회사에서 온라인 성격진단테스트를 도입해 봤는데, 업계에 센세이션을 일으켰죠. 간단한 에니어그램 성격테스트를 하고 성격에 맞는 상품을 추천하는 이벤트였는데, 신규 회원 확보와 매출에서도 큰 성공을 거두었어요. 이후 저의 사업영역인 기업교육뿐 아니라 와인, 음악, 미술, 문화예술 부문 등 다양한 분야에 성격 관련 콘텐츠를 적용해 보았는데요. 매우 신선하고 성공적이었어요. 이런 사례들을 담아 『성격이 자본이다』라는 책도 펴내게 되었고요.

과거 마음의 병으로 늘 시달리던 저로서는 참으로 눈부신 변화와 성과였어요. 우선 제 인생의 미션과 비전이 명확해졌고, 무엇보다 내가 타고난 우울의 정서를 즐기고 나다울 때가 많아졌다는 것입니다. 그리고 창의적인 발상으로 많은 것을 이루어가고 있답니다. 이것은 작은 일 같지만, 변하지 않는 인간의 성격적 특성으로 보면 믿기지 않을 만큼 엄청난 변화입니다.

성격자본, 이 말은 저의 교육프로그램과 책의 내용을 가장 쉽게 이해할 수 있는 단 하나의 단어입니다. 저는 제 성격이 가장 가치 있는 건전 자본이 라는 것을 깊이 체험하였습니다. 성격자본이란, 성격을 자본으로 인식하고 자본화하여 생산적인 결과물을 창출한다는 말입니다. 즉, 성격이 능력이고 경쟁력입니다. 여러분들도 당장 꺼내 써야 할 자본이 되겠지요?

성격자본 솔루션, 나는 강사다!

저희 '성격자본연구소'의 이러한 연구 집적물들은 향후 교육 트렌드에 많은 변화를 가져올 것입니다. 그 시작이 바로 세계 최초로 사용되는 '성격자 본personality capital'이라는 브랜드입니다. 이것은 대한민국 최초로 특허청 상 표등록이 되었고, 현재 미국에 상표등록 출원 중입니다.

그렇다면 성격자본의 브랜드에 걸맞는 콘텐츠들을 소개해 볼까요? 저의 연구에 가장 많은 부분을 차지하는 에니어그램을 쉽고 재밌게 알리기 위 한 캐치프레이즈로 '에니어케이션

EnneaCation'을 내걸었습니다. 에니 어케이션은 성격진단 도구인 에 니어그램 Enneagram과 커뮤니케이 션 Communication의 합성어로, 에 니어그램으로 소통하자는 뜻입니 다. 그리고 에니어케이션은 모든 영역에서 성격자본 개발의 핵심

성격은 다 다르고 장단점이 있습니다.

성격을 이해할 때 비로소 자기다움을 찾고

성격이 자본으로 보이게 됩니다.

툴로 자리 잡고 있습니다. 그리고 구혼九魂, 즉, 나인 콘텐츠라는 프로그램을 개발하였습니다.

　'나인 콘텐츠'는 제가 운영하는 9개의 핵심 교육과정을 말합니다. '구혼九魂'이라고 명명한 것은, 모든 교육과정은 개인의 삶, 대인관계, 조직의 발전을 위해 아홉 가지의 '혼신'을 담아내야만 이루어낼 수 있다는 의미입니다. 이 과정에 참여하는 모든 사람들이 삶의 균형, 높은 성과, 행복한 삶을 찾기를 기대하며 만들었습니다. 이 과정들은 실제로 정규 교육과정 및 특강 형식으로 운영되고 있으며, 여기서는 개요만 간단히 소개합니다. 자, 그럼 성격자본 프로세스 '구혼'을 만나볼까요?

　구색九色_Advanced 워크샵, 구축九築_Build up 셀프리더십, 구담九談_Compathy 토크쇼, 구혼九魂_Differentiation 세일즈, 구원九原_Embracing 상담, 구재九財_Future 진로코칭, 구력九曆_Generate 전문강사 양성, 구호九皓_Healing 힐링캠프, 구정九精_Invigoration 조직활성화

　결론입니다. 성격자본이라는 말은 말 그대로 '성격이 자본이 된다'라는 말입니다. 즉, 개인의 성격적 특성이 상품과 서비스의 가치를 만드는 데 매우 큰 영향력을 미친다는 것입니다.

지금까지 성격을 자본화하기 위한 다양한 콘텐츠들을 소개했지만, 저의 주제는 처음부터 끝까지 뚜렷합니다. 성공과 행복을 결정하는 가장 중요한 요인은 성격이라는 것, 성격은 다 다르고 장단점이 있다는 것, 성격을 이해함으로써 자신의 가치를 발견하고 자신을 사랑할 수 있다는 것, 그리고 그때 비로소 자기다움을 찾고 성격이 자본으로 보이게 된다는 것입니다.

자기 안의 성격자원을 찾아주는 자기만의 툴을 찾으십시오. 멀리서 찾을 필요 없이 바로, 이곳에서 찾으십시오! 나는 강사입니다! 성격자본을 찾아 주는 특별한 에니어그램 전문강사입니다.

고객을 검증된 기준으로 관찰 시
성격유형별 판별 및 대응 가능

송은영

> 얼굴은 우리 내면을 가장 많이
> 반영하는 거울입니다

👤 강의 분야 | 인상학, 이미지 메이킹, 퍼스널 컬러, 제4의 자본 매력경영,
비즈니스 매너·패션 스타일링, 감성소통과 스피치 코칭

✉ image114@hanmail.net   🅕🅒 imagesong114   ▶ 송은영 TV

숭실대 경영대학원 이미지경영학과 지도교수, 한국이미지메이킹센터 원장,
한국이미지경영학회 명예회장, 한국퍼스널브랜딩협회 부회장, 한국서비스
경영학회 이사.

30여 년간 분장과 메이크업을 통해 수많은 사람의 얼굴과 의상 등을 배역과
상황에 맞게 변화시켜주는 일을 해왔던 송은영 교수는 자연스럽게 인상학과
이미지 연출능력을 갖추게 되었고 그녀의 손만 닿으면 순식간에 변화되어
'이미지 메이킹의 마이다스 손'이라는 닉네임을 갖게 되었다.

강의 현장에서도 명확하고도 쉽고 재미있게 이론적 원리를 전달하고 개별진
단 및 실습을 통해 바로 변화를 보여주는 3D 기법으로 동기부여 능력이 탁
월하고 재미와 자극을 주는 강의 스킬로 높은 강의 만족도를 이끌어내어 기
업체 교육담당자와 학습자들에게 인기가 높은 강사 중 한 사람이다.

KBS1 「아침마당」 목요특강 외 MBC. SBS TV 특강 외에도 종편방송과 예능
프로그램에도 패널로 출연하여 인상과 인간관계의 상관관계를 어필하고 마
음과 마음이 잘 통하는 비언어 커뮤니케이션 및 감성화법의 중요성을 강조
하곤 하였다.

송교수는 대선후보와 정치인 및 기업 CEO 등의 이미지 컨설팅을 해오고 있고
현재 숭실대 경영대학원 이미지경영학과 지도교수로서 자신은 물론 타인의
인상을 변화시켜 인생을 변화시키는 선한 영향력을 갖춘 전문가를 배출하는
것을 목표로 후학을 양성하며 기업체 강의와 방송 활동을 활발하게 하고 있다.

제4의 자본
매력적인 인상 경영

먼저 질문 하나 드리겠습니다. 지금 여러분이 '청년기'라고 생각하시는 분 손 들어주세요. 그리고 '중년기'라고 생각하시는 분 손 들어주세요. '노년기'라고 생각하시는 분 손 들어주세요. 네, 감사합니다.

몇 해 전에 UN에서 전 세계 인류의 체질과 평균수명 측정 결과를 토대로 연령 분류의 새로운 표준을 5단계로 발표하였습니다. 17세까지는 미성년, 65세까지는 청년, 79세까지가 중년, 99세까지는 노년, 100세 이후는 장수노인기로 분류하였는데, 아까 중년기나 노년기에 손 드신 분들은 다시 한번 생각해 보셔야겠죠?

백세시대를 살고 있으면서도 정작 우리의 정신연령은 어느 세대인지도 생각해 봐야 하겠지만 청년기를 지나 중년기와 노년기의 행복한 삶을 위한 준비도 필요합니다. 이미 오래전부터 60세 이후의 행복의 조건에 대해 연구한 결과가 있습니다. 하버드대 의과대학에서 800명이 넘는 사람들을 대상으로 75년간 연구한 결과를 보면 행복의 조건 1위가 화목한 인간관계로 나타났는데, 행복에 영향을 미치는 중요한 인간관계의 범위를 크게 가족, 친구, 공동체 세 가지로 보았습니다. 여기에서 화목하다는 것은 깊고 친밀하다는 뜻인데, 많은 사람들과 가볍게 알고 지내는 인간관계보다 적은 사람이라도 깊고 친밀한 관계를 유지하는 것이 더 중요하다는 뜻이지요.

인간은 사회적 동물이라는 아리스토텔레스의 말을 굳이 빌리지 않더라도 사람 인人 자가 서로 기대어 있듯이 우리는 혼자서는 살 수 없는 존재이고, 관계 속에서 성공도 행복도 기대할 수밖에 없는 존재입니다. 그래서 이 시간에는 우리 행복의 조건 1위인 화목한 인간관계를 위해 절대적으로 필요한 소통 능력과 마음을 얻는 매력적인 '인상 경영'에 대해 함께 알아보겠습니다.

서양 속담에 고양이를 잡으려면 목덜미를 잡아야 하고, 토끼를 잡으려면 귀를 잡아야 하고, 사람을 잡으려면 마음을 잡아야 한다는 말이 있습니다. 맹자도 민심을 얻어야 천하를 얻는다고 했지요. 그러나 하루에도 오만 가지 생각을 하는 사람의 마음을 잡는 일은 그리 쉬운 일만은 아닙니다. 그래서 오죽하면 열 길 물속은 알아도 한 길 사람 속은 모른다고 하였을까요? 그래서 저는 사람의 마음을 잡는 힘이 무엇일까를 고민하다가 가장 적합한 한 단어를 찾았습니다. 바로 매력魅力입니다. 도깨비 매魅 자에서 알 수 있듯이 도깨비에게 홀리듯이 사람의 마음을 끌어당기는 힘이 매력입니다.

2010년에 영국의 런던정치경제대학교 사회학과 교수인 캐서린 하킴이 경제적 자본, 문화적 자본, 사회적 자본 다음으로 제4의 자본을 매력 자본이

고양이를 잡으려면 목덜미를,
토끼를 잡으려면 귀를, 사람을 잡으려면
마음을 잡아야 한다는 말이 있습니다.

라고 하였습니다. 매력 자본은 아름다운 외모, 성적 매력, 활력, 옷 잘 입는 능력, 매력과 사회적 기술 등을 모두 아우르며, 신체적 매력과 사회적 매력이 혼합된 것입니다. 즉, 사람들을 호감 가는 동료로 만들고 사회의 모든 구성원, 특히 이성에게 매력 있는 인물로 만드는 신체적, 사회적 매력을 매력 자본이라고 할 수 있죠.

그녀의 연구 내용을 보면, 사회심리학자들은 매력적인 사람들의 삶을 수십 년에 걸쳐 연구해 왔는데, 아름답게 태어난 사람이 유리한 건 사실이지만 시간과 노력을 투자한다면 결국 모든 사람이 비슷한 좋은 결과를 얻을 수 있다는 결론에 이른다는 것입니다. 결국 제가 늘 강조하는 것이 맞다고 생각합니다. 다 같이 따라 해주세요!

"타고난 생김새는 조상님 책임이다. 그러나 인상은 내 책임이다."

그렇다면 한 사람의 인상은 어떻게 형성되는지 알아볼까요? 약 2500년 전부터 전해 내려온 인상학의 요소를 보면 매우 다양하지만 크게 세 가지로 볼 수 있습니다. 얼굴 인상, 말에 해당되는 언상, 자세와 행동, 체형, 옷차림 등에 해당하는 몸, 즉 체상입니다. 캐서린 하킴 교수의 매력 자본도 외모만이 아닌 것처럼 인상 역시 외모만이 아니라 행동하고 말하는 모든 것을 포함하지요. 인상학에서 수상보다 관상이 중요하고, 관상보다 심상이 중요하다는 말이 있습니다. 결국 인상은 마음의 모양이 얼굴로, 말로, 행동으로 표현되고, 거기에다가 평소 습관이 더해져서 형성되는데, 마음가짐과 습관을 바꾼다면 인상은 얼마든지 변화할 수 있습니다. 인상은 자신의 관심과 노력으로 얼마든지 바꿀 수 있습니다. 좋은 인상은 좋은 관계를 만들고, 인생의 행복과 성공을 만들어내지요. 그래서 인상이 바뀌면 인생이 바뀐다는 것은 자연스러운 이치인지도 모릅니다.

오늘은 얼굴 인상, 언상, 체상을 다 언급하기에는 시간이 부족하므로 맨 처음 사람을 만났을 때 약 80%가 얼굴을 보기 때문에 첫인상의 핵심인 얼굴 인상에 대해 말씀드리고자 합니다. 얼굴의 뜻을 보면 민족의 얼이라고 할 때 쓰이는 '얼' 자로 '영혼', '정신', '넋'이라는 뜻이고요, '굴' 자는 둥굴이라고 할 때 쓰는 글자로 '통로'라는 뜻입니다. 그래서 얼굴은 영혼의 통로라는 뜻이지요. 우리가 보통 멍한 얼굴을 '얼빠진 얼굴'이라고 하지요. 얼이 여물게 찬 얼굴은 '똑똑한 얼굴'이라고 하고요. 그래서 우리 내면을 가장 많이 반영하는 거울이 바로 얼굴입니다.

얼굴은 참 신비한 특성들이 많은데요, 그중에서 내 얼굴은 이 세상에 하나밖에 없다는 유일성입니다. 그래서 신분증에 얼굴 말고 팔이나 다리 사진 넣는 경우 없잖아요. 왜 얼굴 사진이 반드시 들어가는가 하면 얼굴을 봐야 누군지 알 수 있기 때문이지요. 제 이름이 '송은영'인데요, 우리나라에 동명이인이 수만 명이 있습니다. 그렇지만 요렇게 생긴 송은영은 저밖에 없어요. 그래서 얼굴은 신분증입니다.

그리고 여러분 짝꿍을 살짝 바라봐주세요. 질문드리겠습니다. 짝꿍을 보시는 순간 지금까지 좋았던 기분이 확 상하신 분 계시면 손들어주세요. 네,

다행히 없으시군요. 여러분! 인상은 보자마자 상대방의 기분을 즉시 건드립니다. 이것은 이유가 없어요. 그냥 뇌에서 자동적으로 반응하는 본능적인 현상입니다. 그래서 왜 인상관리를 해야 하느냐고 물으신다면 좋은 인간관계와 성공을 원하는 분이라면 이유를 묻지도 따지지도 말고 무조건 필요하다고 저는 강조합니다. 그 이유는 바로 인간의 본능이기 때문입니다.

인간은 아름다운 것을 보면 쾌감을 느껴 기분이 좋아지는 미적 본능을 가지고 있습니다. 그래서 아름다운 것을 추구하고 좋아하는 존재인 것이죠. 그것을 인상에 대입하면 좋은 인상을 가진 사람의 특징은 만나는 사람의 기분을 좋게 만들죠. 지금 여러분 짝꿍을 보시는 순간 기분이 좋아지셨다면 그분의 인상이 좋은 것이죠.

우리는 누군가를 만나면 그 사람이 어떤 사람인지 척 보면 아는 능력을 가지고 있습니다. 그것은 우리 뇌에서 많은 사람을 대하면서 터득한 결과이기도 하지만 본능적으로 기분이 좋아지고 편안함을 느끼는 사람에 대해서 후한 평가를 내리게 됩니다. 얼굴은 그 사람의 감정과 성격, 마음씨, 지적 능력, 진실성 등이 가장 많이 드러나는 곳으로, 한 사람의 인품과 가치를 알 수 있는 척도이기 때문에 이력서이기도 합니다. 그래서 미팅을 하거나 면접 현장에서 짧은 시간에 상대방을 간파하는 것은 그리 놀라운 일이 아니지요.

미국에서 가장 존경받는 대통령 중에 16대 대통령인 링컨이 "나이 마흔이면 얼굴에 책임을 져야 한다."라는 명언을 남겼죠. 링컨이 선거에서 매번 낙선하자 당시 11세였던 그레이스 베델이라는 소녀가 수염을 길러보면 인상이 더 부드럽게 보일 것 같다고 편지를 보냈는데 그 이후 수염을 기르고 난 다음 대선에서 대통령으로 당선되었습니다.

여러분이 링컨의 두 사진을 보셔도 대통령으로서 강한 리더십과 고급스러움이 느껴지는 사진은 수염이 있는 쪽이죠? 사람들이 얼굴의 변화에 대해 대부분 무감각하거나 중요성을 잘 인식하지 못하는 게 보편적인 현상인데요, 여성들이 아이라인을 조금만 길게 그리거나 눈꼬리를 살짝 올려도 눈 인상에 큰 변화가 일어나고, 헤어 스타일을 살짝 바꿔도 역시 바로 알아볼 수 있을 만큼 인상이 달라집니다. 그래서 얼굴은 1mm의 변화를 우습게 보면 안 되고요, 표정이든 연출 방법이든 조금만 바뀌어도 인상에 큰 차이가 있다는 것을 잊어선 안 됩니다. 그러니 링컨의 얼굴 3분의 1 정도를 수염으로 바꾼 것은 어마어마한 변화를 가져온 것이죠.

링컨이 대통령이 되고 나서 장관을 임명하려고 추천을 받아 면접을 보았는데 얼굴을 보고 실망을 합니다. 그리고 그 사람을 임명하지 않았죠. 그때 비서관들이 "그 사람만큼 능력이 훌륭하고 스펙이 화려한 사람을 찾기 어렵습니다."라고 하자 "그 사람의 능력은 참으로 탐이 나지만 어떻게 한 나라의 장관이 자기 얼굴 하나 관리 못해서야 되겠는가? 나이 마흔이면 자기 얼굴에 책임을 져야 하네."라고 말한 것입니다.

저도 해부학과 피부 생리학을 공부하면서 링컨의 이 말에 일리가 있다는 것을 알게 되었습니다. 피부밑에 지방층과 근육층이 있는데 피부는 20세 전후로 노화가 시작되고, 피부밑에 있는 근육은 30세를 전후로 해서 탄력이 떨어

지면서 딱딱하게 굳어지는 현상이 일어나게 됩니다. 그러니까 서른 살부터 마흔 살까지 주로 어떤 표정근육을 자주 사용하였느냐에 따라 얼굴 인상으로 고착화되는 것이죠. 그래서 마흔 살 정도가 되었을 때 얼굴만 봐도 평소 어떤 생각과 감정을 느끼면서 살았는지 그 사람의 삶을 어느 정도 보고 느낄 수 있죠.

얼굴 근육과 뇌는 연결되어 있습니다. 그래서 어떤 생각과 감정을 느끼느냐에 따라 움직이는 얼굴 근육이 다 다르지요. 그래서 어떤 근육이 발달되었는지를 보는 것은 그 사람의 감정 습관과 사고 성향을 알 수 있기 때문에 인상학이 존재하는 것입니다.

사람을 만났을 때 맨 먼저 보는 곳이 얼굴이기 때문에 좋은 첫인상을 주기 위해 가장 중요한 것은 밝은 표정입니다. 따라 해주세요! "미소가 매너보다 앞선다." 첫인상 속도가 1초도 안 걸리기 때문에 대인관계의 시작인 첫인상에서 따뜻하고 밝은 미소를 보이는 것은 가장 좋은 인상을 주는 방법이고 매너의 시작이 미소입니다.

도도하고 차가운 사람들의 특징은 차가운 표정이듯이 반대로 겸손하고 친절하고 호의적인 사람의 특징은 미소니까요.

그런데 평소에 마음씨가 좋아도 가정환경이나 근무환경상 자주 웃을 수 없는 분들도 표정이 어두워진 경우가 많기 때문에 의도적으로 표정 운동을 꾸준히 하는 노력이 필요합니다. 그리고 놀라운 것은 얼굴 근육과 뇌가 연결되어 있기 때문에 감정에 따라 얼굴 근육이 변하기도 하지만 얼굴 근육의 움직임을 통해 감정과 사고가 변하기도 한다는 사실입니다. 그래서 얼굴 근육 운동만으로도 감정을 조절할 수 있고 똑똑한 두뇌로 훈련시킬 수도 있는 것이죠. 이것은 1988년 독일의 심리학자 프리츠 스트랙 박사의 연구에서도 알 수 있는 일명 '안면 피드백 효과'입니다. 그렇다면 지금부터 표정 운동해 볼까요?

눈과 입이 동시에 웃어야 진정성이 느껴지는 진짜 미소인데요, 눈과 입의 표정을 동시에 웃게 만드는 근육은 크게 볼 근육과 눈썹 근육입니다. 볼 근육을 수축하면서 사과처럼 볼록하게 만들고 동시에 눈썹 근육을 위로 올리면서 눈을 크게 뜨고 "음흠~"하고 입꼬리를 올린 상태에서 7초간 유지합니다. 이 운동을 한 번 할 때마다 6회 이상 반복하시는데, 특히 출근 전이나 잠들기 전에 하면 좋은 인상을 유지하는 것은 물론이고 심신의 건강에도 긍정적인 효과를 얻을 수 있습니다.

요즘 친절 서비스에서 중요한 키워드는 '진정성'이잖아요. 사회생활을 하면서 만나는 상대방에게 진정성 있는 친절함을 보여줄 수 있는 인사 방법을 알려드리겠습니다. 감정을 표현할 때 눈썹을 살짝 위로 올리게 되면 진정성이 더 많이 전달될 수 있습니다. 그래서 인사 나누실 때 눈썹을 위로 올렸다 내리면서 인사를 하시면 보다 더 친절하고 기분 좋은 인상을 줄 수 있습니다. 짝꿍과 함께 한번 해보실까요?

한 가지 더 10년 젊어 보이고 긍정적인 인상을 주는 방법을 소개해 드리면, 크게 웃을 때 되도록 아래 치아는 보이지 않으면서 위 치아가 10개 이상

감정에 따라 얼굴 근육이 변하기도 하지만
얼굴 근육의 움직임을 통해
감정과 사고가 변하기도 합니다.

보이게 하면서 웃는 것입니다. 평소 크게 웃는 습관이 부족하거나 자주 웃지 않는 사람들은 환한 미소를 지을 때 어색한 미소를 짓는 경우가 많습니다. 느낌이 억지로 웃는 것 같고, 아래 치아가 많이 보일수록 나이가 들어 보이며 부정적인 인상을 주기 때문에 되도록 위 치아를 많이 보이는 것이 좋습니다. 그렇게 웃는 얼굴 운동법은 아랫입술로 아래 치아를 감싼 상태에서 위 치아로 아랫입술을 깨물고 입꼬리를 45도 각도로 올리면서 "앙~"하고 6초 이상 유지하는 것입니다. 이 방법은 사람을 많이 만나는 분들에게 효과적이므로 방금 알려드린 "음흠~"과 "앙~" 얼굴 운동을 틈틈이 실천해 보시기 바랍니다.

소통은 꼭 말로 하는 것만이 소통이 아닙니다. 마음은 표정과 자세와 행동으로 다 보이고 전달되기 때문에 '몸가짐이 마음가짐'이라는 걸 잊어선 안 되겠습니다. 평소에 불편했던 관계나 어려웠던 관계가 있으시다면 따스한 미소 한번 먼저 보내보시면 어떨까요?

다 같이 따라 해주시겠습니까?

"내가 바뀌면 다 바뀐다."

인상관리는 바로 '나'부터 시작되어야 합니다. 내가 바뀌지 않고서는 어느 누구도 바꿀 수 없습니다. 내가 바뀌면 상대방의 기분이 바뀌고 상대방의 기분이 바뀌면 나에 대한 평가와 감정이 바뀌고 결국 인간관계가 바뀝니다. "내가 보낸 미소는 상대방을 행복하게 하고, 상대방이 느낀 행복은 몇 배가 되어 다시 내게로 와 내 인생을 바꿔 놓는다."라는 말이 있습니다. 내가 먼저 상대방에게 미소를 보내고 인사를 건네는 것은 상대방에게 잘 보이기 위한 것이 아니라 결국에는 바로 나 자신을 위한 일이라는 뜻입니다. 함께 더불어 사는 이 세상에서 상대방도 좋고 나는 더 좋은 '미소운동'을 나부터 실천해서 모두가 행복하고 품격 있는 세상을 만들어봅시다.

조용진

" 한국문화성 연구의 좁은 길로
계속 나아가려 합니다 "

👤 **강의 분야** | 한국인의 얼굴과 문화와 뇌, 한국인의 얼굴·문화·뇌의 관련성
✉ chouyj50@naver.com   🏠 조용진한국인대학

초등학교 3학년 때 담임선생님의 권고로 레오나르도 다 빈치를 흠모하여 화가가 되기 위하여 홍익대학교 동양화과와 대학원을 졸업하고 서울교육대학교 미술과 교수를 지냈다. 해부학사에도 큰 업적을 남긴 다 빈치를 닮고자 중·고·대학 시절 각종 해부학을 독학, 미술대학 졸업 후 의과대학에서 7년간 해부학 조교로서 인체해부학을 공부하고, 일본 동경예술대학에서 미술해부학으로 박사학위를 취득했다.

현재 한국형질문화연구소장으로 얼굴과학, 얼굴의학, 얼굴공학, 얼굴문화학을 연구하고 있으며, 약 2만 명의 얼굴 DB를 구축하여 지역형, 씨족형 등 100여 종의 한국인 얼굴 복원과 두상을 제작하였고, 주 연구 관심사는 한국인의 얼굴과 문화와 뇌, 이 3자의 상관성이다.

여러 가지 고안 및 발명이 있으며, 한국 우주인 이소연 씨의 안면우주부종을 계량화할 수 있는 등고선 촬영 장치인 '2008 한국 우주인용 모아레 장치'를 개발하여 세계 최초로 우주부종의 변화를 계량화하였다. 물론 미술과 교수로서 그림도 그리고, 후학들에게 전통초상화기법을 전수하고, 미술해부학자로서 여러 학술 활동과 복원상과 조각작품도 제작한다. 가수였던 다 빈치를 따라 성악 공부를 계속하여 독창회도 2회 가진 바 있다.

저서로는『동양화 읽는 법』『서양화 읽는 법』『얼굴, 한국인의 낯』『미인』『한국인의 얼굴, 몸, 뇌, 문화』등 15권이 있다.

한국형질문화연구원
원장 조용진

한국인을 찾아서

나는 50년 넘게 '한국인이란 무엇인가?'를 연구해 왔습니다. 그 동기는 미술대학 한국화과(당시는 동양화) 1학년 첫 시간에 교수님에게서 들은 선택지 3가지, 즉, 1) 화가로서 자신의 개성적 예술세계를 펼쳐 예술가로서 살아가는 길, 2) 한국화를 수립하여 한국화가로서 살아가는 길, 3) 전공과 관련한 사회적 직무를 찾아 살아가는 길 중에 한국화 수립을 위한 징검다리 역할을 해야겠다는 생각 때문이었습니다.

1982년부터 4차 교육과정에 '한국화'라는 말이 채택된 이래 지금은 대중화되었지만 1968년도 신입생 당시에는 처음 듣는 말이었고, 처음 생각하게 된 말이었습니다. 어린 마음에 '조국은 내가 지킨다'라는 분심이 일어나 이런 결심을 하게 되었습니다.

선천적으로 기교파에 반공과 반일을 국시로 삼던 시절 교육받은 내 생각으로는 한국성에 대하여 일본인 야나기柳宗悅 씨가 천명한 '무기교의 기교'에 대하여는 반감이 많았던 터라, 한국화를 하려면 먼저 한국 사람이 무엇인지도 알아야 할 것 아닌가 하는 생각이 들었습니다. 마침 초등학교 3학년 때 담임선생님의 영향으로 인체해부학에 관심을 갖고 있던 터라, 한국인의 모양에 대하여 알아내고자 하는 생각을 갖게 되었습니다. 사람의 해부학적 구조는 개구리 이상의 다른 척추동물과 크게 다를 바 없지만, 모양은 같은 사람끼리도 천차만별이라 그 비밀을 밝혀내고 싶은 순수한 동기도 있었습니다.

'한국문화성性이란 무엇인가?'는 정의하기가 쉽지 않습니다. 우리에게는 고려불화, 고려청자, 금속공예 같은 정치精緻한 것들이 있는가 하면, 조선백자처럼 고려의 것과 전혀 양식이 다른 것들이 문화의 주류를 이룬 적이 있기도 하고, 세상에 한국에만 있는 민화民畵 같은 것도 공존하고 있어, 무엇이 한국문화성인지 정의를 내릴 수가 없었습니다.

이 같은 궁금증은 대학 졸업 후 꿈꾸던 해부학 연구 조건이 구비되자, 한국의 다 빈치가 되어 한국문화 수립의 징검다리 역할을 하겠다는 구체성을 띠게 되었습니다.

지난 50여 년 한국인의 형질에 관하여 연구해 온 결과, 한국인은 형질적으로 매우 복잡 다양하다는 사실과 이 형질 다양성이 문화 다양성을 가져왔고, 그 문화 다양성은 가치관의 다양성으로부터 왔고, 그래서 한국성의 정의를 내리기가 어렵다고 결론을 내렸습니다.

한국문화의 다양성을 야나기 씨는 한쪽에서만 보았고, 그편에서 보면 공감을 충분히 얻을 수 있는 말입니다. 야나기 씨는 다른 민족과 달리 우리만

한국화를 하려면 먼저 한국 사람이 무엇인지도
알아야 할 것 아닌가 하는 생각이 들었습니다.

가진 것을 보고 말한 것이었습니다. 맞는 말이지만 한국성 전체를 보지는 못
했습니다.

한국인의 형질 다양성은 동북아시아의 지정학적 조건에서 온 것입니다.
한반도와 만주는 세계 인류 이동의 오거리입니다. 아프리카를 떠나서 남북
으로 퍼져나간 사람들은 결국 인류 이동의 종착지인 메소아메리카로 가는
그 길목에 우리 한국인이 사는 동북아시아가 자리하고 있기 때문에 오거리
에 사는 셈이 되었습니다. 이로 인한 한국인의 형질 다양성이 곧 가치관의
다양성의 원인이라고 생각합니다.

가치관은 이상론, 현실론, 명분론으로 삼분하여 이해할 수 있는데, 한국
인은 이것들이 거의 등률로 삼분되어 있어서 회의에서도 의견의 통일이 어
렵고 국론 통일은 더욱 어려웠던 것입니다. 그러나 혹독한 일제 치하에서도
세상에 유례가 없는 독립운동을 지속한 지키는 힘이 30%에 달하는 명분론
에서 나왔고, 홍익인간 사상도 민주화의 이상 추구도 30%에 달하는 이상론
자들이 있어서 이루어졌다고 생각됩니다.

단, 한국인이 다양성을 갖지 않은 한 가지가 있습니다. 우뇌형右腦型이 거
의 80%에 육박한다는 사실입니다. 언어와 숫자를 매개로 사고하는 좌뇌와
시청후미촉 오감의 경험으로 정보처리하는 우뇌右腦가 연결되어 있어 서로
정보를 통합적으로 주고받지만, 안 그런 경우도 있기 때문에 개인차도 생기

고 민족차도 생깁니다. 일본인은 반대로 좌뇌형이 70% 정도이고, 현실론자가 70%, 명분론 20%, 이상론 10% 정도인 사실에 비하여 매우 뚜렷한 차이를 알 수 있습니다.

한국인은 우뇌 우세형이 80%나 되기 때문에 사촌이 논을 사면 배가 아프지만, 우뇌를 써서 하는 일에는 단합하여 큰 힘을 발휘하게 됩니다. 그러나 좌뇌를 써야 하는 일, 이를테면 노벨상 받기 등에 있어서는 어려움에 처해 있는 것입니다.

일본인 연구를 위하여 30년 동안 일본을 3바퀴 돌았습니다. 1년에 2번 있는 학회에 갈 때마다, 한 번은 동경이 아닌 지방대학에서 열리므로 그 대학 소재지 주변을 답사하는 것입니다. 이렇게 30년을 하니 저절로 3바퀴가 되었습니다.

일본인은 일본 열도에 섬으로 고립된 1만 년 이전부터 살던 원주민인 조문繩文인에, 고조선古朝鮮 유민이 망명하여 먼저 이주하였고, 그 뒤로 북부여에서 이주한 망명인들, 그 이후 백제의 망명인들이 이주하여 형성되었는데, 이들은 모두 만주에 기원을 두고 있지만, 좌뇌형들이 한정적으로 이주하게 되었고, 이들이 서로 결혼하여 인구가 증가함으로써 저절로 좌뇌 인구가 증가하여, 좌뇌 가동인구가 우리의 8배나 되었습니다. 그래서 좌뇌가 만든 근대유럽문화를 쉽게 받아들여 체화體化할 수 있었던 것입니다.

아하, 한국인이 건너가서 일본인이 만들어졌고, 세계 인구 중 형질적인 생화학적 지표는 한국인과 일본인이 동족 수준으로 같음에도 불구하고 문화 성향은 그렇게도 반대였던 까닭이 여기 있었던 것입니다. 일본인은 70%가 현실론적 결론을 도출하는 뇌를 가졌기 때문에 국론 통일이 되고 단결력

한국인의 형질 다양성이 가치 다양성을 가져왔고,
이에 따라 문화 다양성이 도출되었습니다.

이 있어 보였던 것입니다.

한국인은 형질 다양성이 가치관의 다양성까지 만들었기 때문에, 우뇌 쓰는 일이 아닌 곳에서는 단합력이 나오지 못하게 되고, 결국 전체의 힘이 아니라 각자도생各自圖生으로 살아가는 형국이 되고 말았습니다. 그래서 순발력과 창의력과 추진력을 갖게 되었습니다. 우리가 목도하는 한류韓流의 내용은 한국인의 우뇌와 도생심의 발로로 보입니다.

그러므로 우리가 협업만 하면 아주 좋습니다. 국내에 모든 것이 다 있으므로 협업을 하는 데 따르는 모든 거리가 단축됩니다.

이런 대전제 속에서, 나는 화가로서, 예술가로서, 예술교육자로서 살아가야 하는데, 국민으로서의 의무는 헌법정신을 준수하는 일입니다. 나와 관련된 헌법 조항은 제 9조 '국가는 전통문화의 계승과 발전, 민족문화의 창달에 힘써야 한다.'입니다.

형질적으로 한국인을 연구한 관점에서는 말이 많은 전통문화의 정의를 내리기 쉬웠습니다. 1) 조상으로부터 현재까지 물려받아 사용하고 있는 것, 2) 지금은 잊었지만, 과거에 잘했던 것, 3) 비록 못났어도 우리만 갖고 있는 것, 이 모두가 전통입니다. 모두 한국인의 형질을 통하여 나온 것이기 때문입니다.

발전이란 무엇일까요? 이것들을 전통으로 삼아, 보다 치밀하고 교묘하게

하는 것입니다. 그리고 이들 민족문화를 세계에 '죽죽 벋어나가게 하는 것'
입니다.

흔히 창달을 자기 짐작으로 국어사전에도 없는 '창달(創達)'로 알고 있습
니다. 그러나 대한민국 헌법 9조의 창달은 '창달(暢達)'입니다. 밝은 빛이 죽
죽 벋어나가듯 하란 말입니다. '문화 헌법'이라는 이름을 얻어 헌법 고치는
동안 한 번도 수정하지 않은, 이 헌법이 대한민국 국민으로서 내가 신봉해
야 할 삶의 범위이기 때문에 내 그동안의 연구와 능력을 결집하여 살아갈
수밖에 없습니다.

한반도는 유전자 오거리입니다. 한국인의 형질 다양성이 가치 다양성을
가져왔고, 이에 따라 문화 다양성이 도출되었습니다. 한국 사람을 연구해야

한국인을 알 수 있습니다. 한국 사람은 생물학적 존재이고, 한국인은 문화적 존재입니다. 일본 사람, 중국 사람을 연구해야 일본인 중국인을 알아낼 수 있습니다. 이들을 비교해야 더 정확히 나를 알 수 있습니다. 이것을 깨닫고 나니 어느덧 70살이 넘었습니다.

그동안 한국적 미술해부학을 정립하기 위하여 '한일 미술해부학회'를 혼자 힘으로 20년 이끌어왔습니다. 결국 코로나 사태로 중단되고 말았습니다. 후계자를 만들어 이어지기를 바랐지만 결국 아직까지 되지 않았습니다. 열심히 살았건만 눈에 보이는 결과가 없습니다.

초상화 연구를 하여 전통초상화 연구생을 배출했습니다. 이제부터는 내 인생, 나도 결국 각자도생의 길로 갈 수밖에 없는가? 화가, 조각가로서 작품을 하겠다. 작품으로 보여주는 것입니다. 오기를 부려 봅니다. 이제까지 해오던 연구는 그만둘 수 없어, 충남 서산 팔봉면에 제작실 겸 연구실을 마련했습니다.

늦가을의 아침을 맞았습니다. 안개가 자욱한 앞산이 있고, 그사이 부지런한 산새가 납니다. 뜰에 파 놓은 연못의 금붕어가 내 발자국 소리에 먹이를 재촉하고, 둘레에 심은 과수 잎이 빨갛게 물들어 있습니다. 문득 고개를 들어 하늘을 보니 기러기도 납니다.

이 모든 축복을 모아, 한국문화성 연구의 좁은 길로 계속 가렵니다.

유영만

" 부자의 1원칙은 부동산이나
주식에 관한 것이 아닙니다 **"**

👤 강의 분야 | 지식, 리더십, 소통, 변화
✉ u010000@hanyang.ac.kr 📷 knowledge_ecologist
▶ 영만Young Man TV

지식생태학자, 한양대 교수.

낯선 곳에서 만나는 마주침으로 색다른 깨우침을 얻으며, 삶으로 앎을 증명하며 어제와 다르게 살아보려고 오늘도 안간힘을 쓰는 지식생태학자다. 책상머리에서 조립한 지식으로 지시하기보다 격전의 현장에서 몸으로 깨달은 체험적 지혜로 지휘하는 삶을 사랑한다. 즐거운 학습을 방해하는 각종 학습 질환을 진단하고 처방해서 건강한 지식을 창조하는 '학습 건강 전문 의사'이기도 하다. 학문적 칸막이를 부수고 종횡무진 경계 넘나들기를 즐기며 제3의 지식을 창조하는 지식 용접공(Knowledge Welder)으로 변신을 거듭하고 있다. 학문의 권위보다 사유의 긴장을 사랑한다. 오늘도 내 삶의 아니러니스트로 거듭나기 위해 삶의 현장에서 부지런히 진실을 캐내고 있다.

유영만 교수는 지금까지 『아이러니스트』『부자의 1원칙, 몸에 투자하라』『책 쓰기는 애쓰기다』『이런 사람 만나지 마세요』『나무는 나무라지 않는다』『공부는 망치다』『유라투스트라는 이렇게 말한다』『곡선으로 승부하라』『유영만의 청춘경영』『브리꼴레르』 등 저서와, 『하던 대로나 잘 하라고』『빙산이 녹고 있다고』 등 역서를 포함해서 총 90여 권의 단행본을 출간했다. 오늘도 다양한 사유를 실험하고 읽고 쓰고 강연하며 지적 탈주를 거듭하고 있다.

한양대학교 교육공학과
교수 유영만

몸이 '부실'해지면
인생도 '부도'가 난다

　1원칙은 물러설 수 없는 난공불락의 철칙이자 습관적으로 실천해야 될 규칙입니다. 1원칙을 지키고 생활습관으로 만든 사람만이 일류가 될 수 있습니다. 부자도 마찬가지입니다. 부자의 1원칙은 돈을 어떻게 벌면 경제적 여유를 누릴 것인지에 있지 않습니다. 부자의 1원칙은 부동산이나 주식 투자에 관한 법칙이 아니에요. 부동산에 투자해서는 부동의 1위가 될 수 없고, 주식에 투자하다 주식土食까지 걱정될 수도 있습니다. 오히려 부자의 1원칙은 부자가 되기 위해서 반드시 갈고 닦아야 할 기본기이자 필살기에서 출발합니다. 부자의 1원칙은 바로 몸이 나의 자부심이고 세상을 바꿔나가는 무게중심이라고 생각하는 믿음에서 시작합니다. 부자가 되고 싶은 사람은 부진했던 과거를 청산하고 지금까지 생각보다 지금부터 몸에 투자해야 되는 이유는 무엇일까요?

222

첫째, 부자는 단기전이 아니라 장기전의 산물입니다. 꿈과 비전을 달성하는 여정은 녹록지 않습니다. 숱한 시련과 역경이 도사리고 있고 예기치 못한 장애물과 걸림돌이 곳곳에서 호시탐탐 기회를 엿보고 있죠. 부자는 이런 난관을 극복해내는 근본적인 동력이 몸에서 나온다고 믿고 철저하게 자기관리를 실천하는 사람입니다. 몸은 마음이 거주하는 우주입니다. 몸이 망가지면 마음도 무너져요. 마음이 무너진다는 것은 미지의 세계를 행해 도전하고 싶은 열망과 남다른 노력으로 성취감을 맛보고 싶은 욕망도 없어진다는 이야기이고요. 몸이 따라주지 않으면 자신이 추구하는 꿈에 대해 의구심이 들고 조바심이 머리를 들기 시작하면서 부자가 되기까지의 긴 여정을 견뎌낼 인내심도 실종됩니다. 부자가 되지 못하는 사람은 마인드로 몸을 통제하려다 결국 무너진 사람입니다. 몸은 머리의 명령을 듣지 않아요. 하고 싶어도 하지 못하는 이유는 몸이 부실해졌기 때문입니다. 몸이 부실해지면 병실이 가까이 다가오고 의욕을 상실하며 설상가상으로 의기소침해집니다. 몸이 말을 듣지 않으면 부자의 꿈은 사라지도 인생은 부도가 나죠. 부자는 단기전의 승부사가 아니라 장기전의 승부사입니다. 장기전에 버티려면 지구력이 필요합니다.

둘째, 부자는 책상머리에 잔머리 굴리면서 요리조리 생각해낸 아이디어의 산물이 아닙니다. 부자는 오히려 몸을 이리저리 움직이면서 자신의 구상을 현실로 끌어당겨 행동하고 실천하면서 생긴 아름다운 모습입니다. 부자는 몸으로 마인드를 통제하고 조정하는 사람입니다. 부자가 되는 사람은 부단히 몸을 움직여 몸에 밴 행동지식이 풍부한 사람입니다. 탁월한 생각과 위대한 아이디어만으로 세상을 바꾸지 못해요. 생각이 부

부자가 되는 사람은 부단히 몸을 움직여
몸에 밴 행동지식이 풍부한 사람입니다.

식되거나 부패하는 이유는 실천 없이 고민만 반복하거나 행동하지 않고 검토에 검토를 거듭하기 때문입니다. 운동은 사유대상이 아니라 행동하고 실천하는 문제예요. 운동에 대해 생각을 많이 하는 사람, 운동 필요성을 머리로 많이 알고 운동을 하겠다고 다짐하고 마음을 먹는 사람이 실제로 몸을 움직이지 않습니다. 운동은 우선 시작해야 생기는 행운입니다. 세상을 바꾸는 사람은 생각과 아이디어를 몸을 움직여 실천하면서 체화된 실천적 지혜를 갖고 있는 사람입니다. 뭔가를 해보고 싶은 욕망이 자신을 아무리 부추겨도 이것을 현실로 구현할 강력한 추진력이 없다면 욕망은 허망한 몽상이나 환상으로 전락하죠. 추진력과 열정은 생각이나 마음이 아니라 몸이 만들어 내는 강력한 원동력입니다. 부자는 이리저리 몸을 움직여 시행착오도 경험하면서 숱한 역경을 이겨내는 추진력이 있어야 합니다.

셋째, 부자는 자신에게도 도움이 되지만 타인에게도 혜택이 되는 행복한 봉사를 실천하는 사람입니다. 부자는 단순히 돈을 많이 벌어서 개인적 자유를 만끽하려는 사람이 아니라 덕분에 얻은 행운으로 꿈을 이루었다고 생각하는 사람입니다. 부자의 근면하고 성실한 자세와 태도는 건강한 몸, 특히 튼실한 체력에서 나와요. 체력은 근력이 일정한 목적을 향해 움직일 때 발휘하는 원동력이죠. 부자는 어느 정도 꿈을 이루고 나서도 끊임없이 자신의 재능과 부를 아낌없이 나눔으로써 따뜻한 사회를 만들어나가는데 일조하는 사람입니다. 부자들이 생각하는 행복은 관념적 사유에서 오지 않고 구체적 실천에서 옵니다. 부자는 행동하면 행복해진다고 믿어요. 행동하면서 행복한 삶을 만들어나가는 원동력은 바로 운동을 통해 단련된 신체성에서 생깁니다. 부자가 밥 먹듯이 운동하면서 몸에 투자하는 이유입니다. 부자는 재테크로 단순히 돈만 번 사람이 아니라 근력에 투자해서 자신이 하고 싶은 일을 즐겁고 신나게 즐기면서 공동체 발전에 헌신하는 사람이에요. 부자가 지니는 남다른 미덕은 타인의 아픔을 보면 발 벗고 나서서 도와주고 공동체 발전에 열정적으로 기여하는 헌신력에 있습니다.

유학시절 며칠 밤을 지새우며 공부하지 않으면 안 되는 시기가 있었습니다. 날이 갈수록 체력이 떨어지면서 공부를 해야만 된다는 의무감만 앞설 뿐 몸은 천근만근 피로감만 느낄 뿐이었죠. 그때부터 운동을 시작했어요. 뇌력도 체력에서 나온다는 사실을 깨달은 소중한 계기가 되었습니다. 그때부터 지금까지 별일이 없는 한 밥 먹듯이 매일 운동합니다. 몸을 움직여 행동한 만큼 행복도 따라오고 행운도 날아들어요. 무엇보다도 몸보다는 이성과 마인드를 우위에 두고 몸은 이성의 시녀처럼 취급하는 일반인들의 생각은 물론 학계의 잘 못된 생각에 반기를 들고 싶었습니다. 니체도 『차라투스트라는 이렇게 말했다』에서 서구철학을 지배해 온 이성 중심 철학을 전복하고 오히려 신체가 이성을 지배한다는 신체중심 철학을 전면에 부각시키지 않았던가요. 우리는 몸을 쓰지 않으면 쓰러진다는 사실을 앞만 보고 달려가다 넘어진 숱한 사람들의 과거의 시행착오가 주는 아픔에서 배웠습니다. 몸은 관념적 사유의 대상이 아니라 실천적 쓰임의 주체예요. 우리는 몸을 쓴 만큼 나의 쓰임새도 달라진다는 깨우침을 몸에 대한 심각한 뉘우침에서 얻었습니다.

성공한 부자들은 자신이 처해 있는 환경과 그 현상, 현상을 극복하기 위해 현재 확보할 수 있는 자원을 철저히 분석하고 살핍니다. 기회의 실마리가 어렴풋이 보이면, 부자들은 최대한 행동의 원칙을 단순화시켜 기회를 현실로 가져올 방법을 찾죠. '시작'하는 가장 쉬운 방법은 바로 시도해보는 것입니다. 단순하지만 원칙에 입각해 시도하며 현실의 벽에 부딪치면 조금씩 현실 가능한 방법을 강구해 개선해봅니다. 완벽한 판을 짜고 시작하는 것이 아니라, '시도'하고 '개선'하는 과정에서 자연스럽게 재투자가 일어나고, 성장과 향상이 일어납니다. 부자들이 성공한 실마리에는 과감한 추진력으로 이어지는 '행동'이 있습니다. 행동이 드러나기까지, 의지가 씨앗을 심고, 해내고 싶다는 욕망이 행동을 발동시키는 촉진제 역할을 합니다. 그러나 씨앗과 촉진제가 있다고 해도, 결정적으로 당신이 행동을 이끌어 내기까지는 '몸'의 움직임이 있어야 합니다. 몸이 사업의 씨앗을 싹틔우는 중심이자 정상궤도로 끌어올리는 인내심의 원동력입니다. 이런 점에서 부자는

근력이야말로 권력이자 매력일 뿐만 아니라 부자가 가장 먼저 투자해야 될 자본이라고 생각합니다. 부실한 몸으로 이룰 수 있는 것은 아무것도 없어요. 고목은 흔들리지 않지만 거목은 흔들리듯, 살아있는 모든 생명체는 흔들리며 살아갑니다. 그럴 때마다 삶의 중심을 잡고 힘든 삶을 감당해내기 위해서는 코어 근육을 중심으로 내 몸을 바로잡아주는 근력이 필요합니다.

말콤 글래드웰의 『블링크』라는 책에 따르면 포천 500대 기업 CEO 중 30%가 키 188cm 이상이며, S&P1500 기업 중 마라톤을 완주한 CEO를 가진 기업이 그렇지 않은 곳보다 시가총액이 5% 많다는 연구도 있습니다. 또한 비만체형이거나 말꼬리를 올리는 습관을 가진 사람은 CEO 선출 과정에서 불리하다고 언급하고 있어요. CEO는 에너지가 가장 많이 소진된 Chief Exhausted Officer가 아니라 구성원을 책임지고 꿈의 목적지로 이끌고 가는 Chief Energy Officer입니다. 우리 모두는 저마다의 삶을 하나의 위대한 예술작품으로 만들어나가는 Chief Energy Officer예요. 미국 CEO의 사례를 보더라도, 부자들은 근육을 단련하며 몸에 투자합니다. 다만 이 근육은 단지 외모가 가져오는 존재감이나 매력뿐만이 아니라, 욕구를 관찰하고 시도에 옮기며 꾸준한 실천으로 이어가는 과정에서 길러집니다. 성공한 부자들은 예전처럼 배 나온 사람이 별로 없습니다. 행복은 허리둘레에 반비례하고 허벅지 두께에 정비례한다는 사실을 깨달았기 때문이죠.

돈을 들여 살을 뺄 수 있지만 돈을 들여서 근육은 만들 수 없습니다. 운동하면서 흘리는 땀은 근육이 감동해서 흘리는 눈물이에요. 흘린 땀 모든 생명체는 흔들리며 살아갑니다.
흔들림을 감당해 내려면 코어 근육을 중심으로
내 몸을 바로잡아주는 근력이 필요합니다.

만큼 근육은 감동해서 근육으로 보답해주죠. 세상은 앉아서 침 흘리는 사람보다 나가서 땀을 흘리는 사람이 오늘보다 한 단계 더 나아가는 사람이 이끌어갑니다. 땀 흘리며 운동하는 사람이 험난한 인생 파고를 넘어 감동적인 눈물을 흘리는 사람으로 변신할 수 있습니다. 운동을 시작하는 것이 부자가 시작해야 될 가장 중요한 출발점이자 인생의 터닝 포인트예요. 단순히 돈을 많이 벌어서 경제적 여유를 갖기 위한 운동이 아니라 행복한 삶을 살기 위한 가장 근본적인 투자가 바로 건강한 신체성에서 비롯됩니다.

갈수록 삶은 각박해지고 넘어야 할 산이 많아지는 현실입니다. 생각은 많아지고 상황은 점점 안 좋아지고 있습니다. 그렇다고 내가 감당해야 할 일이 줄어드는 것도 아니죠. 오히려 더 힘든 상황은 설상가상으로 가중되고, 어려운 상황은 우리를 더 힘들게 할 것입니다. 난국을 돌파하고 고통을 감내하는 몫은 오로지 내 몸입니다. 믿을 건 몸밖에 없어요. 오늘도 내 몸을 믿고 내 몸에 투자해야 되는 이유입니다. 몸이 중심을 잡고 바로 일어설 때 비로소 나는 나에게 주어진 일을 감당해 낼 수 있는 사람이 됩니다. 내가 있어야 할 곳에서 내 힘으로 해야 할 일을 묵묵히 해내며 자기 자리를 지켜내는 사람이 부자로 부각될 수 있습니다. 부자의 여

유와 자유를 즐기고 싶은가요? 그렇다면 오늘부터 당장 가장 먼저 시작
해야 될 단 한 가지가 있습니다. 운동이야말로 당신의 운명까지도 바꾸
는 행동입니다.

김종수

" 생명온도가 차가워지면
질병에 시달리게 됩니다 **"**

👤 강의 분야 | 생명온도 건강법(스스로 피로와 병마를 물리치는
자연치유 건강법)
✉ petersplan@hanmail.net 🏠 www.vitaltemperature.com

생명온도 수행센터 기림산방 방주, 명지대학교 졸업, ROTC 중앙회 자문
위원.

30여 년간 대자연의 품에서 심신心身 수련과 연구 끝에 '모든 우주의 생명
체에는 고유한 생명온도가 존재하며, 그 생명온도가 강렬할수록 젊음과 건
강, 자연치유력이 넘친다'는 세계 최초의 생명온도 건강법을 발견하고 완성
하였다.

이미 1995년, 국내외 300여 명의 100세 장수노인 건강비법을 조선일보에
칼럼으로 연재하여 뜨거운 호응을 얻은 그는 'KBS 아침마당', '제3지대', '이
것이 인생이다', 'MBC 목요특강', '인간시대', '임성훈입니다', 'SBS 모닝와
이드', 'mbn 천기누설', 'KBS 굿모닝 대한민국' 등 매스컴의 집중 조명을 받
아왔다.

1991년부터 전기도 없는 강원도 정선의 깊은 산속에서 생명온도 수행센터
기림산방을 운영하면서 생명온도 건강법을 전파하고 있다. 기림산방에서는
30여 년간 3만여 명이 생명온도 건강법을 수행하고, 평생 맑은 정신과 건강
한 육체로 감사한 인생을 살고 있다. 인류 건강에 대한 공헌을 인정받아 평
화NGO매거진 아리랑1045로부터 글로벌 평화 선구자 1호로 선정되었다.

저서로 『생명온도』『뜨거운 물 단식의 기적』『따뜻하면 살고 차가워지면 죽는
다』『인생고시』 등 10여 권이 있다.

생명온도, 어떻게 살릴 것인가

2020년 4월 29일, 미국 샌프란시스코에서 78세의 장혜원 여사가 코로나19로 인한 2주 격리까지 감수하고 강원도 정선의 기림산방에 오셨습니다. 다섯 살짜리 손자가 손을 잡을 때마다 너무 아파서 비명을 지르는 류머티즘 환자이고, 두 차례의 제왕절개 수술을 포함하여 대장 등 총 8회의 수술을 받았던 분입니다. 명문대를 나온 인재였지만, 머리가 무겁고 기억력이 떨어지며 뭘 짚지 않으면 일어서지도 못하고 걷기도 힘들어서 비틀비틀 술 취한 사람처럼 움직이는 상황이어서 '이대로 요양원 신세로 인생을 마감해야 하는가' 하는 생각을 하던 중 운명처럼 뉴욕일보에 실린 김종수의 칼럼을 읽고 '아, 내가 살려면 그곳에 가야 한다. 기림산방으로 가자.' 하고 결심했다고 합니다.

장혜원 여사를 만난 순간, 생명온도 3주 수행교육으로 내외공內外功을 살려서 50대로 변신시키겠다고 마음속으로 목표를 세웠습니다. 3주 동안 생명온도 7대 수행법을 익혀서 내외공 마그마magma를 다시 뜨겁게 만들고 죽은 세포들을 몰아내면 엄청난 변화가 펼쳐질 것입니다.

사람은 내공內功의 유무有無에 따라 일어나는 생각이 달라집니다. 내공이 있을 때는 의식이 맑아서 생각이 보이니 지혜 긍정 용기 희망 자신 안정 여유 배려 행복이 솟아나지만, 피로가 쌓이고 내상內傷을 입으면 기운이 다니는 길인 경락이 막히니 몸이 붓고 아프고 굳어가며 노화와 질병이 따르게 되면서 저절로 의식이 떨어져 잠재의식과 본능, 나쁜 습관만 남아 미움 분노 한恨 초조 불안 우울함에 빠져들게 됩니다. 장 여사 말씀이 아침에 자고 나서 머리가 상쾌하다는 사람들이 이해되지 않는다고 합니다.

장 여사는 이제 스스로 활명호흡으로 내외공 마그마를 살리고 있습니다. 5차선의 경락이 막히면서 손에 힘이 없어지고 마비가 되고 류머티즘으로 고통 받았는데, 이제 마비된 손에 힘이 생기고 감각이 되살아나면서 "내 손 같다"고 말씀하십니다. 내외공을 살리면 몸이 살아나고 의식이 맑아지면서 병마에서 벗어나 인생이 달라집니다.

오늘은 활명호흡 천 번 하는 날, 장 여사의 3주 수행 도전 중 5일차입니다. 생명온도 7대 수행법을 익히고 내외공 마그마를 살려서 필요한 세포들을 만들고, 굳어 있고 썩어가는 세포들을 몰아내기 위해서 활명호흡 천 번에 도전합니다. 활명호흡 1,000회는 태식胎息의 상태를 만들기 위해서입니다. (태식은 원래 건강할 때는 의식을 하지 않아도 저절로 아랫배가 혼자서 들락날락하면서 뱃속 장부들을 운동시켜서 내공을 보강해 주는 상태입니다.) 활명호흡으로 살아 있는 세포들을 강하게 하여 한기寒氣

들을 몰아내어 태식을 만드는 것입니다.

수행 과정 중 아침저녁으로 활명호흡을 100회씩 집중해서 하지만, 장 여사는 워낙 내공 소모가 심하여 내공을 되살리기 위해서 1,000회를 합니다.

'미스 장 코스'가 탄생했습니다! 생명온도 수행교육 16일 차, 기림산방 앞산 자작나무 숲은 700m의 급경사로 이루어진 걷기공부 코스입니다. 미스 장은 경락길이 막혀서 머리가 항상 어지럽고 시력이 떨어지고, 손에 힘이 없어서 손가락이 굳어가고 휘어지고, 다리는 힘이 없어 걷지도 못했습니다.

미스 장은 독종입니다. 생명온도 7대 수행법을 익히고 활명호흡, 마그마 운동법 등을 수행한 결과, 흐물흐물했던 팔다리 근육에 탄력이 생기면서 마음대로 움직여집니다. 주먹을 쥔 팔을 만져보니 탱탱한 탄력과 힘이 느껴집니다. 기운이란 누구한테 얻을 수도 없고, 돈 주고 살 수도 없습니다. 독종 수행으로 원기를 살리니 젊은 시절의 미스 장이 되었다고 좋아합니다.

흐물흐물 할머니를 탱탱한 미스 장으로 만들어준 700m 급경사 자작나무 숲길을 '미스 장 코스'로 명명하였습니다. 미스 장 코스는 활명호흡으로 병마와 노화에서 벗어나 젊음과 건강, 장수로 거듭나는 훌륭한 걷기 코스가 될 것입니다.

아무리 원기를 강하게 타고난 인재로 출세하고 성공하고 부와 명성을 얻어도, 그 과정에서 피로와 스트레스로 한기를 막아내지 못하고 생명온도가 차가워지면 내공이 고갈되면서 허리 척추 경추 경락길이 막히면서 몸은 순환이 안 되어 붓고 아프고 굳고 썩어가면서 질병에 시달리게 됩니다. 절대 예외 없는 자연의 이치일 뿐입니다. 해결책은 다시 내공을 살려서 한기를 몰아내고 뱃속 장부의 제 기능을 발휘하여 막혀 있는 명문 척추 경추 경락길을

기운이란 누구한테 얻을 수도 없고,
돈 주고 살 수도 없습니다

활짝 열어서 몸과 마음이 가벼운 맑은 의식의 '참나'로 거듭나는 것입니다.

인생은 홀로서기입니다. 기운이 있는가 없는가는 생존의 문제입니다. 사람이 살아가는 모든 기운은 뱃속 장부에서 보내줍니다. 뱃속 장부는 자동차의 엔진 역할입니다. 모든 생명은 엔진을 하나씩 가지고 있습니다. 단, 자동차 엔진도 마력이 다르듯이 사람마다 타고난 원기의 차이가 있고, 그 차이에 따라 건강과 운명이 달라집니다. 원기를 아무리 잘 타고난 천하장사도 피로, 스트레스에 뱃속 장부가 차가워지면서 기운을 잃고 엔진이 망가지면 내 몸이 내 말을 들어주지 않는 환자가 되고 맙니다.

생명온도가 식어가는 6단계

뱃속 장부 세포의 생명온도가 차가워지면

1단계 기운이 없다. 무기력해진다. 피로감을 호소한다.

2단계 붓는다. 손발이 붓고, 얼굴이 붓고, 비만이 된다.

3단계 아프다. 요통, 신경통, 견비통, 생리통, 두통, 치통, 복통 등 통증이 생긴다.

4단계 굳어간다. 위경련, 장경련, 간경화, 뇌경색 등 세포가 굳어간다.

5단계 썩는다. 생명온도를 잃어 차가워진 세포에 세균과 바이러스가 덤벼들어 각종 염증과 질병, 암癌을 유발시켜 썩어간다.

인생은 홀로서기입니다.

기운이 있는가 없는가는 생존의 문제입니다.

6단계 죽는다. 몸에 생명온도가 빠져나가서 차갑게 식어버리면서 죽어간다.

생명온도 7대 수행법

1. **활명호흡** 뱃속 오장육부의 세포를 살리는 데는 식이요법, 운동요법만으로는 불가하다. 뱃속 장부들을 살릴 수 있는 방법은 호흡이 유일하다. 호흡이 깊어야 뱃속 마그마가 꿈틀꿈틀하고 손발과 얼굴까지 가는 5차선 경락길이 뚫리면서 온몸을 마그마로 만들어 굳어가고 썩어가는 세포들을 몰아내고 맑은 의식과 건강한 육체를 찾을 수 있다.

2. **뜨거운 물 마시기** 뜨거운 물 마시기는 생명온도 응급처방이다. 우리가 매일 마시는 물은 수분을 보충해 줄 뿐 아니라 인체에 기운을 채워준다. 찬 기운(냉기)을 채울 것인가? 따뜻한 기운(온기)을 채울 것인가? 겨울을 마실 것인가? 봄을 마실 것인가? 이렇게 물으면 누구나 따뜻한 기운, 봄을 선택한다. 매일 습관적으로 마시는 찬물이 당신의 생명온도를 서서히 떨어뜨린다는 것을 명심하자.

3. **뜨거운 물 단식** 김종수 소장이 세계 최초로 탄생시킨 '뜨거운 물 단식'은 따뜻한 기운이 배고픈 통증을 없애주고 깊은 호흡으로 생명온도를 높여주어 진정한 몸짱, 즉 가장 활기찬 심신(心身)을 갖춘 속짱으로

만들어준다.

4. **경락 풀기** 뱃속 생명엔진에서 생성된 기운이 다니는 길인 경락을 풀어주는 것은 매우 중요하다. 생명온도에서는 막힌 경락을 둥근 원통 나무봉인 '생명온도 경락봉'으로 풀어준다. 생명온도 경락봉은 김종수 소장의 간단하면서도 위대한 발명이다. 경락봉을 막힌 부위에 대고 오르락내리락 하다 보면 막힌 것이 뚝뚝 소리가 나면서 풀리게 된다. 기운이 다니는 길이 뚫리니 저절로 머리가 맑아지고 몸이 가벼워진다. 특히 구부러진 등과 허리를 펴주는 효과가 뛰어나다.

5. **생각 바라보기** 병을 부르는 악습을 떨치는 수행이다. 병마는 그렇

_**김종수**

237

게 호락호락하지 않다. 부정적인 잠재의식을 이기고 따뜻하고 평화로운 '참나'를 지키는 수행법이다.

6. **내외공 수련** 생명온도수행센터 기림산방을 유명하게 한 수련법이다. 바로 호랑이 걸음 '호보虎步', 활명호흡을 하면서 하는 호보는 우리 몸의 중심인 뱃속 장부들을 살려낼 뿐만 아니라 전신에 굳어 있는 세포를 풀어주는 효과가 있다. 내외공 수련은 호보와 장천공, 경공술, 활명초식 등이 있다.

7. **충분한 숙면** 잠은 살아 있는 세포들의 피로 회복, 기력 충전의 시간이다. 생명온도가 낮고 죽은 세포가 많은 환자나 노인들은 잠이 줄어들고 쉽게 잠을 못 잔다. 불면과 수면 부족은 '병마를 부르는 첫 단추'임을 기억해야 한다.

생명온도 7대 수행법은 병란의 시대에 스스로 내외공 마그마를 살려서 죽는 날까지 질병과 노화에서 벗어나 맑은 의식과 건강한 몸으로 남에게 의지하지 않고 평생 홀로 설 수 있는 수행법이다.

05
시대를 맞이하다

박경식

👤 강의 분야 | 4차산업혁명과 디지털트랜스포메이션, 미래예측,
　　　　　　코로나 이후 사회변화와 대응전략
✉ expo306@naver.com　🏠 www.seri.org/forum/futuresofearth

미래전략정책연구원 원장, 한국미래교육원 원장, 미래학 명예박사.
국내의 대표적인 미래학자, 미래예측 전문가. 다양한 미래예측 연구로 기업
자문과 육군미래혁신센터 자문위원, 위스콘신대학 AMP 최고경영자과정 특
임교수 및 미래인재교육대학 교수본부장으로 활동 중이다.
세계 제일의 미래학자인 토마스 프레이, 밀레니엄프로젝트 회장 제롬 글렌,
MIT 초빙교수인 호세 코르데이로, 유엔미래포럼 박영숙 대표에게 사사받았
으며, 국내 1호로 국제공인 미래예측 전문가 자격을 취득하였고, 세계미래
신문 공동대표, 미래예측포럼 대표, 4차산업혁명포럼 대표로 최신 미래예측
정보와 자료를 분석하며, 꾸준하게 연구와 저술활동을 하고 있다.
연세대학교 전기공학과를 졸업하고 전력연구원에서 오랜 기간 근무 후, 밀
레니엄프로젝트에서 미래학을 공부하고, 중국과학원(CAS) 지식재산 최고위
과정을 수료하였으며, 국제가치평가사 자격(CVA)을 취득하고 미래사회연구
원 이사장으로 정부 및 공공기관 자문과 특강, 학술연구 용역을 수행하였다.
각 일간신문에 미래예측, 미래진단 컬럼을 다수 연재하였으며, 미래전도사,
4차산업혁명전도사로 활동하고 있다.
저서로 '10년 후 시리즈'인 『10년 후 한국경제의 미래』『10년 후 4차산업혁명
의 미래』『10년 후 일자리의 미래』가 있으며, 공저로는 『대한민국 미래보고
서』 등이 있다. 번역서로 『NIC 글로벌트렌드 2030』『유엔미래보고서 2040』
등이 있다.

열정으로 뛰어넘어라

급변하는 시대에는 적응하는 자만이 살아남고, 적응하지 못한 자는 사라지게 됩니다. 그래서 오늘은 '포스트 코로나' '4차산업혁명'과 '디지털 트랜스포메이션'을 주제로 급변하는 시대의 생존 전략을 살펴보겠습니다.

Nobody knows

2020년 4월 코로나19가 전 세계를 강타하고, 세계경제가 수직 하락을 시작할 때 컨설팅기업 맥킨지가 '세계경제 파급 시나리오'를 발표하면서 사용한 표현이 바로 'Nobody knows'입니다. 즉, 코로나19가 몰고 올 경제적 충격은 누구도 알 수 없으며, 도대체 무엇을 모르는지 알 수 없고, 예측이 불가능해서 나중에 돌이켜보고 설명해 볼 수밖에 없으며, 극단적인 충격이 몰려올 수 있는 상황이라는 것입니다.

세계적 베스트셀러 『사피엔스』의 저자인 역사학자 유발 하라리는 코로나 19에 대해 이렇게 표현했습니다.

"코로나 폭풍은 지나갈 것이다. 하지만 우리가 내린 선택은 우리 삶을 변화시킬 것이다."

코로나19는 2021년 1월 말 현재 전 세계 확진자가 1억이 훌쩍 넘었고, 사망자는 220만 명이 넘었습니다. 물론 역사적으로 보면 전염병은 계속 이어져 왔습니다. BC 1600년경 천연두, BC 431년 홍역, 1346년 페스트(흑사병), 1918년 스페인독감, 1957년 아시아독감, 2009년에는 신종플루로 191개국에서 31만 명이 감염되어 3,900여 명이 사망했습니다.

돌아갈 수 없는 루비콘강을 건너다

코로나 팬데믹으로 우리 일상은 너무 많이 변했습니다. 일찍이 누구도 경험해 보지 못했던 것들입니다. 재택근무가 확산되었고, 온라인 개학으로 전 세계뿐만 아니라 국내에서도 엄청난 혼란이 있었습니다. 또한 인류역사만큼 오래된 인사법인 포옹과 악수는 주먹인사로, 팔뚝인사로, 발로 하는 인사로 변했습니다.

그 누가 이런 일을 상상이나 했을까요? 하지만 그뿐인가요?

엄청난 전통들이 무너지고 있습니다. 결혼문화는 온라인 결혼으로, 장례문화는 조문객과 빈소 없는 장례로 변하고, 종교 예배와 미사는 비대면으로, 수많은 인파로 복잡하던 관광 명소는 텅텅 비는 등 일상 속에서 상상도 못했던 변화들이 끊임없이 일어나고 있습니다. 이처럼 경제, 사회, 문화, 교육, 직업 등 많은 분야에서 다시는 돌아갈 수 없는 루비콘강을 건너고 있습니다.

저는 미래학자, 미래예측 전문가, 4차산업혁명 전문가로 전국에서 연 100회 이상 강연을 했는데, 2020년에는 3월 이후 예정됐던 강연들이 코로나로 연기 또는 취소되고, 특임교수로 참여하던 최고경영자과정은 개강을 못하고 있습니다. 이처럼 결혼식도 사라지고, 조문도 사라지고, 교육과정도 열리지 못하니 정장을 입을 일이 거의 없어졌습니다. 매년 12월 송년회 등이 열리면 그때는 정장을 입어볼 텐데, 그것도 불가능해졌습니다. 미국 역대 대통령 40명의 정장 양복을 맞춰주던 200년 된 브룩스브라더스란 기업도 파산했습니다. 성공한 CEO들을 대상으로 하는 유수 대학들의 최고경영자과정이 거의 사라지다시피 했습니다.

이처럼 코로나로 인해 우리의 일상이 여러모로 바뀌고 있는데, 과연 코로나가 잠잠해지거나 물러서면 원래 상태로 돌아가게 될까요? 우리는 이미 간편하고, 저렴하고, 빠르게 변한 일상에 적응해 버렸기 때문에 다시 돌아가는 일은 거의 없을 것입니다.

"미래는 약한 자들에게는 불가능이고, 겁 많은 자들에게는 두려움이며, 용기 있는 자들에게는 기회다."

『레 미제라블』의 작가 빅토르 위고가 남긴 충고의 글입니다. 코로나 팬데믹 이후 거대한 변화에 기업이나 개인들은 어떻게 대응해야 할까요?

코로나가 사라지면 이전으로 다시 돌아갈 것이라 믿고, 변화를 거부하고 기다려야 할까요? 아니면 변화에 순응하고 다음을 대비해야 할까요?

빨간 깃발법, 패러다임 변화를 가로막다

영국에서 1856년에 제정된 '빨간 깃발법(적기 조례)'이라는 사례가 있습니

코로나로 인해 변해버린 우리의 일상은
과연 코로나가 잠잠해지면 원래 상태로 돌아가게 될까요?

다. 기득권자인 런던의 마부협회, 마차협회, 말똥수거협회 등이 자동차로 인해 자신들의 일거리가 사라질까 봐 입법을 추진했던 법입니다. 변화의 시대에 새로운 패러다임을 두려워하고 거부한 것입니다.

현대 경영학의 아버지라 일컫는 피터 드러커는 트렌드의 중요성을 이렇게 설파했습니다.

"트렌드를 읽는다고 해서 100% 성공을 보장할 수는 없다. 하지만 트렌드를 모르면 100% 실패는 보장할 수 있다."

세계 제일의 부자 자리를 22년간 차지했던 마이크로소프트의 창업자 빌 게이츠는 "향후 10년의 변화가 지난 50년의 변화보다 더 클 것이다"라고 말하여 다가오는 미래의 변화가 아주 클 것이라고 예측했습니다.

오늘 이 강연은 국가, 기업, 개인도 미래의 다가오는 거대한 변화를 거부하고 두려워할 것이 아니라, 준비하고 대비하면서 당당히 맞서야 살아남을 수 있으며, 원하는 미래를 만들어갈 수 있다는 것을 이야기하려 합니다.

2016년 1월 세계경제포럼WEF 클라우스 슈밥 회장은 제46차 세계경제포럼 개막식 기조연설에서 "4차산업혁명이 쓰나미처럼 밀려와서 그것이 모든 시스템을 바꿀 것이다. 속도와 파급효과 측면에서는 종전의 혁명과는 비교가 되지 않을 정도로 빠르고 광범위할 것이다"라면서 각국의 산업들이 인공지능, 빅데이터, 자율주행자동차, 3D프린팅, 바이오기술 등 파괴적 기술들에 의해서 대대적으로 재편될 것이라 하였습니다. 그와 함께 세계경제포럼에서 발표된 '미래고용보고서'는 인공지능, 로봇 등 기술 발전으로 많은 직업이 사라질 것이며, 의사, 회계사, 세무사 등 고소득 전문직업들이 가장 먼저 직업을 잃게 되고, 일자리 710만 개가 사라지고 200만 개가 새로 생겨, 결국 510만 개가 사라질 것이다"라는 충격적인 내용을 발표했습니다.

슈밥 회장은 4차산업혁명을 이렇게 정의했습니다.

"4차산업혁명은 우리가 하는 일을 바꾸는 것이 아니라 우리 인류의 삶 자체를 바꿀 것이다."

슈밥 회장이 2016년 4월경에 『4차산업혁명』이란 책을 발간하고, 제가 그해 10월에 『10년 후 4차산업혁명의 미래』라는 책을 발간했습니다. 이후 많은 언론과 기업, 단체에서 인터뷰와 강연 요청을 받았는데, 그중 하나는 국내 굴지의 자동차 기업인 H그룹이었습니다. 강연 요청 주제는 '4차산업혁명시대 자동차산업의 미래'였습니다.

'과연 지금의 자동차산업은 어떻게 변할까? 자율주행차는 언제 상용화될까? 자동차산업의 변화로 기타 산업은 어떤 영향을 받을까? 공유자동차시대는 언제 확산될까? 전기자동차시대는 얼마나 빨리 올 것인가?' 등의 내용을 준비해서 강연장에 섰습니다. 당시 H그룹의 부회장, 대표이사, 이사 90여 명을 대상으로 한 강연에서 저는 미래의 자동차산업은 유망한 분야가 아니라고 말했습니다. 자율주행자동차가 나오고, 전기차가 일반화되고, 공유차량 시대가 확산되면 자동차산업은 일제히 재편될 것이니 미래기술과 미래변화를 꾸준하게 연구할 것을 제안하고 새로운 전략을 제시하면서 강연을 마쳤습니다. 물론 아직까지 그 기업은 잘나갑니다. 다행히도 미래 신기술을 지속연구하여 4차산업혁명시대 대비를 잘 하고 있습니다.

저는 지난 몇 년간 정부부처와 지자체, 기업, 전국의 최고경영자과정과 전국 공무원교육원, 인재개발원 등에서 강연을 하고 있습니다. 미래사회변화, 메가트렌드, 미래유망 산업과 기술, 미래직업, 디지털트랜스포메이션, 4차산업혁명 등의 주제로 강의를 하는데, 미래사회변화를 이야기할 때는 먼저 인구 변화와 기술의 변화를 말합니다. 간단하게 미래사회변화를 요약하면,

- 경제는 소유경제에서 공유경제, 구독경제, 접속경제로 변화하고,

- 산업생산시스템은 소품종 대량생산에서 다품종 소량생산 시대로,

- 교육시스템은 고비용-저효율에서 저비용-고효율로,

- 직업은 현재의 일자리 대부분은 소멸하고 새로운 일자리로 대체되며,

- 기업 형태는 1인 기업, 1인 제조업, 사회적 기업으로

- 의료산업은 치료 중심에서 예방 중심으로 변화하고, 부의 평가 기준은 유형자산 중심에서 무형자산 중심으로 변화될 것입니다.

이처럼 변화하게 되는 것은 그것을 가능하게 하는 기술이 등장하기 때문입니다.

"기술이 미래를 움직인다. 새로운 기술의 패러다임을 먼저 읽는 자가 미래를 창조한다."

지금은 누구에게나 필수품이 된 스마트폰이 2007년에 등장하여 그로부터 10년간 세상을 변화시켜 많은 제품과 서비스가 사라졌습니다. 비디오카메라, 필름, 전화번호부, 지도책, 팩스, 유선전화, 종이신문, 타자기, VCR, 비디오대여점 등은 거의 사라졌습니다. 이처럼 세상을 바꿀 혁신적인 기술이 하나 등장하면 기존의 수많은 제품과 서비스가 사라지며 그에 따라 산업도 변화하게 되는 것입니다.

고모, 이모, 삼촌, 추석, 설날이 사라지는 날이 오게 될지도

우리 대한민국은 1970년대 후반부터 급속도로 경제와 산업 발전을 이룩하면서 우리의 옛것들이, 전통들이 많이 사라졌습니다. 즉, 타자수, 버스차장, 음악다방, 전화교환원, 속기사, 엿장수, 양복점, 양장점, 25분 현상소, 쌀집, 방앗간, 지게꾼들이 사라졌고, 단일민족이나 백의민족이란 단어들이 사라졌습니다.

멀지 않은 미래에는 운전면허증, 운전면허학원, 옷가게, 신발가게, 자동차수리, 대리운전, 입시학원들이 사라질 것이고, 변호사, 약사, 기자, 의사, 회계사, 세무사, 중개사 등도 사라질 것이고, 또 출산율 세계 최저인 0.98명으로 인해 1가구 1자녀 시대가 되면서 고모, 이모, 삼촌이란 단어들이 사라지고, 추석이나 설날도 사라지게 될지도 모릅니다. 1자녀 시대가 되면 형제나 친척들이 없게 되고, 만날 가족이 없으니 명절도 더 이상 존재 이유가 없기 때문입니다.

4차산업혁명시대 '디지털 트랜스포메이션'으로 무장하라

최근 여러 분야에서 '디지털 트랜스포메이션'이란 용어가 많이 등장합니다.

뜻은 디지털 변혁이라 정의할수 있습니다. 이 용어는 최근에 비즈니스에도, 기업에도, 일반인들 사이에도 널리 사용되기 시작했는데, 아날로그 시대에서 디지털화된 시대로 변화에 적응하란 것입니다. 즉, 디지털 갑옷으로 무장하란 뜻이지요. 오늘날 기하급수적으로 빠르게 변화하는 시대에는 아프리카 사막에서 자신의 몸길이의 108배를 뛰어 생존하는 은개미처럼 적응해야 합니다.

그런 적응을 하기 위해 필요한 것이 바로 디지털 트랜스포메이션이지요.

변화의 시대에 살아남기 위한 방식으로 '기존 전통의 틀을 깨고 디지털화해서 혁신을 이루는 것'입니다.

기업에게는 특히 중요한 비즈니스 전략으로 비즈니스의 모든 영역에 사

물인터넷, 인공지능, 빅데이터, 자동화 로봇 같은 신기술을 접목하여 근본적인 변화를 일으키는 경영전략으로 가치를 생성하고, 고객에게 가치를 전달하고, 고객경험을 창출하여 새로운 방식으로 생산성과 수익을 높이는 방식입니다. 단어가 길어서 통상 약자로 DX 또는 DT라고 쓰입니다.

세계 제일의 피자 회사 도미노피자는 DX를 이용해서 고객경험cx을 개선한 사례입니다. 먼저 '도미노 애니웨어'라는 시스템을 도입하여 고객이 간편하고 쉽게 주문할 수 있게 하고, '도미노 피자추적기'라는 시스템으로 주문한 피자가 어느 정도 만들어졌으며, 어디쯤 배달 오고 있는지를 알려주는 고객경험을 제공하는 것입니다. 그것이 바로 도미노 피자의 디지털 트랜스포메이션 개선 사례입니다. 그 결과 2010년부터 10년간 도미노 피자의 주가는 3,200% 상승했습니다. 동일한 기간에 애플은 830%, 아마존은 1,960%, 넷플릭스는 2,300% 올랐습니다.

4차산업혁명시대, 코로나19 시대, 급변하는 시대에는 거부하거나 두려워할 것이 아니라 디지털 트랜스포메이션으로 무장하고 당당히 맞서야 합니다.

영국문화협회에서 세계 102개국 비영어권 국가에서 설문조사를 통해 가장 아름다운 영어 단어를 선정했는데, 2위가 열정passion입니다. 디지털 트랜스포메이션으로 무장한 기업과 개인에게 기하급수적으로 변화하는 세상에서 가장 중요한 덕목은 바로 열정입니다.

"열정이 없으면 할 수 있는 것이 없고, 열정이 있으면 못할 것이 없다."라는 말씀을 드리면서 강연을 마치겠습니다.

여러분의 멋진 미래를 응원합니다.

서형석

"" 2017년 8월, 대한민국은
고령사회로 진입했습니다 ""

👤 강의 분야 | 인생2막 새로운 도전, 기후위기시대를 살아가는법,
귀농·귀촌 길라잡이, 미래기업의 ESG경영
✉ futureshs@naver.com ⛰ blog.naver.com/futureshs

기후환경연구원 대표, 유엔미래포럼/미래연구회 부회장.
계명대학교 경영대학원 무역학과를 졸업하고 종합무역상사인 ㈜LG상사에
서 28년간 근무하면서 무역, 물류, 신사업, CDM(탄소배출권 사업) 등의 업
무를 수행하였다.
2014년 밀레니엄 프로젝트로부터 한국에서 두 번째 '미래예측 전문가' 자격
을 취득하였다.
현재 경북지속가능발전협의회 기후·에너지분과 위원, 경북경제진흥원 컨설
턴트, 경북도민 행복대학 미래학 교수로 활동하면서 기업체, 기관단체, 대학
등에서도 강의를 하고 있다.
2020년 5월 밀레니엄 프로젝트에서 3년간 연구한 『미래의 일자리와 기술
2050』을 아시아 최초로 번역 출간하기도 했다. '북극곰의 위기, 다음은 우리
다'라는 주제로 기후위기 관련 책도 출간 예정이다.
경북 김천시에 귀농하여 텃밭 등 농사를 하면서 틈틈이 마라톤, 사이클, 등
산으로 건강관리를 하고 있다.

기후환경연구원 대표
서형석

100세 시대, 인생 2막을 설계하라

　2017년 8월은 대한민국의 역사적인 달입니다. 어떤 달일까요? 우리나라가 고령사회로 진입한 달입니다. 그런데 통계조사에 의하면 은퇴자의 8.6%만이 "은퇴 준비가 잘되어 있다"라는 대답을 했다고 합니다. 대부분의 은퇴자는 재취업 등을 통해서 계속 일을 하지 않으면 생활이 불가능할 정도로 심각한 상황입니다. 더구나 코로나19로 인해 전체 일자리가 줄어 시니어들이 할 수 있는 일거리는 점점 좁아지고 있는 게 현실입니다.

　이제 100세 시대를 살아가면서 인생의 초반이나 중반보다도 후반이 더 길고 더 중요하게 되었습니다. 인생 2막을 즐기고 베풀면서 멋지게 살아가는 사람도 있지만, 돈과 건강을 잃고 병마와 투쟁하면서 그간 벌었던 돈을 모두 소진하고 자식들의 도움으로 겨우 하루하루를 연명하면서 쓸쓸하게 살아가는 분도 많습니다. 인생 2막을 어떻게 설계하고 준비해야 하는지 같이 고민해 보겠습니다.

인생 2막 무엇이 중요한가

첫 번째는 너무나 당연한 이야기지만, 건강입니다. 종합검진 등을 통해서 건강 상태부터 체크하는 게 가장 먼저 해야 할 일입니다. 기계도 오래 사용하면 고장이 나듯 사람의 몸도 혹사하면 60세 전후로 한두 가지 질병을 가지게 됩니다. 질병을 확인하고 치유하는 게 우선이고 꾸준한 운동을 통해서 자기 몸 관리부터 시작해야 합니다.

두 번째는 돈입니다. 재무관리가 어쩌면 건강보다 더 중요할 수도 있습니다. 돈 때문에 건강을 해치는 경우가 많기 때문이지요. 우리나라는 OECD 국가 중 노인빈곤율이 46%로 최고 수준입니다. 대부분 퇴직자의 자산 중에서 본인 소유의 집 등 부동산을 빼면 보유 현금이 많지 않습니다. 50세 이상 퇴직자의 평균 금융자산은 1억 2천만 원이며, 비교적 여유 있게 퇴직한다는 금金퇴족은 약 3억 9천만 원이라고 합니다. 국민연금을 받을 수 있는 연령까지의 공백 기간인 일명 '소득 크레바스' 기간에 수입이 없다면 1억 2천만 원은 보통 3년 내에 소진이 되지요. 실제 국민연금을 받더라도 1백만 원 안팎의 연금으로는 생활이 거의 불가능하므로 은퇴 후 재무관리에 대한 준비가 필요합니다. 또한 자녀와의 재무 관계도 아주 중요합니다. 일명 '자녀 리스크'라고도 하지요. 우리나라는 대학 졸업까지는 물론 결혼 시 주택 비용, 결혼 비용까지 모두 부모 몫이 되는 경우가 많습니다. 특히 자녀의 사업자금까지 지원했다가 실패하면 부모들은 마지막 남은 집마저 날리고 깡통을 차는 경우도 있습니다. 각 가정마다 상황이 다르겠지만, 대학 졸업까지만 지원하

인생 2막을 미리 설계하고 실천한 사람과
그렇지 않은 사람과의 격차는 더욱 커지게 됩니다.

고 졸업 이후에 취업이나 경제활동을 해서 결혼 비용은 스스로 마련하고 사업자금도 자신이 해결해야 한다고 봅니다. 부모는 자신들의 노후를 위해서 자금을 활용하면서, 자녀에게 기대지 않고 건강하게 살다가 마지막에 남는 재산은 자녀들에게 적절히 분배하고 일부는 사회에 기증하는 게 가장 지혜로운 일이 아닐까요?

셋째는 일자리입니다. 100세 시대는 통상 30년 공부하고, 30년 일하고 40년을 더 살아야 합니다. 문제는 일하는 기간이 점점 짧아지면서 인생 2막의 기간이 더욱 길어진다는 것입니다. 그 긴 시간 동안 소득이 없으면 대부분 절대빈곤 수준으로 떨어진다는 것이고, 최소한 70세 이후까지도 일을 계속해야 하는 경우가 많습니다. 평생 현역으로 살아야 한다는 의미이지요. 더구나 코로나 팬데믹 이후 4차산업혁명의 급속한 진전으로 미래 세상이 더 빨리 다가왔고, 미래를 준비할 여유 기간이 더 짧아진 겁니다. 향후 30년은 디지털이 세상을 주도하면서 인공지능이 더욱 빠르게 우리 곁으로 다가오고 있습니다. 청년들은 변화하는 디지털 세상에 잘 적응하지만, 시니어들은 적응이 쉽지 않습니다. 그래서 미래 대응이 정말 중요한 일이지만 더욱 어려워졌지요.

밀레니엄 프로젝트에서 발간한 『미래의 일자리와 기술 2050』에 의하면 미래사회를 3개의 시나리오로 예측했는데, 제1 안은 미래 준비를 소홀히 하면

빈부 격차가 심해지고 일자리가 증가하지 않는 경제성장이 일상화되는 매우 혼탁한 세상이 올 수 있다는 것입니다. 제2 안은 미래 준비를 전혀 하지 않거나 차세대 기술에 소외된 사람에게는 암울한 미래가 되어 범죄가 증가하고, 기후변화로 식량 위기까지 겹쳐 절망적인 사회가 도래하고, 지구촌 생산가능 인구의 2/3가 실업자가 될 수도 있다는 최악의 시나리오입니다. 제3 안은 미래를 잘 준비하고 실천하면 자아실현 시대가 도래하여 힘든 일은 로봇이 대신하고, 데이터를 활용하거나 분석하는 일은 인공지능이 대신하며, 인간은 기본소득으로 최저 생활비를 보장받고 자신이 하고 싶은 일을 하면서 자아를 실현하는, 건강하고 아름다운 사회가 될 수 있다는 것입니다. 결국 인간은 생계유지를 위한 일자리가 아니라 자아실현을 위해서 일을 하는 '자아실현 경제의 시대'가 온다는 겁니다. 이런 멋진 미래의 새로운 길을 개척하며 앞서가는 국가나 기업이나 사람이 부와 명예의 대부분을 가지게 됩니다.

인생 재설계, 어떻게 할 것인가

인생 재설계는 통상 일, 재무, 가족, 사회적 관계, 사회공헌, 여가, 건강 등 7대 영역으로 구분하여 설계합니다.

7대 영역 중에서 무엇이 가장 중요할까요? 물론 모두가 중요하지만, 그 중에서도 일자리가 가장 중요하지 않을까요? 따라서 퇴직을 하면 무엇을 할 것인지를 결정해야 합니다. 즉 방향을 확실히 결정해야 합니다. 재취업을 할 것인지, 새로운 사업을 시작할 것인지, 아니면 귀농·귀촌할 것인지, 자격증이나 기술을 활용하여 프리랜서로 일할 것인지, 사회공헌 활동을 할 것인지 등의 선택을 해야 합니다. 그 긴 시간을 마냥 백수로 놀 수 만은 없으니 무언가 일을 해야 보람도 있고 건강도 지키게 되니까 말입니다. 김형석 교수는 102세가 되어도 강연 활동을 하고, 송해 씨는 95세에도 전국을 누비며 전국노래자랑 진행을 맡고 있습니다. 이분들은 평생 현역으로 살아가면서 일과 돈 그리고 건강한 장수를 누리는 모두의 롤모델이 아닌가 합니다.

첫째, 가장 좋은 일자리는 기존 직장에서 계약직이든 촉탁직이든 계속 일을 할 수 있다면 급여는 줄더라도 리스크가 적고 새로운 일을 배우지 않아도 되기에 가장 쉬운 방법이 아닌가 합니다.

둘째, 자격증과 기술을 활용하여 프리랜서로 일하는 것입니다. 일과 삶의 균형을 유지하면서 자유롭고 여유 있게 일할 수 있다는 장점이 있습니다. 실제 프로젝트 단위로 일하는 긱워커Gig Worker가 점점 많아지고 있습니다. 사용자는 간접비용 없이 필요할 때만 근로자를 고용할 수 있다는 장점이 있고, 근로자는 출퇴근의 구속에서 벗어나 원하는 곳에서 원하는 방식으로 일할 수 있다는 장점이 있어서 요즘 젊은 층부터 시니어까지 폭넓게 확산되고 있습니다. 직장이 없는 시대, 집에서도 돈을 버는 시대가 온 것입니다.

요즘은 잡 노마드Job Nomad 열풍도 확산되고 있습니다. 노마드는 유목민이라는 의미로, 한곳에 정착하지 않고 떠돌아다니는 사람을 의미합니다. 디지털 노마드라고도 하는데, 정보통신기술의 발달로 새롭게 등장한 신인류로 칭하기도 합니다. 노트북, 휴대폰 등의 IT 기기를 통해서 시공간에 구애받지 않고 쌍방향 소통을 하면서 일과 여행을 즐기는 사람들입니다. 프리랜서, 1인 기업가라고 할 수 있지요. 다양한 분야가 있지만, 특히 예술 분야나 IT 관련 전문가라면 더욱 가능성이 큽니다. 또한 프리랜서가 자신을 알리기 위해서는 유튜브 등 1인 방송과 책 쓰기는 필수인 시대가 되었습니다. 부업

코로나 이후 4차산업혁명의 급속한 진전으로
미래 세상이 더 빨리 다가왔고,
미래를 준비할 기간이 더 짧아졌습니다.

으로 시작한 책 쓰기나 유튜브로 유명인사가 되어 본업이 바뀌는 경우도 종
종 있더군요.

셋째, 다른 업종에 재취업하는 것입니다. 물론 시간과 돈을 투자해서 새
로운 기술이나 업무를 배워야 하는 어려움이 있습니다. 주로 용접, 지게차
운전, 도배, 도색, 인테리어 등 몸으로 일하는 경우가 많지만 컨설턴트, 멘
토, 작가, 상담사 등 정신적인 노동을 하는 경우도 있습니다. 이런 일들은 플
랫폼을 잘 활용해서 일자리를 찾는 게 중요합니다.

넷째, 새로운 사업을 시작하는 것입니다. 경력이나 능력을 활용해서 사
업을 시작한다면 좋지만, 자금을 투자해서 시작하는 사업은 정말 신중하게
판단해야 합니다. 실패하면 재기하기 쉽지 않기 때문입니다. 특히 진입장벽
없이 누구나 할 수 있는 일이라면 다시 생각해 봐야 합니다.

다섯째, 귀농 · 귀촌입니다. 제가 현재 경험하고 있지만, 귀농은 육체노동
은 필수이고 농기계를 다루는 위험도 있어서 가능한 한 권장하고 싶지 않습
니다. 다만 귀촌은 조용한 전원생활이 건강에 도움이 되고 생활이 가능한 소
득만 보장된다면 적극적으로 추천하고 싶습니다. 귀농 · 귀촌에는 3가지 W
가 있어야 한다고 합니다. 이게 무엇인지 아시나요? Wife(와이프)의 동의가
필요하고, We(친구)가 있어야 하고, Water(물)가 좋아야 한다고 합니다.

통상 2년 정도의 준비 과정이 필요하다고 합니다. 정착 지역과 주거·농지 탐색, 농업기술센터 등을 통한 교육은 필수입니다. 병원, 교통, 교육, 문화, 자치단체의 지원, 정착지 이웃, 주변 환경 등도 알아봐야 합니다. 주말을 이용해 현지 체험을 해보고 나서 이사를 결정하는 게 현명한 방법이지요.

귀농 교육을 이수한 사람과 그렇지 않은 사람의 소득이 2배 이상 차이가 난다는 통계도 있습니다. 특히 스마트팜 등 농업에도 IT 기술이 도입되어 온라인으로 판매하는 분들이 많아지면서 실제 소득도 천차만별입니다.

여섯째, 사회공헌입니다. 비교적 노동 강도가 낮으며 보수가 적지만 일을 통해서 보람을 찾고 자아실현을 할 수 있다는 점에서 의미 있는 일이 아닌가 합니다. 예를 들어 문화해설가, 숲해설가, 환경해설사, 노인도우미, 심리상담사 등 사회에 공헌하면서 이를 직업으로 하는 것도 여유와 건강을 찾을 수 있는 일이 아닐까요?

인생 2막을 성공적으로 사는 사람들

할담비를 아시나요? 전국노래자랑에서 가수 손담비의 노래 '미쳤어'를 춤과 함께 불러서 일약 스타덤에 오르며 인생 역전의 드라마를 쓴 지병수 할아버지가 그 주인공입니다. 친구에게 빌려준 돈을 사기당하고 보증으로 인해 재산도 날리고 월세방에 사시는 기초수급자였지요. 평소 취미로 배워둔 한국무용과 노래가 인생 반전이 될 줄은 꿈에도 몰랐지요. 2019년 신나는 노래 한 곡으로 별안간 전국적인 스타가 되어 하루 20여 통의 섭외 전화가 오고 그를 돕는 매니저도 생기고, 10여 편이 넘는 광고도 찍은 스타가 되었습니다. 유튜브를 하면서 유명세를 더욱 높여서 정신없이 바쁜 날들을 보내고 있지만, 틈틈이 봉사활동도 하고 광고료 전액을 기부하기도 해서 더 큰 박수를 받고 있습니다. 정말 멋진 인생이자 반전이 아닌가요?

"인생 항로에서 스스로 선장이 되어라"라고 조언하는 인생 역전 드라마의 또 다른 주인공은 구건서 네비게이터십 대표입니다. 중학교 중퇴에 소년원 출신이었던 그의 인생은 말 그대로 파란만장이었습니다.

어린 나이에 배고픔을 이기지 못하고 빵을 훔쳐서 소년원 출신이라는 타이틀을 달게 되었고, 이후 노점상, 채소 행상, 과일 장수, 엿장수, 공사판 일일 잡부 등 온갖 직업을 전전했지요. 그러나 힘들게 살면서도 책을 손에서 놓지 않았기에 50세에 고입 검정고시, 통과하고 52세에 대졸 검정고시에 합격하여 2018년에는 서울 명문 대학교에서 법학박사 학위까지 받았습니다. 현재 공인노무사 자격까지 취득하여 노무법인 대표로 일하고 있다고 합니

다. 그는 "꿈, 관계, 도전, 재능, 행동, 기본, 준비, 열정 여덟 개의 키워드를 통해 무기력한 당신을 일으켜 세우면 인생 역전 이제 당신 차례!"라며 강의와 컨설팅으로 많은 분들에게 용기를 주고 있습니다. 노동관계 서적만 25권을 출간한 그는 '절박하면 역경을 이긴다'는 신조로 아직도 책을 손에서 놓지 않는다고 합니다.

세상에 공짜가 없듯이 치열한 인생에서 그저 얻어지는 건 없습니다. 끊임없는 노력과 준비만이 건강하고 행복한 미래를 만들어주는 건 아닐까요?

더 멋진 미래를 위해서, 모두 힘차게 화이팅 한번 외쳐볼까요? 제가 먼저 아자! 아자! 하면, 화이팅을 크게 외쳐 주세요.

아자! 아자!

화이팅!(청중 모두)

신각수

> " 우리 외교는 혼돈의 대전환기에
> 방향 설정을 고민해야 합니다 "

👤 강의 분야 | 외교
✉ ksskorea@gmail.com

정통 직업외교관의 길을 밟아왔으며 2013년 은퇴 후에는 대학 강의, 외부
강연, 언론기고, NGO 활동, 공익단체 활동 등 다양한 활동을 통해 우리 사
회의 국제화에 기여하고 있다.

1977년 외교부에 입부하여 36년간 일본과장, 차관·장관 보좌관, 조약국장,
주유엔 차석대사, 주이스라엘·일본 대사, 1·2차관 등을 역임하였다.

서울대학교 법과대학을 졸업하고 동대학에서 국제법으로 석사·박사 학위
를 취득하였으며, 스탠포드 대학, 동경 대학, 게이오 대학, 북경 대학에서 수
학하였다. 육군사관학교 교관으로 복무하였으며 서강대, 서울대 국제대학
원, 울산대에서 강의하였다.

2014년 이래 법무법인 세종에서 고문으로 활동하고 있으며 한일관계 증진
을 목적으로 설립된 세토포럼의 이사장을 맡고 있다. 현재 북한인권시민연
합, TJWG, THINK, NEAR재단, 한반도미래재단, 한반도평화만들기재단
등에서 이사·고문으로 활동하고 있다.

황조근정훈장과 일본 정부의 욱일대수장을 받았으며, NEAR학술상, 영산외
교인상을 수상하였다.

대전환기 한국외교의 길

전환기 국제질서

2020년대에는 크게 세 차원에서 커다란 전환이 이루어지고 있습니다. 전환기라고 하면 질서가 바뀌는 변화가 일어나는 시대를 의미하며, 전체적으로 불안정하고 불투명합니다. 브레진스키 전 미국 국가안보보좌관은 세계에서 가장 지정학적으로 불리한 나라가 한국과 폴란드라고 했습니다. 또한 한국이 개도국에서 선진국 대열에 합류하기까지의 원동력은 대외 개방형 체제를 택한 점이고, 그 밑바탕이 된 것이 자유주의 국제질서였습니다. 그런데 여기에도 상당한 변화가 밀어닥치고 있습니다. 오늘 강의는 크게 한반도, 동북아·동아시아, 그리고 글로벌 차원의 전환을 살펴보고, 대외의존도가 높은 한국의 생존전략 외교를 말씀드리고자 합니다.

국제질서의 중층적 다극화

글로벌 차원에서 보면 1990년대 초반 소련 붕괴로 냉전이 종식되면서, 미국이 유일 초강대국으로 군림하였습니다. 그러나 2008년 세계금융위기가 일어나고, 2010년 중국이 일본을 제치고 세계 제2위의 경제 대국이 되면서 미·중 경쟁이 본격화하기 시작하였습니다. 중국의 GDP가 미국의 2/3를 넘어섰고, 일본의 2.5배에 달합니다. 2030년 전후로 미국을 추월할 것입니다. 이런 경제력의 변화가 국제질서의 변화에 영향을 미치게 되고, 미국의 유일 초강대국 지위도 위협을 받게 되었습니다.

오바마 행정부 때 재정적자를 줄이기 위해서 10년 동안 9500억 달러의 국방비 감축 계획을 세웠는데, 트럼프 행정부가 들어오면서 뒤집었습니다. 지금 7000억 달러대로 유지되고 있지만, 경제 상황에 비추어 언제까지 지속될지 의문입니다. 미국의 국방비와 군사력은 워낙 압도적입니다.

미국경제는 산업자본주의에서 금융자본주의로 이행을 마친 단계이기 때문에 미국 GDP의 40%가 금융 산업에서 나옵니다. 2008년 금융위기도 파생상품의 거품이 꺼지면서 위기가 발생한 겁니다. 트럼프 행정부는 무역에서 중국은 물론 동맹국까지 공격하였는데, 경제사정이 좋지 않으니까 미국이 국제질서 유지를 위한 공공재 제공도 축소하고 있습니다.

우리에게 우려스러운 사실은 미국 사회 전반적으로 일종의 신고립주의 경향이 나타나고 있다는 것입니다. 미국의 핵심 이익이 걸린 지역은 동아시아, 유럽, 중동 세 곳이 있는데, 미국이 경제력 약화로 관리할 능력이 점차 떨어지는 것입니다. 자유주의 국제질서에도 위기로 나타나고, 트럼프 행정부에서는 미국우선주의로 동맹관계도 삐그덕거리는 상황입니다. 그 틈을

미국과 중국의 경제력 변화가
국제질서의 변화에 영향을 미치게 되었습니다.

타 공백을 메우려는 세력이 중국과 러시아입니다.

시진핑 지도부의 중국은 이전의 중국 지도부와 상당히 다릅니다. 빠른 경제성장을 바탕으로 국력을 늘렸고, 국제정치 면에서 공세적으로 나오면서 서태평양에서 세력권 형성을 꾀하고 있습니다. 지정학의 귀환이라는 현상이 일어나고 있습니다. 중국의 일대일로 정책도 지정학의 귀환으로 미얀마, 동중국해, 남중국해, 파키스탄을 통틀어 유라시아 전체를 겨냥하고 있습니다. 러시아는 우크라이나, 중앙아시아, 발칸 3국, 시리아에 영향력을 넓혀가는 노력을 하고 있습니다.

국제사회에서 선진국클럽인 G7의 변화도 눈여겨보아야 합니다. 북미, 일본, 유럽이 G7의 3개 축인데, 미국 외에 유럽과 일본도 침체되어 있습니다. 유럽은 그리스, 포르투갈, 아일랜드, 스페인, 주로 유럽의 남부 국가들이 어려움을 겪었고 EU 통합에도 부정적 영향을 미치고 있습니다. 재정은 개별 국가가 하고 통화는 유로화로 통합하다 보니 EU 위기를 불렀습니다. 그리스의 부정회계로 촉발된 위기가 유럽 전체로 확대되었습니다. 유럽은 경제적으로 동구와 남구가 약하고, 서구와 북구가 탄탄합니다. EU라는 큰 틀에서 움직이는데 경제 사정이 좋지 않은 나라의 노동자들이 경제 사정이 좋은 나라에 들어가 일자리를 뺏게 되니까 영국에서 브렉시트가 일어나게 되고 유럽 통합에도 큰 타격을 주었습니다. 일본은 잃어버린 20년입니다. 1990년대 초 부동산 버블이 꺼지면서 디플레이션 현상이 발생하여 20년 동안 지속되어 경제적·사회적으로 일본을 약화시켰습니다.

반면에 중국을 필두로 신흥국들은 경제력을 키우기 시작했습니다. 선진국의 성장률이 떨어지고 신흥국의 성장률이 높아지면서 격차가 줄고 있습니다. 브릭스BRICS(브라질, 러시아, 인도, 중국, 남아공)를 중심으로 목소리를 키워가고 있습니다. 20세기에는 선진국 간 무역량이 선진국과 신흥국 간 무역량보다 많았지만, 지금은 역전됐습니다.

새로운 국제사회의 특징은 세계화, 지역화, 지방화가 동시에 진행되고 있는 것입니다. 국제사회의 근간인 국가 주권이 점차 이완되고 있습니다. 교통통신 수단이 발달하면서 국경이 구멍 뚫린 국경이 되고 있습니다. 국가가 아닌 주체들, 예컨대 국제기구, NGO, 다국적기업 같은 다양한 주체들이 국가 못지않은 힘을 행사합니다. 그리고 네트워크와 소프트파워의 중요성이 커지고 있습니다.

G-ZERO는 들어 보셨을 겁니다. G2는 미·중을 뜻하고, G20은 세계금융위기 이후 G7에 브릭스를 합쳐 만들려 했는데, 한국 같은 중견 국가가 들어가 20개국이 되었습니다. G-ZERO가 되면 지도적 역할을 하는 국가가 없어 굉장히 혼란스럽습니다. 그리고 서구 민주주의도 경제의 양극화로 어려움에 처해 있습니다. 중산층이 줄어들면 민주주의의 위기가 찾아오는데 디지털 민주주의의 폐해까지 겹쳐 어려움을 더하고 있습니다.

동아시아의 세력 전환

동아시아 질서는 세력 전환 과정 속에 매우 유동적이고 예측이 어려워졌습니다. 상대적 관점에서 중국은 Up, 일본은 Down, 미국은 Out, 러시아는 In 하고 있어 우리에게 불리하게 전개되고 있습니다. 미·일, 중·러 대립 구도가 생기기 쉽고 신냉전이라 칭하지만, 신냉전까지 가지 않을 것으로 봅니다. 미·중 간에는 과거의 미·소 관계와는 달리 상호의존도가 매우 높습니다. 미국 채권의 3분의 1을 중국이 가지고 있습니다. 그리고 중국은 미국 시장이 없으면 수출과 기술 도입이 안 됩니다. 그렇지만 4차산업혁명을 둘러싸고 미·중 간에 기술경쟁은 치열해지고 미국은 동맹국들과 함께 중국을 견제하려 할 것입니다.

트럼프 행정부의 대중 정책은 중국과 러시아를 전략 경쟁자라 표현했고, 바이든 행정부도 이를 답습할 것으로 예상됩니다. 경쟁의 요소에 비중이 더해졌고, 향후 미·중 격차가 줄어들수록 경쟁·대립 구도가 심화될 것입니다. 중국도 공세적 외교정책을 추구하기 시작했습니다. 핵심 영역을 확대하고 해양국가로 변신하면서 해군력을 대폭 늘리고 있습니다. 그리고 AIIB(아시아 인프라 투자 은행)를 설립하고 일대일로 정책을 추구하면서 중국의 경제적 영향력도 확대되고 있습니다.

미·중 전략 경쟁이 첨예해졌습니다. 그러나 중국의 미국 세계패권에 대한 도전은 시간이 걸릴 것

우리 외교는 혼돈의 대전환기에
방향 설정을 고민해야 합니다.

입니다. 경제력에서 추월하더라도 패권을 넘겨받기까지는 상당한 선행 시간lead time이 걸립니다. 또한 중국은 아직 국부 축적이 별로입니다. 1978년 개혁개방 이후 40년 성장한 것에 불과하여, 150여 년간 세계 1위의 경제를 운용한 미국과는 큰 차이가 있습니다.

　미국 경제는 부활하겠지만, 유일 초강대국의 지위를 되찾기는 힘듭니다. 중국도 다양한 경제·사회적인 문제점을 안고 있습니다. 중국은 다양한 경제·사회 불균형이 심화되고 취약점이 많아 지금까지의 성장 궤적을 밟을 것인지 알 수 없습니다. 일본은 아베노믹스로 일정 수준 회복되었지만, 인구문제가 발목을 잡고 있습니다. 러시아도 산업 발전이 부진한 가운데 석유에 의존하는 자원경제라 취약합니다.

　향후 동아시아 질서는 크게 미국 주도 질서, 미·중 공동 관리, 중국 주도 질서, 협력적 지역 질서, 전략적 불확실 상태, 미·중 충돌의 6개 시나리오를 상정할 수 있습니다. 미국 주도 질서의 유지가 바람직하지만, 협력적 지역 질서도 좋습니다. 이를 위해서는 미국이 아시아에 계속 관여해야 하고, 규범을 만들 지역기구가 있어야 합니다. 법치로 지역 질서가 규율되고, 중국처럼 압도적인 국력을 가진 국가가 책임 있게 행동하도록 해야 합니다. 우리에게 가장 좋은 방향이고 이익인 건 평화적 변경입니다.

북한 핵 문제

북한 핵무장은 거의 완성 단계입니다. 핵무기를 소형화·경량화·다종화하는 데 상당한 진전이 있습니다. 그리고 미사일도 미국 본토를 타격할 수 있는 화성 15호를 개발하였고, 잠수함 발사 미사일(SLBM)과 다탄두 미사일(MIRV)도 개발하고 있습니다. 앞으로 사실상 핵무장 국가가 되기 위해서는 ICBM 배치와 2차 공격 능력에 필요한 100여 개의 탄두 확보가 필요합니다. 연 12개분의 핵탄두를 생산하고 있는 것으로 추정되고 있습니다.

북한은 김정은 시대에 김일성·김정일 시대의 3배에 달하는 미사일 실험을 하였습니다. 그만큼 핵미사일 프로그램에 국력을 쏟아붓고 있습니다. 북한이 핵무장 국가가 된다면 동북아 지역의 게임체인저가 됩니다. 북한이 미국 본토 공격 능력을 가지게 되면 우리 안보의 근간인 한미연합방위체제와 미국의 핵우산에 부정적 영향을 줍니다. 한반도 전략 균형도 파괴되고 무력 충돌 위험이 증대될 것입니다. 그리고 동북아의 핵 도미노가 우려되는데, 한국·일본·대만의 핵무장 가능성이 높아집니다.

핵을 가진 북한과의 통일도 거의 불가능해집니다. 북핵 문제의 해결 기회가 거의 줄어들고 있습니다. 북핵을 해결하기 위해서는 북한의 전략적 계산을 바꿔야 합니다. 북한의 생존을 위협할 정도의 압박이 있어야 하고, 제재 체계가 효력을 발휘해야 합니다. 우리에게 제일 나쁜 것은 미국이 ICBM 능력만 갖지 않는 걸로 해서 북한 핵을 동결해 버려 우리는 북한의 핵 위협에 계속 노출되는 것입니다.

한국 외교의 대응 방향

우리 외교는 혼돈의 대전환기에 방향 설정을 고민해야 합니다. 우선 외교를 다원화, 다변화해서 지정학적 장애를 극복해야 합니다. 또한 보수와 진보의 분열을 넘어서 초당 외교를 통해 10년, 20년을 내다보고 지속성 있는 일관된 외교를 해야 합니다. 한국은 세계에서 1인당 소득 3만 달러에 인구 5천만 명인 7개국 가운데 하나로 위상에 걸맞은 중견국 외교를 해야 하는데, 4강 외교에 함몰되어 있습니다. 외교를 다변화해 쌓은 힘으로 4강 외교를 해서 전략적 공간을 창출해 내야 합니다. 우리는 너무 과도한 민족주의입니다. 그리고 덧셈 외교를 해야지 뺄셈 외교를 하면 안 됩니다. 또한 실용 외교를 해야 합니다. 우리 같은 중견 국가들은 철저한 국익 위주의 외교를 해야 강대국 사이에서 좋은 외교 기회를 창출해 낼 수 있습니다.

북핵 문제는 3D(비핵화—억지—방어)로 대처해야 합니다. 북한의 핵 개발이 거의 완성되어 가고 이에 집착하기 때문에 비핵화는 시간이 오래 걸립니

신각수

제6회 강원연구원 월례 아침포럼 "함께 여는 강원의 아침"
2018년 국제정세 전망과 한국외교 / 신각수 前 주일본 대사

다. 억지는 미국의 핵우산, 확장 억지와 함께 3축 체제(Kill Chain, KAMD, KMPR)를 조기에 완성하는 한편 미국의 전술핵 배치도 고려해야 합니다. 방어는 싸드 추가 배치를 포함한 미사일 방어 능력 향상이 필요합니다.

그리고 북핵 폐기를 위한 노력을 전방위적으로 해야 합니다. 이란 핵 사례를 보면 상임이사국 5개국과 독일이 결합하여 이란을 압박했기 때문에 이란이 물러선 것입니다. 마찬가지로 한·미·일·중·러 5개국이 북한을 압박해서 북한이 "이제 더 이상 어려우니 핵을 포기하고 생존을 택하자"라고 할 정도로 몰고 가야 합니다. 물론 전쟁이 나면 우리는 엄청난 피해를 입으므로 한반도에서 전쟁은 막아야 합니다. 그러나 교섭의 일환으로 미국이 강압 외교를 펼칠 때 우리가 동맹국으로서 이를 방해하는 것으로 비춰져서는 안 됩니다. 특히 북한을 압박하는 유일한 수단인 제재의 실효적 이행을 위해서는 적극 나서야 합니다.

우리 대응은 한미동맹 기축을 유지하면서 한일 관계를 조기 정상화해야 합니다. 중국과는 전략적 협력 동반자 관계를 내실 있게 가져가고 한러 관계도 발전시켜야 합니다. 대전환기에 잘못된 대응은 후과가 수십 년에 미치게 되므로 민관 협력으로 혼돈의 세계를 지혜롭게 헤쳐나가야 합니다.

안종배

> " 이제 완전히 새로운 시대,
> 뉴르네상스 시대가 도래했습니다 "

👤 **강의 분야** | 미래학, 미래교육, 4차산업혁명, 디지털마케팅, 스마트미디어
✉ daniel@cleancontents.org   🌐 www.gfuturestudy.org
ⓕ dreamahn

국제미래학회 회장, 한세대 교수, 클린콘텐츠국민운동본부 회장, 대한민국 인공지능포럼 공동회장.

안종배 국제미래학회 회장은 국내 미래학과 디지털마케팅의 선구자로 한세대학교 교수로 재직하고 있으며 미래창의캠퍼스 이사장으로 '미래지도사', '미래예측전략전문가', '4차산업·미래전략 최고지도자', '래대학 콜로키움', '스마트 멀티미디어 전문가', '인공지능 최고위' 과정 등을 총괄하고 있다. 그리고 클린콘텐츠국민운동본부 회장을 맡아 미래사회의 건강한 발전과 정직한 인성·윤리를 제고하는 활동을 활발히 실천하고 있다.

이러한 학술활동과 사회공헌 활동으로 국무총리상, 행정자치부 장관상, 여성가족부 장관상, 대한민국 인물대상, 자랑스런 한세대인상, 자랑스런 배정고 동문상, 자랑스런 Assist 4T 동문상 등을 수상했다.

국내 대표적 미래학 서적인 『미래학원론』 『대한민국 미래보고서』 『전략적 미래예측방법론 바이블』 『미래가보인다, 글로벌미래 2030』 『대한민국 미래교육보고서』 『대한민국 4차산업혁명 마스터플랜』 『대한민국 4차산업혁명 성공전략』 『미래예측2030(번역)』 등 미래예측연구와 미래 발전 방안의 저술을 총괄하였다. 이외에도 안종배 회장은 국내 최초로 『인공지능이 바꾸는 미래세상』 『나비효과 디지털마케팅』 『스마트시대 콘텐츠마케팅론』 등 다수의 저서와 논문으로 국내 미래학과 디지털마케팅에 대한 연구를 선도하고 있다.

국제미래학회 회장 안종배

문명 대변혁의 뉴르네상스 시대 도래,
미래 성공 전략

"블랙 스완이 던진 '리부트' 기회"이다.

국내 유명 일간지가 2020년 4월에 개최한 코로나19 팬데믹Pandemic의 영향과 미래에 관한 원격 토론 대담에서 저를 포함하여 세계적 미래학자 9명이 내린 결론이었습니다.

당시 토론에서 "인류는 코로나19라는 21세기 '블랙 스완(도저히 일어날 것 같지 않은 일이 일어나는 것)'을 목격하고 있다. 현재 인류는 미래 변화에 대응하여 '리부트(재시동)'를 앞둔 일시 중지 단계이다. 미래 변화를 읽고 이에 대응하는 미래 전략을 구현하는 국가나 기업 그리고 개인이 리부트를 선도하는 기회를 잡을 것이다."라는 데 미래학자들이 동의하였습니다.

이처럼 미래 변화를 예측하고 미래 전략을 입안하는 역량은 이제 선택이 아니라 지속 가능 생존과 미래 성공을 위한 필수가 되었습니다.

문명 대변혁, 뉴르네상스 시대의 도래

저는 2020년 초 코로나19 팬데믹 선언 직후부터 '전 세계는 당분간 혼란기를 거쳐 과학기술을 넘어 휴머니즘이 새롭게 부각되는 뉴New르네상스라는 문명적 대변혁을 맞이할 것이다.'라고 예측 주장하며 이에 대한 준비와 대응의 필요성을 강연과 언론을 통해 전달하였습니다. 유럽 르네상스 시대의 개막은 흑사병으로 불리던 페스트가 창궐한 게 결정적 원인이 되었습니다. 흑사병 팬데믹으로 인해 14세기 중반 당시 유럽 총인구의 30%가 목숨을 잃었고, 유럽의 전통 사회구조가 붕괴되었습니다. 페스트에 무력했던 교황이 그동안 누려왔던 절대권력이 약화되었고, 봉건영주 체제의 경제가 도시 자본제로 바뀌고, 창의와 인성이 중시되는 예술문화가 활성화되는 르네상스가 시작되었습니다.

코로나19 팬데믹 역시 기존의 사회 시스템과 문화를 변화시키는 촉매제가 되고 있습니다. 21세기 첨단 과학기술의 시대에 미미한 바이러스 하나가 전 인류의 생명을 위협하고 세계 경제마저 일제히 멈추게 하는 현실에 사람들은 경악했습니다. 이는 그간 절대 권위처럼 믿어왔던 과학기술 만능주의에 대한 회의懷疑를 가져왔습니다. 또한 우리는 반강제적으로 사회적 격리를 겪으면서 지금까지의 삶에 대해 성찰의 시간을 가지게 되었습니다. 급속한 발전이라는 목표를 위해 속도를 우선시했던 물질주의적 가치관에서 한 발짝 물러나 조금 느리더라도 인간의 삶의 목적과 올바른 방향을 모색하는 계기가 되었습니다.

코로나19가 『거울 나라의 앨리스』에 등장하는 '붉은 여왕의 덫(생존과 발전을 위한 속도 경쟁과 낙오에 대한 두려움)'에서 벗어나게 하였습니다. 이처럼

코로나19를 겪은 전 세계는 과학기술을 넘어
휴머니즘이 새롭게 부각되는
문명적 대변혁을 맞이할 것입니다.

21세기 팬데믹인 코로나19 이후 과학기술과 물질주의 권위가 약화되면서 휴머니즘 디지털 경제체제로 변혁되고, 자유와 평등의 가치와 창의성, 인성이 중시되는 뉴르네상스가 도래하게 되었습니다.

뉴르네상스 시대, 사회는 어떻게 변화하는가

이제 우리는 코로나19 이전으로 돌아갈 수 없습니다. 우리는 앞으로도 이전과는 전혀 다른 새로운 세상에서 살게 될 것입니다. 즉 뉴르네상스 시대의 도래로 코로나19 이전과 이후가 다른 새로운 문명적 대전환이 이루어진다는 것입니다. 이미 우리는 이런 경험을 하고 있습니다.

뉴르네상스 시대에는 초지능·초연결·초실감의 4차산업혁명이 가속화되고, 창의적 인성과 신뢰와 고귀한 가치를 추구하는 영성을 중시하는 휴머니즘이 강화되고 있습니다. 그리고 이러한 혁명적 변화에 따라 이전과는 다른 뉴노멀이 모든 곳에서 등장하게 됩니다.

사회, 문화예술, 교육, 과학기술, 경제, 환경, 정치, 복지, 가치관 등 모든 영역에서 사회 전반에 걸쳐 혁신적인 변화가 일어납니다. 이러한 변화를 예측하고 이에 대응하는 미래 전략을 입안하는 일이 국가 차원에서도 더욱 중요해지고 있습니다.

예를 들어 인구는 코로나19 이후 결혼과 출산의 연기와 기피로 저출산이 더욱 가속화될 것으로 전망되므로 결혼 장려금과 출산 축하금을 대폭 확대하여 실 대상자가 체감하는 저출산 대응 정책이 필요합니다.

또한 환경 관련하여 코로나19 이후로도 바이러스 전염병은 지속 발생할 가능성이 크고 이에 대한 대응은 의료·바이오 분야의 발전 도모와 함께 친환경 신재생 에너지 확대, 자연 친화 제품 개발 및 환경 생태계 보호로 기후변화를 극복하는 정책을 우선해야 합니다.

그리고 정치 분야는 정부의 민간 통제력이 강화되어 빅 브라더가 될 위험이 있으며, 의회는 특권을 유지하려 애쓰지만 사회적 영향력이 계속 약화될 것입니다. 이에 국민들이 정부와 국회의 월권을 감시하고 스스로의 자유와 인권을 함께 지키고, 직접 정치적 결정에 참여하는 스마트 거버넌스를 활성화하고, 스마트 직접민주주의를 논의할 필요가 있습니다. 또한 포퓰리즘 복지 정책이 전 세계적으로 확산될 것으로 전망되는데, 이를 방지하고 국가 미래 발전 관점의 정책이 입안되도록 국가미래기본법의 제정이 필요합니다.

뉴르네상스 시대, 경제는 어떻게 변화하는가

뉴르네상스의 새로운 문명 전환 시대에는 경제를 보는 정책 프레임의 변화가 필요합니다. 이전 산업사회 시대의 경제 정책 프레임이었던 고성장과 저성장의 프레임은 더 이상 유효하지 않습니다. 뉴르네상스시대의 변화를 경제 정책으로 담아내는 '혁신'과 '휴머니즘'의 프레임으로 바라볼 필요가 있습니다. 즉 새로운 시대 변화를 예측하여 대응하는 혁신과 국민의 행복과 자연의 회복을 지향하는 휴머니즘을 경제 정책의 프레임으로 잡아야 합니다.

정부는 이를 통해 제가 명명한 '혁신휴머니즘 경제'를 지향하여 이에 부합하게 경제 시스템과 진흥 정책과 법제를 재정비해야 합니다.

한편 세계 경제 불황, 국내 경기 침체, 글로벌 분업체계 약화 및 자국 중심의 경제 시스템이 강화되면서 생산과 무역의 세계화를 확대한 글로벌 3.0은 약화되고 있습니다. 반면에 글로벌 4.0이 강화되어 개인의 세계화 즉 개인이 비즈니스와 소비의 직접 주체가 되어 글로벌하게 활동하는 뉴노멀 경제 시스템이 강화되고 있습니다. 이러한 급속한 변화는 모두에게 위기이면서 동시에 기회를 제공합니다.

특히 코로나19로 기존의 직업과 안정적 일자리는 급속히 감소할 것입니다. 그러나 뉴노멀의 경제 시스템과 산업 그리고 뉴노멀 삶의 형식에 적합한 새로운 비즈니스와 일자리는 계속 창조될 가능성이 더욱 커지고 있습니다. 새로운 비즈니스와 일자리는 예전처럼 이미 존재하고 있는 것이 아니라 혁신휴머니즘 경제 정책으로 끊임없이 창조해야 합니다.

뉴르네상스 시대, 비즈니스는 어떻게 변화하는가

문명 대변혁의 뉴르네상스 시대에는 우리의 산업과 비즈니스 그리고 소비 형태 방식도 달라지게 됩니다. 산업 관점에서는 이전 전통산업과는 다른 4차산업혁명 산업이 뉴노멀로 대세가 되고 있습니다. 비즈니스 관점에서는 비대면 참여로 현존감을 강화하는 비대면 현존감Untact Presence, 모든 비즈니스의 블랙홀인 스마트 플랫폼Smart Platform, 첨단기술과 감성으로 개인 맞춤 서비스를 제공하는 인공지능 개인 맞춤AI Personal이 적용된 비즈니스가 기존 비즈니스와 다른 뉴노멀로서 대세가 되고 있습니다.

이러한 미래 변화에 부합하는 산업 즉 스마트교육, 스마트워크, 스마트헬스케어, 스마트바이오, 스마트팩토리, 스마트시티, 스마트콘텐츠, 스마트샵, 스마트팜, 스마트물류 등이 부상할 것입니다. 이에 반해 이러한 미래 변화 트렌드에 대응하지 못하는 기존 형태의 제조업과 서비스업, 환경파괴 산업 등은 급속도로 약화될 것입니다.

뉴르네상스 시대 변화는 기업 경영에도 다양한 영역에서 변화를 가져올 것입니다. 스마트워크를 포함한 근무 환경의 변화, 언택트와 개인 맞춤 감성 체험을 지향하는 소비자의 변화, 원자재 조달 방식과 유통 환경의 변화, 디지털과 개인 중심의 광고 마케팅의 변화, 제품 생산 공정의 혁신적 변화 등 모든 영역에서의 변화가 예측되는 바 이에 대응하는 기업 경영이 필요합니다.

또한 기업 경영의 리더십도 변화가 필요합니다. 첫째, 기업의 경영자는 미래에 펼쳐질 급속한 변화를 예측하여 이에 대응하는 미래전략을 입안하고 실천하는 '미래 경영' 리더십이 중요해집니다. 이를 통해 기업은 미래 변화에 대응하여 위기를 극복하고 기회를 만들어 갈 수 있게 됩니다.

둘째, 휴머니즘이 강화되는 뉴르네상스 시대에 임직원의 역량을 최대한 발휘하게 하고 함께 협력하여 최대한 성과를 도출하기 위해서는 임직원과의 감성적 소통 리더십이 중요해집니다.

뉴르네상스 시대, 차차차 미래 성공 전략

우리 사회에 문명의 대변혁이 일어나는 뉴르네상스 시대가 도래하면서 휴머니즘이 강화되고 동시에 4차산업혁명이 가속화되고 있습니다. 이러한 급속한 변화는 위기이자 기회입니다.

이러한 급변의 뉴르네상스 시대에는 미래 성공을 위한 새로운 준비와 전략이 필요합니다. 저는 이를 차차차 미래 성공 전략이라고 부릅니다. 미래 성공 전략으로 첫째, 급변하는 미래 변화를 예측할 수 있어야 합니다 (Change). 둘째, 바람직한 미래를 선택하고 이를 구현하기 위해 도전하는 미래 전략을 입안해야 합니다(Challenge). 셋째, 바람직한 미래를 구현하기 위한 미래 전략을 실천하여 미래 변화와 위기를 기회로 만들어야 합니다 (Chance).

이러한 차Cha·차Cha·차Cha 전략을 통해 미래 변화를 예측하고, 바람직한 미래를 구현하기 위한 미래 전략을 입안하여 도전하고, 미래 전략을 열정을 가지고 실천하여 위기를 기회로 만들어 가야 합니다. 이러한 차차차 미래 성공 전략을 통해 개인, 기업, 기관, 국가는 문명 대변혁의 변화를 새로운 가능성으로 인식하고 미래를 준비하고 실천하여 미래를 성공적으로 준비하고 대응할 수 있게 됩니다. 미래학자 피터 슈워츠의 경구 '준비하지 않는 국가, 기업, 개인에게 미래란 없다. 미래는 준비하는 자의 것이고, 성공은 실천하는 자의 것이다'처럼 차차차 전략으로 미래를 준비하고 실천하여 미래 성공을 이끌 수 있게 되는 것입니다.

한편 미래학자 짐 데이토 교수가 정의한 바와 같이 미래학이 미래 변화 예측 연구를 통해 바람직한 미래를 찾아내고 원하는 미래를 설계하여 이를 구현하기 위한 미래 전략을 구상하는 학문입니다. 즉 미래학을 통해 차차차 미래 성공 전략을 구현하는 방법을 익힐 수 있는 것입니다. 이를 위해 누구나 쉽고 재미있게 미래학을 학습하여 미래 변화 예측과 미래전략을 입안할 수 있도록 『미래학원론』이 2020년 국내 처음으로 출간되었습니다.

또한 국제미래학회(www.gfuturestudy.org)는 문명 대변혁 뉴르네상스 시대 급변하는 미래 변화에 개인, 기업, 대학, 기관, 정부가 대응할 수 있도록 미래 변화를 예측하고 미래 전략을 입안하여 실천할 수 있도록 차차차 미래 예측전략 역량을 함양하는 '미래지도사' 및 '미래예측전략전문가' 과정을 진행해 오고 있습니다.

미래를 준비하는 자가 성공을 이끕니다.

이장우

> " 이커머스는 완전히 새로운
> 기회임이 분명합니다 "

👤 강의 분야 | 브랜드/마케팅, 인공지능, 디자인경영, 창의력, 아이디어,
　　　　　　 자기계발, 평생공부, 퍼스널브랜드, 이커머스, 라이브커머스
✉ thinkbrands@gmail.com　📘 ideadoctor1　📷 ideadoctor

브랜드+마케팅 현장전문가로 40년째 종횡무진 활약 중이다.

국내 최초의 퍼스널브랜드 'Idea Doctor(아이디어닥터)'로 여러 SNS에서 20여만 명의 '친구'들과 친근한 소통을 즐기고 있다. 최근 음성기반 SNS '클럽하우스'에서는 5천여 명 팔로워들이 그의 브랜드 스토리를 듣고자 몰려들었다. 평생현역, 평생청춘을 살아가는 '3평인생'을 위한 '평생공부'를 실천하고 전파하는 중이며 그의 비전과 철학이 바로 클럽하우스 '평생공부방'에 담겨있다.

'언어코치'로 지금까지 그리스어와 라틴어를 비롯하여 16개의 언어를 공부했다. 라이브커머스 그립과 쿠팡라이브에서 트렌드몬스터라는 닉네임으로 40회 넘는 라이브커머스 방송을 해오며 구매전환율이 20%에 달하는 한국 최고 기록도 갖고 있다.

다양한 학문을 연구하며 경영학, 공연예술학 박사학위를 받았고 디자인학 박사과정을 수료했다. 39세에 전문경영인 CEO로 발탁된 이후 40년 동안 여러 산업 분야의 기업에서 사외이사, 고문/자문 및 전문경영인으로 일하고 있다. 34년간 한국 최고의 인기 명강사로 브랜드, 마케팅, 아이디어와 창의력, 트렌드, 디자인, SNS, 자기계발, 여행, 커피, 인공지능(AI), 이커머스, 라이브커머스, 새로운 미래에 관해서 4천 회가 넘는 강의를 해오고 있다.

저서로 『이장우의 브랜드』 『인공지능이 나하고 무슨 관계지?』 『몰랑몰랑』 『세상은 문밖에 있다』 등이 있다.

이커머스 생태계의 진화

코로나19는 많은 것을 바꾸고 있습니다. 사회적 거리 두기, 여행하는 방식과 근무환경, 원격수업으로 진행되는 학교생활 등등 우리의 라이프 스타일은 크게 변화하고 있습니다. 랜lan선으로 회식을 하기도 하고, 줌zoom을 통해 미팅을 하기도 합니다. 저도 줌으로 강의도 하고 미팅도 하면서 일하는 방식이나 라이프스타일이 모두 변하였습니다.

이처럼 코로나19 이후 우리는 새로운 시대를 살아가고 있고, 새롭게 맞이한 변혁의 시대는 3가지 축을 중심으로 움직이고 있습니다. 그 축은 인공지능AI과 소셜 트레이더스social traders 그리고 이커머스e-commerce입니다. 인공지능은 코로나19 선별부터 비대면을 위한 다양한 전략으로 활용되고 있습니다. 두 번째 소셜 트레이더스는 세포마켓으로 대변됩니다. 세포마켓은 소비자이자 판매자인 셀슈머(Sell+Consumer)가 주도하는 1인 마켓이나 1인 미디어 시대에서 SNS를 통해 행해지는 1인 마켓을 말하는데요. 특히 인스타그램Instagram의 인플루언서influencer를 기반으로 하는 세포마켓의 성장세가 두드러지고 있습니다. 그리고 마지막 이커머스. 개인이나 기업 할 것 없이 판매와 소비가 일어나는 곳에서는 선택이 아닌 필수라 할 수 있습니다. 왜냐하면 미래학자 짐 데이토Jim Dator의 말처럼 비대면 시대를 맞아 시장의 경계는 더 낮아졌고, 고객은 더 넓어졌기 때문입니다.

정말이지 이커머스야말로 기업 성장을 위한 새로운 기회입니다. 우리는 이런 기회를 놓쳐서는 안 됩니다. 이미 시장은 빠르게 성장하여 2019년 135조 원이었던 이커머스 매출액은 향후 1~2년 안에 200조에 이를 것으로 예상됩니다. 어쩌면 달리진 소비패턴과 온라인과 모바일 중심의 쇼핑으로 시장이 개편되면서 전통 기업에게는 위협적으로 보여질지 모릅니다. 그러나 시장 전체로만 본다면 이커머스는 완전히 새로운 기회임이 분명합니다. 그렇다면 이런 기회에서 어떻게 해야 할까요? 캐나다 아이스하키 선수 웨인 그레츠키는 '나는 퍽이 있는 곳이 아니라 퍽이 올 곳으로 움직인다'고 합니다. 이커머스에 도전하는 기업들도 이와 같아야 합니다. 이커머스의 진화와 방향을 따라 미리 움직이는 기업이 승자가 되는 것입니다.

이커머스는 1995년 7월 5일 미국의 아마존 탄생과 1996년 6월 1일 한국의 인터파크의 출범과 함께합니다. 그리고 현재까지 온라인 비즈니스를 바탕으로 승승장구하며 지속적 성장을 이어오게 됩니다. 물론 그 성장은 앞으로도 쭉 현재진행형입니다. 앞서 이야기했듯 코로나19로 인해 이커머스에 새롭게 진입한 소비자들이 2019년에 비하여 2배가량 늘어났고, 우리가 익히

언택트 시대, 시장의 경계는 낮아졌고
고객의 범위는 넓어졌습니다.
기업은 이 기회를 놓쳐서는 안 됩니다.

알고 있던 유통 빅쓰리Big 3가 변화하고 있기 때문입니다. 롯데그룹, 현대백화점, 신세계그룹으로 대변되던 유통 빅쓰리는 네이버, 쿠팡, 이베이(옥션, 지마켓)로 변화하고 있고, 여기에 카카오 모바일 커머스까지 적극 가세하고 있습니다. 거대한 유통망을 보유하고 있는 기업이 장악하고 있던 시장이 이제는 온라인과 모바일을 중심으로 하는 플랫폼들의 등장과 성장으로 변하고 있는 것입니다.

하지만 그렇다고 이커머스라는 것이 거대 온라인 기업들에만 국한되지는 않습니다. 이제 누구나 판매자가 되기도 하고 소비자가 되기도 하는 중고거래, 반품이나 전시상품, 단종 상품을 할인된 가격으로 판매하는 리퍼브Refurbished도 이커머스에서 이루어지고 있습니다. 또한 신선식품 중에서도 육류제품만을 주문 후에 도축하여 배송까지 하는 정육업체들도, 대형마트와 같은 거대 유통업체에 가려져 관심을 잃어가던 전통시장이나 동네 슈퍼도 이커머스 안으로 들어오고 있습니다. '놀장(놀라와요 시장)'은 전통시장 배달앱 서비스로 집에서 반경 1.8km 안의 전통시장에서 제품을 구매하고 받아볼 수 있습니다. 소비자들이 찾아올 때까지 기다리기만 했던 전통시장도 이제는 이커머스로 직접 소비자들에게 찾아가고 있는 것입니다. 또한 전국 540개 동네마트와 가맹을 맺은 '맘마먹자'는 소비자들이 필요한 동네마트 상품을 온라인에서 구매하면 배송해 주는 서비스를 제공합니다. 그야말로 다양한 쇼핑 형태와 유통의 혁신이 이커머스에서 이루어지며 본격적으로 이커머스 생태계가 열리고 있는 것입니다.

이커머스 생태계는 크게 8개로 구분할 수 있습니다.

첫 번째 플랫폼 커머스Platform Commerce는 네이버의 스마트스토어와 같이 판매자와 이용자를 연결해 주는 플랫폼을 제공하는 이커머스입니다. 이커머스의 새로운 축이 될 정도로 최근 큰 위력을 보여주는 이커머스 형태입니다.

두 번째는 브랜드 커머스Brand Commerce로, 기업이 자신의 브랜드와 제품을 판매할 수 있는 자체 온라인몰을 구성하고 있는 형태입니다.

세 번째는 소셜 커머스Social Commerce입니다. 현재 유통업계에 혁신을 일으키고 있는 쿠팡, 티몬, 위메프가 여기에 해당합니다. 이들의 시작이 바로 소셜 커머스였습니다.

네 번째는 미디어 커머스Media Commerce로, 블랭크BLANK와 브랜드엑스 BRANDX와 같이 미디어 콘텐츠를 바탕으로 제품을 판매하는 이커머스 형태입니다. 직접 제품에 대한 리뷰나 설명들을 영상으로 제작하여 공유하고, 소비자들로 하여금 새로운 경험을 할 수 있도록 하여 성공한 경우입니다. 이들에게는 강력한 콘텐츠가 강점이 됩니다. 분명 제품홍보 영상인데도 흥미로운 콘텐츠가 소비자의 관심을 끌고, 자연스럽게 판매에도 영향을 미치게 됩니다. 이와 비슷하게 비디오 커머스Video Commerce도 있습니다. 영상을 보면서 제품을 구매할 수 있도록 하는 플랫폼이 여기에 해당합니다. 유튜브

Youtube에서 베타서비스로 선보인 '쇼핑 익스텐션'과 틱톡Ticktok의 '샵 나우'도 모두 영상 속에 '쇼핑하기' 버튼을 만들어 이를 누르면 구매 화면으로 이동할 수 있도록 한 것이 바로 비디오 커머스입니다. 국내에서는 온라인 셀렉트숍 29cm가 홈페이지에 '29TV'라는 비디오 채널을 개설하여 29초 동안 영상을 통해 브랜드를 전달하고 영상 속 제품구매 버튼을 누르면 구매로 연결될 수 있도록 하였습니다. 텍스트와 이미지로 구성된 온라인 쇼핑몰에서 동영상을 통해 제품구매를 유도하도록 변한 것입니다.

다섯 번째는 오픈 커머스Open Commerce입니다. 지마켓, 옥션 등으로 대변되는 오픈마켓의 형태로, 판매자와 구매자에게 모두 열려 있는 온라인 커머스입니다.

여섯 번째는 리셀 커머스Resell Commerce로, 소비자 간의 중고거래나 한정판 스니커즈 리셀(재판매)이 이루어지는 이커머스입니다. 최근 주목받고 있는 이커머스이기도 합니다.

일곱 번째는 버티컬 커머스Vertical Commerce로, 많은 대중을 타깃으로 하기보다는 적은 수일지라도 특화된 제품이나 서비스를 판매하는 이커머스 형태입니다. 수공예 거래 플랫폼인 아이디어스idus가 여기에 해당합니다. 2014년 출시된 이 앱은 작가가 직접 수공예로 만든 상품을 판매하고 있는데, 이것이 MZ세대들의 취향을 제대로 저격했다고 할 수 있습니다. 배송하는 데 오래 걸리고 가격도 비싸지만 어디에서나 쉽게 구할 수 있는 상품이 아닌, 작가의 작품 같은 제품을 구매할 수 있다는 점이 매력적으로 느껴지게 된 것입니다.

마지막 여덟 번째는 라방 커머스Live Streaming Commerce로, 라이브 방송을 통해 제품과 서비스를 판매하는 이커머스 형태입니다. 이커머스 생태계에서 가장 뜨거운 형태로, 3조 원 시장 규모를 가지고 있습니다. 그립Grip처럼 라이브 커머스에 특화된 서비스를 하는 기업과 네이버의 '쇼핑라이브', 카카오의 '톡딜라이브', 티몬의 '티비온'이 대표적입니다. 물론 이외에도 거의 모든 기업들이 라이브방송을 통해 라방 커머스를 이어가고 있을 정도로 최근 많은 관심이 집중된 이커머스 시장이기도 합니다. 여기에는 실시간으로 소비자와 소통하고, 또 다른 구매자들 간의 소통이 이루어지는 라방만의 특징이 크게 작용하였습니다. 온라인 쇼핑은 노출되어 있는 정보 외에는 알 수 없지만, 라이브방송은 궁금한 것은 직접 묻고, 그에 대한 답을 바로 들을 수 있으니 온라인 쇼핑의 단점을 보완할 수 있게 된 것입니다.

흥미로운 점은 이커머스 생태계에서는 소비자와 판매자의 구분이 모호하여 모두가 거래자가 되기도 한다는 것입니다. 그 거래 방법도 다양하며 계속 진화하고 있습니다. 이커머스 생태계는 진화와 변혁을 끊임없이 이어가고 있습니다.

그렇다면 우리는 어떻게 이커머스를 통해 새로운 성공 전략을 이어갈 수 있을까요? 이커머스의 무한경쟁과 혁신을 이어가기 위해서는 3C를 축으로 삼아야 합니다. 3C의 첫 번째는 콘텐츠Contents입니다. 이커머스는 소비자

이커머스의 진화 방향을 따라

그곳에 미리 가 있는 기업이 승자가 될 것입니다.

와 고객의 관심을 끌기 위해서 끊임없이 새로운 콘텐츠를 생산해야 합니다. 방문자를 최대한 오래 머물 수 있도록 해야 합니다. 아울러 콘텐츠를 편집Curation하는 능력과 전체의 맥락Context을 이어갈 수 있어야 합니다. 세상은 변하였습니다. 더 이상 관심은 공짜가 아닙니다. 보여주면 그저 보고, 기업이 하는 이야기에 설득당하던 고객은 더 이상 없습니다. 사람들은 보고 싶은 것만 보고, 자신이 흥미를 느껴야만 반응합니다. '소비자는 물건보다 경험을 갖기 위해 돈을 썼을 때 큰 행복을 느끼고 그 감정이 오래 유지된다'는 토마스 길로비치Thomas Gilovich의 말에 주목해야 하는 것입니다. 아울러 만약 제대로 재미와 흥미를 경험했다면 스스로 다른 소비자들에게도 영향력을 끼치게 됩니다. 그러므로 이커머스는 제품과 서비스만을 판매하던 과거의 모습에서 벗어나 이제는 재미있고 즐겁게 놀 수 있도록 변화하여야 하는 것입니다. CJ올리브네트웍스는 라이브방송 커머스를 비롯하여 라이브공연까지 결합된 통합 플랫폼을 선보였습니다. 웹사이트와 모바일 앱과 웹, 그리고 SNS 등 자체 플랫폼과 멀티 플랫폼에서 동시 생방송이 가능해지고, 라이브 공연을 하면서 굿즈를 판매하기도 하고, 팬들과 소통까지 하는 그야말로 하이브리드 플랫폼이라 할 수 있습니다. 단순 라이브방송 커머스를 넘어 재미와 흥미를 더하며 또 다른 모습으로 라이브방송 커머스가 진화하고 있는 것입니다. 과거에 많은 기업들이 시장점유율에 목숨을 걸었다면, 이제는 얼마나 고객과 소비자를 붙잡고 있었는지, 즉 시간점유율에 주목해야 할 것입니다. 그리고 이러한 변화를 제대로 받아들여야 합니다. 항상 새로운 변화를 주도해야 미래의 경쟁에 이길 수 있기 때문입니다.

이창우

> " FTA는 우리에게
> 선택사항이 아닙니다 "

👤 강의 분야 | FTA(자유무역협정), 무역, 글로벌
✉ cwlee1891@naver.com ⓕ 100046730203867

World FTA Forum 회장 및 국회 세계한인경제포럼 FTA일자리센터장을 겸하고 있는 이창우 회장은 고려대학교 정치외교학과를 졸업한 후 대기업 종합상사 등에서 40여 년간 무역에 종사했고 그 과정에서 25년간 FTA 분야에도 종사했다. 이런 경험을 살려 2006년에는 국내 최초로 중앙대학교 글로벌 HRD 대학원에 'FTA 최고경영자 과정'을 개설하여 FTA 전문가를 양성하였으며, 2011년부터 한국외국어대학교에서 FTA를 강의하면서 한국FTA산업협회 회장, 한국통상정보학회 부회장 등을 역임했다. FTA협회장으로서 한·칠레 FTA, 한·미 FTA, 한·EU FTA, 한·중 FTA 협상에도 참여했다. 현재 국내에서 추진 중인 많은 FTA 정책, 제도 등에 그가 직간접적으로 관여했다. 아울러 전국의 많은 대학, 정부 부처, 지자체, 기관, 단체, 기업 등에서 FTA 강의와 활용 등을 지원하면서 FTA 활용을 지원하고 있다. 최근에는 중국, 베트남, 독일, 헝가리 기업 등에게 FTA를 교육하였으며 현재도 FTA 교육 비즈니스모델을 개발하여 수출을 추진하고 있다. 2020년부터는 국회 세경포럼의 FTA일자리센터장을 맡아 FTA를 활용한 수출과 일자리 창출에 매진하고 있다. 주요 FTA 관련 저서로는 10만 권 이상 판매되어 베스트셀러가 된 『u-Trade 빅뱅』과 『무한시장 FTA』『손에 잡히는 FTA』『한·미 FTA, 중소기업의 새로운 기회』『Business 3.0 Vision』『창의시정, Trend를 읽어라』 등 다수의 저서가 있으며, 『FTANOMICS』『FTA연방시장 Job Freedom 전략』『소상공인, FTA 활용가이드』 등 FTA 교재도 다수 출판했다.

FTA, 한국에 선택이 아닌 생존의 필수 요소

한국은 고 무역의존 국가

우리나라가 무역으로 먹고사는 나라인 것은 국민들이 잘 알고 있지만 어느 정도 무역에 의존하는지는 잘 모릅니다. 2019년 무역협회 발표에 따르면 우리나라는 GDP의 68.8%를 무역에 의존하고 있고, GNI는 84%나 무역에 의존하는 등 매우 심한 고 무역의존 국가입니다. 좀 더 구체적인 수치로 설명하자면 우리나라는 식량의 74%, 목재의 84%, 에너지의 97%, 자원의 98%를 수입하고 있습니다.

세계적 수준에서 비교해 살펴보면 우리의 무역의존도를 더욱 실감나게 느낄 수 있습니다. 우리나라는 산업통상자원부(2019. 1. 1)에 의하면 세계에서 국토 107위, 인구 27위로 작은 편에 속하지만 LNG 세계 3위(중앙일보, 2019. 4. 7), 석탄 세계 4위(연합뉴스, 2015. 11), 원유 세계 5위(세계에너지시장

Insight, 2015. 8), 식량 세계 5위(이코노미조선, 2015. 7), 커피 세계 7위(관세청, 2017. 6), 에너지 세계 9위(한국경제, 2016. 5. 26) 수입국가여서, 그야말로 일상의 모든 것을 무역에 의존하고 있다고 해도 과언이 아닙니다.

FTA가 세계 무역의 70% 이상 점유

WTO에 의하면 2020년 9월 기준으로 전 세계에 494개의 지역무역협정(RTA, Regional Trade Agreement)이 발효되었는데, RTA 중 가장 낮은 단계가 FTA이므로 494개 RTA는 사실상 모두 FTA라고 할 수 있습니다. 그런데 협상 중이거나 논의 중인 것까지 합하면 2021년 1월 기준으로 전 세계 FTA는 대략 800여 개가 넘을 것으로 추정되고, 세계 무역의 70% 이상이 FTA 교역일 것으로 예상되기 때문에 세계는 지금 FTA 전쟁 중이라고 해도 과언이 아닙니다. 이제 FTA는 세계 무역의 주류 무역이 되었고, 기존 무역은 30% 이하의 비주류 무역으로 전락해서 무역 국가들에게는 FTA가 선택사항이 아니라 생존의 필수 사항이 되었습니다.

한국 수출의 74.8%가 FTA 수출

우리나라는 현재 57개국과 17개의 FTA 발효가 되었고, 현재 총 30여 개이상의 FTA를 협상, 또는 추진 중입니다. 우리나라와 FTA를 발효시킨 국가들의 GDP 합계가 전 세계 국가들 GDP의 83.8%(산업통상자원부, 2021년 기준)이상이 되어 우리나라는 세계에서 세 번째로 넓은 FTA 경제영토를 확보한 셈이 됩니다. 즉 세계 3위의 k-FTA 연방을 구축한 것입니다. 앞으로 추가적인 FTA까지 고려하면 k-FTA 연방의 영토는 더욱 확장될 것입니다.

FTA는 이미 무역국가인 한국에 선택이 아닌,

생존의 필요요소가 되었다고 인식해야 합니다.

그런데 코로나 위기의 2020년 우리나라 수출의 74.8%, 수입의 81.5%가 FTA 교역(관세청, 2020. 7. 30)으로 이루어져서 코로나 시대의 한국 수출을 FTA가 책임진 것이 밝혀졌습니다. 더구나 FTA 체결국과의 거래는 무역흑자가 603억 불인데, 비FTA 체결국과의 거래에서는 적자가 150억 불이라서 총 격차는 753억 불이나 됩니다. FTA가 아니었으면 무역적자가 753억 불이나 될 뻔했던 것입니다. 앞으로 FTA가 지속적으로 추진되면 우리나라 수출, 글로벌 시장 진출 등은 더욱 FTA에 의존하게 될 것이니, 그야말로 FTA는 이미 무역국가인 한국에 선택이 아닌, 생존의 필수 요소가 되었다고 인식해야 합니다.

FTA 시장 이해 및 활용 필요

FTA가 우리의 생존을 좌우하는 중요한 국제적 요소로 자리 잡았지만 대다수 국민, 기업, 정부 부처, 대학 등에서는 그 중요성에 비해 아직도 인식도는 매우 낮습니다. 우선 FTA가 무엇인지 잘 알아야 합니다. 알아야 활용할 수가 있기 때문입니다. 그래서 FTA 교육이 절실합니다. FTA를 이해하기 위해서는 크게 'FTA 규범의 구성', '일반 무역과 FTA의 차이점', 'FTA 간 호환 불가', 'FTA 진화' 등 4가지 대표적인 특성을 알아야 합니다.

첫 번째로, FTA 규범의 구성을 이해해야 합니다. FTA는 일종의 신 무역규범으로서 WTO 체제에서의 기존 무역규범, FTA 체결국 간의 이해가 반영된 무역규범, FTA 체결국가 간의 개방하지 않기로 합의된 폐쇄규범 등의 3개 규범이 혼재된 새로운 무역규범 체계로 구성됩니다. 그러다 보니 새롭게 탄생된 무역규범은 FTA를 체결한 국가들에게만 통용되는 무역규범이 됩니다. 두 번째로, 일반 무역과 FTA의 차이점을 이해해야 합니다. 기존의 일반 무역은 WTO 체제 하에서 전 세계가 공통으로 사용하는 신용장 통일규칙(UCP, Uniform Customs and Practice for Documentary Credits), 정형무역조건(INCOTERMS, International Rules for the Interpretation of Trade), 무역원활화협정(TFA, Trade Facilitation Agreement) 등과 같이 표준화되어 있지만, FTA 규범은 FTA 체결국 간에만 적용되는 일종의 폐쇄적인 CUG(Close User Group) 무역규범인 것을 인식해야 합니다. 세 번째로는, FTA 간의 호환이 곤란함도 알아야 합니다. FTA는 체결국들의 이해가 반영되어 있으므로 FTA 밖의 국가들은 참여가 원천적으로 봉쇄됨에 따라 FTA 간의 호환도 극히 일부를 제외하고는 원칙적으로 불가합니다. 이에 따라 FTA를 활용하여 무역을 해야 하는 기업들은 필요한 FTA들을 모두 연구, 활용해야 하는 매우 어려운 교역 프로세스가 기다리고 있습니다. 그러므로 FTA 전문가나 정부가 기업을 지원해야 합니다. 네 번째로는, FTA가 내·외부로 계속 진화 중임을 이해해야 합니다. 좀 복잡하지만 FTA를 이해하고 활용하려면 필수적으로 알아야 하니 다소 어렵더라도 설명을 하겠습니다.

내부진화

FTA에 포함되는 분야가 계속 증가하는 현상을 말합니다.

1. 가치사슬 확장: 초기에 제조업 중심 원산지, 관세에 초점을 맞춘 가치사슬에서 시장 진입, 바이어 발굴, 협상, 계약, 금융, 구매, 생산, 품질, 포장, 물류, 결제, 통관, 판매, 서비스, 소비자 보호, 바이어 관리 등으로 FTA 가치사슬이 확장되는 현상

2. 산업 확장: 제조업 위주에서 서비스, 기술, 문화, 지식, 사회, 융복합 산업, 농업, 4차산업혁명, 지구환경, 우주항공, ESG 등 다양한 산업으로 FTA가 확장되는 현상

3. 범 분야Cross-Cutting 확장

- 국제사회는 환경·공정·인권·성 평등·반부패·거버넌스 등과 같이 전 인류적 가치문제 및 사회적 약자·중소기업·빈곤층 등과 직결되는 이슈 등을 크로스 커팅 이슈로 정의

- 최근, FTA에서는 경제협력·국영기업·중소기업·규제조화 + 환율조작 금지 등 무한 확장 중

외부진화

외부진화는 FTA 형태가 다양하게 변화하는 현상으로, 기업들의 대응력이 매우 미흡하여 어려움을 겪고 있으므로 매우 세심한 주의와 연구가 필요한 분야입니다.

1. FTA 형태 진화: 양자 FTA + 다자 FTA + 복합 FTA + 대륙 간 FTA + 도시 간 FTA 등

2. 복수국 간 무역협정(WTO 일부 국가들이 참여하는 전문분야 무역협정): TISA, EGA, ITA, GPA + Digital Trade 등

3. 광의의 FTA: WTO·UN PTA + TFA, ATA Carnet, AEO 등 FTA는 아니지만 FTA 효과를 창출하는 특수 분야 자유무역협정

FTA는 한국에 선택이 아닌 생존의 필수 요소

국민들이나 기업들이 FTA를 잘 이해하고 활용하려면 기본적인 FTA 인프라가 구축되어야 합니다. 마치 산업화를 위해서 기술개발, 전문인력 양성, 산업단지 건설, 고속도로 건설, 항만이나 공항 건설 등이 필요하고, 이를 위해서 적극적인 입법, 정책과 투자, 예산 집행이 필요하듯이 FTA 분야도 마찬가지입니다. 다만 FTA는 종합적인 글로벌 지식서비스이므로 산업적인 인프라 구축과는 차이가 있습니다.

현재 우리나라의 FTA 인프라는 FTA 전문인력 양성, 지원시스템 구축, 콘텐츠 개발, 교육 활성화, 비즈니스 모델 발굴, 글로벌 플랫폼 구축, FTA NCS 보완 등이 있는데, 지면상 FTA 전문인력 양성만 설명하겠습니다. 우리나라에는 정부, 기관, 대학, 연구소, 경제단체 등에 FTA 이론 전문가는 많습니다. 또한 관세청, 관세사 등 원산지, 통관 전문가도 많습니다. 그러나 무역 경험이 풍부한 FTA 마케팅, 물류, 금융, 법률, 회계, 세무 등 무역을 지원하는 서비스 분야 전문가들뿐만 아니라 제조업, 의료, 농

국민들이나 기업들이 FTA를 잘 이해하고, 활용하려면
기본적인 FTA 인프라가 구축되어야 합니다.

업, 서비스업, 지식, 사회, 문화 분야 등 다양한 산업 분야의 FTA 전문가는
매우 부족합니다. 아울러 종합적으로 FTA를 지원할 수 있는 종합 FTA 전문
가나 복합 FTA 전문가는 거의 없는 실정입니다. 필자가 설립한 ㈜ FTA 아
카데미는 국내에서 유일한 FTA 전문기업으로서 종합적인 FTA 서비스를 제
공합니다. FTA 인력양성은 물론, 수출지원 컨설팅, 비즈니스모델 발굴, 일
자리 창출 등을 추진하고 있습니다. 또한 다국적으로 추진 중인 World FTA
Forum의 실행기관으로서, 사무국 역할도 수행하고 있습니다.

FTA 활용 수출 활성화

FTA가 수출에 절대적인 역할을 한다고 앞에서 설명을 했습니다. 이를 입
증하는 사례를 필자가 직접 수행한 '2019년 충북 수출지원 FTA 자문관 사업'
을 사례로 설명드리겠습니다. 필자가 2018년 충북도청의 수출지원 요청을
받고 2019년 추진하여 성공을 거둔 FTA 사업이자 새로운 FTA 비즈니스 모
델인데, 노동부와 충북에서 총 8억 원을 지원받아 수행한 FTA 사업입니다.
우선 동일 분야에서 20년 이상 무역을 하고, 해외 주재 경험이 있으며, 외국
어를 잘하는 은퇴자들 중 업종 전문가, 지역 전문가, 서비스 전문가 등 3개
분야의 42명을 선발하여 120시간의 FTA 전문 교육을 통해서 종합적인 FTA
전문가로 양성하였습니다. 또한 교육기간 중에 충북도청에 의뢰하여 내수

중소기업으로서 수출을 하고 싶어 하는 기업, 수출에 어려움을 겪는 기업, 수출을 하다 중단된 기업 등을 선발하였습니다. 이에 양성된 FTA 전문가를 자문관으로 임명하여 중소기업들과 매칭을 통해 6개월 간 수출을 지원한 결과 120만 불의 수출 추진, 91개의 일자리를 창출함으로써 '노동부 우수 지역 일자리 사업', '산업부 우수 지자체 통상정책'으로 선정되는 쾌거를 이룩하였습니다.

이 사업이 국내외로 알려져서 국내에서는 5개 지자체, 해외에서도 중국, 베트남 등에서 관심을 가지고 러브콜을 보내오고 있습니다. 비록 2020년에는 코로나19로 인하여 해외 진출이나 타 지자체 사업추진이 보류되었지만 2021년 하반기부터 본격적으로 추진할 예정입니다. 이에 하루 4천만이 접

이창우

속하는 중국 경제망과 FTA 사업추진 MOU를 체결하고, 인구 2천만 명의 중국 선전시와도 FTA 교육사업에 합의했으며, 베트남의 하노이, 호치민 국립대학 등과 교육사업을 추진하고 있습니다.

FTA 활용 일자리 창출

2019년 충북 FTA 사업에서 노동부의 우수 일자리 창출 사업으로 선정됨으로써 증명되었듯이 FTA는 일자리 창출의 보고입니다. 구체적으로는 FTA 전문가 양성, FTA 자격증 사업, FTA 서비스 수출, FTA 전문직 자격증 상호인정(MRA, Mutual Recognition Agreement), 다자 FTA 공동 직업훈련, FTA 연방시장 일자리 거래소 등 다양한 FTA 일자리 창출 사업을 발굴하고 있습니다. 그러나 아직은 시작 단계에 불과하고, 아쉽게도 국내보다는 해외에서 더욱 관심이 많은 실정입니다. 이제 필자가 국회 세계한인경제포럼의 FTA 일자리센터장을 맡았으므로 FTA를 활용하여 체계적으로 일자리 창출에 매진하겠습니다.

특히 우리 청년들의 일자리 창출을 위해서 노력하겠습니다. 필자에게 FTA 지원요청을 하고 있는 중국, 베트남, 인도, 아세안 등에 가능한 한 많이 우리 청년들을 취업시킬 수 있도록 FTA 사업을 적극적으로 추진하겠습니다. 각계각층의 적극적인 협조와 지원을 부탁드립니다.

감사합니다.

조석준

> 기후변화는 내 생명,
> 우리 문명과 직결됩니다

👤 **강의 분야** | 기상, 기후, 기후변화, 4차산업혁명시대의 리더십,
기업의 경영컨설팅과 커뮤니케이션

✉ choseokjoon@gmail.com

서울대학교 자연대학 대기학과 졸업. 대학시절 4년간 서울대 축구 대표선수로도 활동했다. 공군 기상장교(대위) 전역 후 KBS에 입사, 국내 최초 기상전문기자, 기상캐스터로 활동하며 20여 년 동안 1만 번 가까이 방송 마이크를 잡았다. 방송사 퇴직 후 웨더뉴스 채널 운영, (사)한국기상협회 회장, 서울과학종합대학원대학교 지속경영교육원장을 지내며 기후변화대응, 조직의 지속가능성 문제 등을 집중 연구했다. 이명박 정부 때 제 9대 기상청장에 발탁돼 2년 1개월간 재임하면서 대국민 소통을 했고, WMO(세계기상기구) 집행이사로 대한민국 기상영토 확장에 힘썼다. 2016년 8월, 월간 「기후변화저널」 대표 겸 발행인에 취임하여 기후변화 문제 해결 실천에 앞장서고 있다.

2013년 대한민국 백강포럼(회장 윤은기) 창설에 참여하여 지금까지 사무총장으로 일하고 있다. 백강포럼은 대한민국을 대표하는 300여 명의 전문 강사 모임으로 대한민국의 발전상을 사회 곳곳에 전파하는 모임이다.

최근에는 기후변화 문제 해결의 하나로 '종이 줄이기 캠페인'을 주도하고 있다. 종이를 최소로 사용함으로써 나무의 사용 연한을 최대로 높이는 것이 가장 효과적인 기후변화 해결책이라 생각하고 있다.

'코로나는 예고편, 기후변화는 본 영화다'라는 전제하에 그의 모든 경험과 역량을 기후변화 문제 해결에 쏟고 있다.

코로나는 예고편,
본 영화는 기후변화다

저는 1981년 9월 국내 최초 기상전문기자로 KBS에 입사하여 사회활동을 시작했습니다. 당시 시대적 배경은 1980년 12월 우리나라에서 컬러TV 방송이 시작된 지 채 1년도 안 되었을 때였고, 기상과 환경 프로그램을 기획, 제작 또는 취재할 기자가 새롭게 필요하던 시기였습니다.

방송국에 처음 입사하여 20분짜리 주간 방송 프로그램을 매주 만들었는데, 기자, PD, 작가, 편집에 이르기까지 멀티플레이어의 역할을 하면서 신기술을 배우기에 여념이 없었습니다. 그러던 차에 이왕 일기예보 해설도 전문기자가 출연하여 설명하는 방식으로 해보라는 경영진의 요구로 여러분들이 알고 계시는 기상캐스터의 역할까지 맡게 된 것입니다.

제가 방송을 시작한 1980년대만 해도 가장 큰 기상재해 이슈는 태풍이었습니다. 태풍이 상륙하거나 스쳐 가기만 하면 보통 100명 이상이 목숨을 잃고 막대한 재산 피해가 나던 시절이었기에 기상방송의 중요성은 상당했습니다. 그리고 당시 기상방송에 본격적으로 도입됐던 구름사진이 큰 역할을 하던 시기였습니다. 일본의 통계만 보더라도 일기예보가 TV로 전달되면서 기상재해에 의한 피해는 크게 줄어드는데, 그것은 경각심과 함께 대비 요령이 향상되었기 때문입니다.

1990년대부터 기상재해 이슈에 대기오염이나 지구온난화 등의 기후변화 문제가 서서히 등장하기 시작했습니다. 특히 우리나라의 경우 세계적으로 유례없이 산업화의 속도가 빠른 나라였기에 더욱 실감하는 사례가 되었습니다. 이후 지구온난화로 인한 자연생태계의 급격한 변화나 폭염, 더욱 강력해진 태풍, 근래에는 미세먼지 문제 등이 기후변화 문제와 연관되어 있습니다.

심지어 기후변화 문제는 전염병과도 관련이 있습니다. 과거에 열대지방의 괴질이 태풍을 타고 오기도 하고, 벼멸구의 이동이나 각종 전염병의 원인이 되는 바이러스의 활동도 기상조건이나 기후변화와 연계되어 있는 것으로 나타나고 있습니다. 2020년부터 전 세계에 창궐 중인 COVID19도 기상이나 기후변화와 전혀 무관치 않을 것입니다.

지구상에 존재하는 모든 생명체는 날씨와 기후 현상과 매우 밀접한 관계가 있습니다. 생명의 탄생이나 존속에 필요한 3요소가 햇빛, 물, 공기라 한다면, 날씨는 바로 3요소가 여러 형태로 변하는 것을 말하는 것입니다. 또한 기후는 일정 지역의 평균적인 기상 상태를 말합니다. 기후는 지역의 위도나 해발고도, 지형을 구성하는 환경에 따라 달라지는데, 생명체의 유지와 진화에 결정적인 요소입니다.

그래서 저는 '기상은 지구의 기분이요, 기후는 지구의 성격'이라는 표현을 즐겨 씁니다. 즉, 한 지역의 날씨는 하루에도 여러 차례 변하는 변수지만, 기후는 평균적인 기상상태이기 때문에 좀처럼 변하는 요소가 아니라 아예 상수常數입니다. 그래서 그동안은 한 지역의 기후가 일정했기에 생명체가 지속가능하게 유지되었고, 인류문명도 곳곳에서 싹트게 되어 오늘날에 이른 것입니다.

물론 기후변화는 과거에도 있었습니다. 그러나 과거의 기후변화는 그 주기가 최소 수만 년이었기에 그 속에 살고 있던 생명체들이 별다른 영향이 없이 진화했던 것입니다. 그러다가 18세기 중반에 영국에서의 산업혁명이 기폭제가 되어 전 세계적으로 엄청난 산업화가 진행되면서 대기 중에 많은 양의 이산화탄소가 방출되기 시작했습니다. 산업화, 도시화 그리고 수십만에 이르는 항공기나 선박이 지구촌 곳곳에서 온실가스를 방출하고 이것이 지구온난화를 가속시켜 결국은 전 세계가 기후변화의 피해를 막자고 선언한 것이 2016년 파리기후변화협약입니다.

기후변화에 의한 도미노 현상은 어디가 끝이 될 줄 모르는 가운데 나날이 다양해지고 있습니다. 기후난민이나 갈수록 심각해지는 물 부족 현상, 또한 자연생태계의 갑작스런 변화로 농작물의 안정적인 생산이 갈수록 어려워지고 있습니다. 기후난민은 국제분쟁과 심지어 전쟁으로까지 확대되고 있습니다. 더욱이 기후변화의 원인을 제공한 선진국보다 후진국이 더 많은 피해를 입는 것이 기후변화의 모순이기도 합니다.

전 세계에 창궐 중인 COVID19도
기상이나 기후변화와 전혀 무관치 않을 것입니다.

지금도 지구의 기온은 계속해서 오르며 그에 따른 부작용이 곳곳에서 보고되고 있습니다. 기후변화 문제를 국제 정치나 경제의 문제로 해결하는 데 엄청난 저항이 있다는 것은 벌써 느끼셨을 겁니다. 바로 트럼프 전 미국 대통령의 파리기후변화협약 탈퇴 선언이지요. 첩첩산중이 바로 이런 상황일 것입니다. 기후변화 해결에 가장 앞장서야 할 미국이 정지의 상태라는 것은 인류의 비극이라 생각됩니다. 다행히 바이든 대통령이 취임하자마자 트럼프의 정책을 뒤집었습니다.

저는 그래서, 기후변화를 해결할 가장 좋은 방법의 하나로 천재적인 과학자들의 활약과 시장경제에 따라 기후변화와 관련된 콘텐츠를 전 세계인들이 사용하면서 자연적으로 기후변화 문제가 해결되도록 하는 방식을 주장하고 있습니다.

바닷물을 값싸게 담수로 바꾸는 기술, 사막을 옥토로 바꾸는 기술, 또한 스마트팜처럼 농작물이나 채소를 공장에서 만드는 기술 등이 일반화될 때 기후변화의 심각성을 완화시킬 수 있다고 생각합니다. 물론 이러한 기술과 행동지침이 전 세계인에게 도달되기 위해서는 국가 간의 이해관계가 조정되고 배려되어야 할 것입니다.

한 가지 예를 들면, 우리는 동북아시아의 황사 문제를 해결하기 위해 중국과 몽골의 사막에 나무를 심는 환경 운동을 벌이고 있습니다. 그러나 이

국가적, 국제적인 합의 말고도
전 세계인 각자의 실천이 중요한 때입니다.

러한 일보다도 먼저 사막의 바닥 환경을 개선하는 일이 우선입니다. 근래 한 기업이 사막의 모래를 약간 걷어낸 뒤에 그곳에 나노섬유로 된 천을 깔고 다시 모래를 덮은 결과, 그 지역에 수분이 확보되어 사막이 점차 초지로 변하는 모습을 연출했습니다. 이것은 물은 통과하지 못하지만 공기는 통과시키는 나노섬유를 발명했기에 가능한 일이었습니다.

또 하나 요즘 태양광을 설치한다고 전 국토가 난리도 아닙니다. 그런데 한 기업이 태양광 패널을 건물에 부착시키는 방법으로 이 문제를 해결해가고 있습니다. 패널에서 나오는 반사광도 없애고 디자인 등을 세련되게 하여 마치 건물에 외장재를 붙인 듯한 효과를 거두었습니다. 이 방식을 건물은 물론 도시의 방음벽이나 공공 시설물 등에 적용하여 좋은 평가를 받고 있습니다.

기상과 기후 그리고 기후변화의 문제는 전 세계인이 공동으로 협력해야만 정보 수집이나 문제 해결이 가능합니다.

전 세계인이 일기예보의 문제를 해결하기 위해서 1850년대에 이미 국제기상기구IMO를 설립한 바 있습니다. 폭풍우 등 악惡기상의 문제에 공동으로 대처하고자 유럽의 나라들이 이미 170년 전에 모여 국제협력 기구를 만들고 그것이 1945년 유엔이 창립되면서 WMO(세계기상기구)로 이어졌습니다.

지금 전 세계에서 나오는 기상정보나 기후변화에 대한 예측 등은 모두 WMO와 관련된 기구에서 표준화된 방식으로 나오는 것입니다. WMO는 세계 200여 나라가 가입되어 있어 이러한 자료를 수집하고 분배하는 정책 그리고 공동의 정책과 기술 개발을 통해서 인류의 난제를 해결합니다.

이러한 국가적 · 국제적인 합의 말고도 이제는 전 세계인 각자의 실천이 중요한 때입니다.

기후변화를 해결할 수 있는 중요한 기술이나 콘텐츠 또는 정책이 있을 때, 이것을 빠르게 확산시키는 문제는 기업과 세계인 각자의 몫입니다. 여기에서 공공단체나 전 세계에 엄청난 가입자와 네트워크를 자랑하는 페이스북이나 유튜브, 트위터 등의 SNS가 그 위력을 발휘할 수 있습니다. 또한 각 국가에서 강한 SNS, 즉 한국의 네이버, 중국의 위챗 등 전 세계에 존재하는 개인 미디어들이 그 위력을 발휘할 것입니다.

지금 전 세계 전문가들은 기후변화 문제를 코로나보다 더 심각한 문제로 보고 있습니다. 사실상 코로나도 기후변화 문제의 일부라고 보는 것이 타당

합니다. 본격적인 기후변화 시대가 되면 바이러스의 세계는 물론 전 지구상의 모든 자연생태계가 동시다발적으로 변하는 것이기에 전 세계 국가가 한 국가가 되어도 감당하기 어렵습니다.

저는 대우주, 삼라만상을 통틀어 가장 경이로운 현상을 생명生命이라고 생각합니다. 바로 생명의 근원인 햇빛, 물, 공기가 만들어내는 날씨와 기후 현상, 이러한 것이 비교적 순탄하게 작용되어야 생명이 유지되고 문명이 지속가능한 것입니다.

결론적으로 기상은 생명이요, 기후는 문명이라는 전제도 가능합니다.

오늘날의 기후변화는 결국 인간 한 사람 한 사람이 원인이 되어 시작되었습니다. 특히 최근 150년 동안의 인간 활동은 산업혁명이라는 이름으로 엄청나게 증대했습니다.

이제 기후변화에 대한 해결책 마련이나 그 실천도 지구상에 있는 인간, 즉 우리의 책임입니다. 이것을 소홀히 할 경우 후손들에게 씻지 못할 엄청난 과오가 될 것입니다.

어쩌면 이번의 코로나 사태는 기후변화의 예고편일 수도 있습니다. 본 영화인 기후변화는 내 생명과 우리 문명과 직결된다는 사실을 알고 누구나 관심을 가져야 되겠습니다.